Friedrich Nietzsche

哲 人 咖 啡 厅

尼采超人哲学

（德）尼采 著　王颖斌 编译

九 州 出 版 社　全国百佳图书出版单位
JIUZHOUPRESS

我们这些天生的自由之鸟啊，无论飞到哪里，自由和光明都和我们在一起！

——尼　采

前言　不合时宜的沉思

　　弗里德里希·威廉·尼采（Friedrich Wilhelm Nietzsche）是德国著名的哲学家。1844年，他出生的日子正好是当时普鲁士国王弗里德里希·威廉四世的生日，他的父母感到既吃惊又兴奋，便给他取名弗里德里希·威廉，以示对国王的尊敬和忠诚。不幸的是，在尼采不满五岁时，他的父亲病逝，几个月后，弟弟又夭折，幼年的经历使得本来就脆弱的尼采变得更加敏感和忧郁，后来长期和祖母、母亲、两个姑妈以及妹妹伊丽莎白等女性生活在一起，也铸就了他的多愁善感，成年后又有几次失败的恋爱经历导致其终身独身，这一切都造成了他抑郁、孤僻、不合群的性格特征，对他思想的形成具有重要作用。尼采自幼体弱多病，1880年后，健康状况恶化，并出现精神病倾向。1889年，他在街上散步时，看到一个马车夫残暴地抽打马匹，于是扑上去抱住马脖子，接着便昏倒在地，醒后，他精神完全失常，被送进疯人院。后来到魏玛休养，先后由母亲和妹妹照顾，于1900年去世。

　　尼采是唯意志主义哲学的代表，也是现代思潮的早期代表，他思想奇特，文风狂放，其哲学极具独创性和批判性，被称作悲剧哲学。尼采具有惊人的洞察力，他以一种独特而真实的视角审视西方文明，先知式地洞见西方文明的弊端，他坚持一种放肆、大胆、激进的主张，

哲人咖啡厅

对现代文明予以批判，对传统的观念包括理性、宗教和道德发出挑战，打破传统思想对它们的认识，认为它们都产生于非理性的强力意志。

尼采是偶像的破坏者，他高呼"上帝死了"，要"重新估价一切价值"，把西方文明重新置于天平之上加以衡量，将价值进行翻转。他看到，持续了两千年的基督教价值信仰已经走到尽头，一切传统价值也必将随之崩溃，欧洲人面临着价值的真空，这就意味着，个人的生活不再有任何目标和意义。更严重的是，他看到，西方思想中几乎一切核心观念和价值都不过是空中楼阁，没有任何根基可言。于是，一切都陷入虚无主义之中。这是一个残酷的事实，像一个可怕的梦魇激起西方世界的恐怖。

尼采认为，现代文明具有的只是僵死的机械模式，它压抑着人的个性，使人失去自由思想的激情和积极创造的冲动，现代人的灵和肉都表现得极其颓废，这一现代文明病症的根源就在于生命本能的萎缩。在他看来，道德压制人的本能，科学理性削弱人的本能，尤其是基督教扼杀着人的本能，使人失去了真正的自我，这就是尼采所批判的"奴隶"或"末人"，他们是全人类未来的最大危险。这些人坚持奴隶道德，没有创造的愿望和能力，谨小慎微，猥琐卑劣，个性泯灭，像奴隶般浑浑噩噩地生活着。与"奴隶"相对的是少数"主人"，他们遵从主人道德，不甘平庸，奋发有为，充满激情，张扬个性，积极地发挥自己的创造性和主动性，使自己的生命和本能得到了充分表现。尼采提倡后者而反对前者，其用意是反对消沉颓废，提倡奋发有为。

尼采认为，要医治现代的疾病，就必须超然于传统的善和恶之外，站在善恶的彼岸采取自己的立场。他要求去除偏见，对已有的关于理性、基督教和道德的观念进行无情的批判，因为它们使人麻木，阻碍着人们获取新的经验和修改道德规范。人们只有自由、无畏地翱翔于传统习俗和对事物的传统评价之上，才能最终摆脱陈腐和愚化的传统思想的束缚，形成新的更好的道德规范，激活自己的内在活力，从而恢复自己的生命和本能，并赋予其崭新的意义。他把这看作是人类最值得拥有的状况，认为如果没有对人类生命力的充分肯定和发挥，人类就不可能繁荣，因此，超越善恶是最能提升人的方式。

尼采把对人的改善看作最终的目标，他希望培养一个特殊种类的人，把对未来的改进寄希望于"超人"的出现，在他看来，这是决定人的命运和前景的关键所在。尼采的整个思想都指向新事物的创造，他一生不倦地讴歌生命的强健和精神的高贵，认为生命的本质在于不断地自我超越，认为创造性和主动的生命优于知识和对真理的沉思，把"强力意志"看作人类一切活动的推动力，由衷地表达了对超人道德的赞美。在尼采那里，"超人"是他关于人的理想类型的一个象征，其用意是给人的生存提供一个目标，一种意义。在他看来，超人是生命的肯定者和快乐的享受者，是有着健全的生命本能和旺盛的强力意志的强者，是自由的行动型的积极进取者，是超越一切传统道德规范、处于善恶之彼岸、独树价值尺

度的创造者，是具有独特个性的真实的人，是不为现代
文明所累的未来的主人。

超人的世界是永远都在自我创造、自我毁灭的永恒
轮回的世界，尼采否定人们对绝对的、彼岸的理想化目
标的追求，肯定现实的人生和世界，肯定感性的快乐，
认为循环的强力意志和快乐本身才是人们应该追求的目
标。

在西方哲学史上，尼采一向都是个有争议的人物，
甚至被看作反面人物。一方面，这要归结于他狂放的思
想和对整个西方传统的颠覆，由于尼采思想敏感而激进，
他对西方文明中潜藏着的病痛的揭示引起了轰动，其呼
声被当时的人们当作疯子的谵语，被视为异类，曾一度
没有学生听他的课；另一方面，也由于他的思想被德国
法西斯利用，据说希特勒对尼采极其崇拜，每次到尼采
的雕像前都要恭敬地脱帽致礼，并将尼采的学说用于其
反动的言论和行动，这也加深了人们对尼采的误解。尼
采认为，遭到误解是他不可避免的命运，同时也对自己
身后的声誉充满信心，认为自己的时代还没有到来，自
信自己受人重视并被理解的日子终会出现，事实也最终
证实了这一点。

与已出版的《尼采生存哲学》以生存为主题和按照
尼采著作安排结构不同，本书以尼采的超人哲学为中心，
以这一哲学思想的内在逻辑为线索，从尼采《偶像的黄
昏》《快乐的科学》《晨曦》《权力意志》《人性的、太人
性的》《善恶的彼岸》《反基督》《不合时宜的沉思》等多

部著作中选取了相关内容，进行整理和编译而成，意在重点向读者展现尼采的超人哲学。本书也希望读者亲自踏上尼采的思想之途，去解读他的思想，领略尼采思想的真实风貌，用自己的眼睛去观察这位独特的备受争议和误解的思想家。

编者

2018 年 11 月

目　录

一、理性、宗教、道德的由来

（一）理性和逻辑的起源

理性是如何来到世界的呢？唯一正确的就是以非理性的方式，通过偶然的事件。对于这一偶然事件，我们不得不把它作为一个谜去猜想。

逻辑又是如何在人的头脑中产生的呢？当然是产生于非逻辑，而非逻辑的领域最初一定相当广阔。无数以某种不同于我们的方式进行推断的人都遭到了毁灭。对于所有推断而言，他们的方式可能更真实！比如说，那些经常不知道如何按照生计和怀有敌意的动物发现"同类"的人，那些在对事物进行归类时太过缓慢和小心的人，比起在遇到相似的事例时能马上猜到它们一定是相等同的那些人来，就只能被给予一种更小的生存可能性。然而，把仅仅相似的东西作为相等同来对待这一突出倾向是某种非逻辑的倾向——因为没有任何东西是完全等同的——而逻辑恰恰是在这一基础上产生的。为了使得实体概念能够产生——这对逻辑而言是不可或缺的，虽然在最严格的意义上，没有任何实际存在的东西和它相符合——人们长期既不看也不知觉事物中的变化同样是必要的；看得并不那么精确的人优于那些看到了一切"处于变动中"的事物的人。实质上，进行推断中的每一次高度小心和每一个怀疑的倾向，对生活而言，都构成了某种巨大的危险。如果相反的倾向——宁可肯定而不愿停止判断，宁肯犯错误和编造事物而不愿等待，宁肯赞成而不愿否定，宁肯终止审判而不愿要正义——还没有被培养到非常强的地步，就没有人会幸存下来。今天，我们头脑中进行逻辑思想和推断的过程和非常不合逻辑且不正当的冲动的某一过程和斗争相一致，我们一般情况下只经历这一斗争的结果：这一原始的机制如此快捷地推动其进程，但却不为我们所察觉。

起初，观念处于混沌状态。保留下来的是那些相互一致的观念，而大多数都消亡了——或正在消亡。

存在着一个欲望的人间王国，逻辑就是从这里产生的，其背后则是动物本能。相似情况的假定是以"相似的灵魂"为前提的，目的在于相互一致和相互支配。

假设相同事物的基本倾向，即把事物视为相同的基本倾向，被关于有益和有害的考虑、被成功的考虑改变了，结果，它让自己适应于某种较温和的方面，在这方面，它能够得到满足，同时又不否定和危害生命。这整个过程恰好和外部的、机械的过程（这是它的标志）相一致，由此，原生质产生了使相同适合于自身的事物，产生了使相同符合于自身形式和内容的事物。

相同和相似：

1. 比较粗劣的感官看到的是更貌似真实的相同。

2. 精神需要相同，也就是说，需要把一种意义归入一种存在的系列之中，以同样的方式，肉体同化着体外的事物。

对逻辑的理解：等同的意志就是强力意志——对某事物是如此这般（判断的本质）的信仰，是某种尽可能相同的意志的结果。

逻辑是有前提条件的，即假设有相同的情况。实际上，要使逻辑思考和推理成为可能，首先必须假设前提条件已经得到实现。也就是说，只有在根本上把一切事件都假设为歪曲的，逻辑真理的意志才能够得到完成。由此得出结论，能动性规定，能够运用两种方式，首先是弄虚作假，然后实施它自己的观点：逻辑并非源于真理的意志。

创造了逻辑范畴的创造性力量为了服务于我们的需要而辛勤劳作，即为了服务于我们对安全的需要、对基于符号和声音进行快速理解的需要、对缩写手段的需要而辛勤劳作，因此——"实体""主体""客体""存在""生成"和纯粹哲学的真理毫无关系。

那些把事物的名称转变为规律的人是强有力的，其中，最伟大的能手是在抽象概念中创造了逻辑范畴的人。

道德规范——一种生活方式，被长久的经验和试验进行着尝试和证明——最终作为一种法则、一种占统治地位的东西进入意识之中——而随后，整个同属一类的价值和形态也进入道德之中，于是，道德变成了值得尊重的、不容置疑的、神圣的、真正的东西，道德成为其起源应该被忘记的自身发展的一部分。——这就是道德成为主宰的标志。

确切地说，伴随着理性范畴，同样的事情也有可能会发生，在许多探索和摸索之后，由于价值和形态相对实

哲人咖啡厅

用，它们可能也会盛行起来——当人们把它们汇集在一起，把它们作为一个整体提升到意识的水平，当人们掌握了它们，也就是说，当它们具有了控制的作用，一种观点就来到了。从此，它们就被正式接纳为先验的、超越于经验之外的、无可辩驳的东西。也许，它们代表的只不过是某个特定种族和物种的权宜之计——只有它们的实用性才是它们的"真理"。

把我们的实践需要所要求的规律性和形式赋予混乱，我们不是要"认识到"这一点，而是要把这一点系统化。

在理性、逻辑、范畴的形成过程中，起作用的是权威性的需要：需要，其目的不是要"认识"，而是要归类，要系统化，为了可理解性和推断——（理性的发展在于调节、创造，目的在于达到相似、相同——每一种感官印象都经历了同样的过程！）在这里，起作用的不是业已存在的"观念"，而是实用的事实，而只有当我们粗略地看待事物并使它们相等同的时候，这些事实对我们来说才是可预测的和有用的。最后的事物在道理上是结果，而不是原因，生活由于其他各种原因而受挫，这些原因有着某种持续的刺激——生活变得难以审视——因为生活太不相同了。

逻辑范畴只有在成为我们生活的先决条件这个意义上才是"真理"，正如欧几里德的空间是一种有条件的"真理"一样。（私下说，由于没有人认为人们有任何存在的必要，和欧几里德的空间一样，原因只是某种动物的特性，是许多特性中的一种。）

哲人咖啡厅

　　在这里，不想出现矛盾的主观欲望是一种生物学的欲望，就像我们确实进行推论的那样，有着推论进行的实用性的本能是我们本身的一部分，我们几乎就是这个本能——但是，从这么一个证明中推导出我们由此而拥有"真理本身"是多么天真啊！不能出现矛盾是无能的证明，而不是"真理"的证明。

　　所有能够长时间持续下去的事物都会逐渐受到理性的巨大影响，以至于它们的非理性起源变得成为不可能的了。难道不是几乎每一个关于起源的正确陈述都让我们想到自相矛盾和亵渎神圣之类的东西吗？事实上，真正的历史学家不是经常相互矛盾吗？

　　我从大街上得来这么一个说明，我听见普通民众中的一员说道："他立刻就认识我了。"——于是，我问自己：普通民众把知识看作是什么呢？当他们想要"知识"的时候，他们真正想要的是什么？他们想要的仅仅是：把某些陌生的东西归结为熟悉的东西。而我们哲学家——当我们谈到知识的时候，事实上所指的是否多于上述这一点呢？熟悉指的是：我们习惯于这样而不再对此感到惊奇的东西，如我们的日常生活，我们所坚持的某种规则，在其中我们感到完全自在的任何事物。看，我们对知识的需要不正好就是对熟悉事物的需要，想要揭示一切奇怪的、少见的东西，让某些可疑的东西不再妨碍我们吗？要求我们去认识的难道不是恐惧的本能吗？获得知识者之所以欢欣鼓舞，难道不是因为安全感的恢复吗？……有一个哲学家，当他把世界归结为"理念"时，他认为世界得到了"认识"：哦，难道不是因为"理念"对他来说是如此的熟悉，而他又是如此地习惯于"理念"吗？难道不是因为他对于"理念"几乎不再感到恐惧吗？哦，这些求知者多么容易感到满足呀！只要看看他们的原理以及用头脑中的知识对世界之谜做出的解答就行了！当他们在事物之中、事物下面或者事物背后发现了某些东西，如我们的乘法表，或者逻辑，或者我们的意愿和欲求——遗憾的是，这些东西对我们来说相当熟悉——他们立刻会表现得多么高兴呀！因为"熟悉的东西就是得到认识的东西"，他们一致同意这一点。甚至他们中间最谨慎的人也认为，熟悉的东西至少比陌生的东西更容易认知，另外，比如声音，方法要求我们从"内心世界"和"意识的实情"出发，因为这一世界对我们而言更熟悉！谬之又谬！熟悉的东西是我们习惯了的东西，而我们习惯了的东西最难"认识"，也就是说，最难把它作为一个问题来看，最难作为陌生的、有距离的、"外在于我们"的东西来看……和心理学以及意识因素的评论相比较——有人会说，和非自然科学相比较——自然科学的巨大确定性恰恰要归因于，他们为自己的对象选择了陌生的东西，而试图为某个对象选择不陌生的东西几乎是相互矛盾而荒谬的。

人们总是相信，他们知道原因是什么；但是，我们是如何获得这一知识的呢？或者，更准确地说，我们是如何获得我们拥有这一知识的信念的呢？来自著名的"内在事实"的领域，到目前为止，这些事实中没有哪一个证明是真的。我们相信，我们就是自己的意志的原因，我们认为，在这里，至少我们能够看到一个原因在起作用。我们也不怀疑，我们意志的所有先行者，即它的原因，将会在我们自己的意识中或者是在我们的个人"动机"中找到。此外，我们不应该对我们选择做的事情负责。谁会否认他的思想有一个原因，而他自己的头脑产生了这些思想？

在这些看来好像证明了因果律的"内在事实"中，首要的和最有说服力的是作为原因的意志这一事实。意识（"精神"）观念，或者后来所说的作为原因的自我（"主体"）的观念仅仅是派生的：首先，意志的因果律作为事实被坚定地公认为已经得到证明，接着，其他概念从它那里继起。

但是，我们对这些概念持保留意见。今天，我们不再相信任何这样的概念是真实的。"内心世界"充满了错觉和幻想，意志就是其中之一。意志不再推动任何东西，因而也不解释任何东西——它仅仅和一些事件相伴随；它也可以是完全缺少的。所谓的动机是又一个谬误，它只不过是意识的一个表面现象，是某些遮蔽行为的东西，它更可能隐藏而不是揭示我们行动的原因。至于自我……已经变成了无稽之谈、虚构、文字游戏！它已经完全停止思考、感觉或者意愿。

从中会产生什么？根本没有精神的原因。对于精神原因而言，所有根据推测由经验得来的认识都见鬼去了。这就是由此产生的东西！而我们已经彬彬有礼地滥用了这些"由经验得来的认识"，我们把真正的世界解释为原因的世界、意志的世界、精神的世界。最古老而持久的心理

哲人咖啡厅

学在这里起着作用：它简单地解释作为某个行为、作为某个意志的结果发生在世界中的一切事物，世界和许多意志共存，一个动因（一个"主体"）不为人所知地潜伏在事件的表面之下。人们把自己的三个最毋庸置疑的"内在事实"——意志、精神和自我——投射到自身之外。他甚至接受来自于自我这一概念的概念，按照其作为原因的自我这一概念，他把"事物"解释为"存在"。后来，他总是在他已经放入奇迹的事物中发现小小的奇迹。事物本身、事物的概念只不过是在作为原因的自我中的信念的延伸。甚至你们的原子，我亲爱的唯物主义者和物理学家们——在你们的原子中，还存在着多少谬误、多少发展不完全的心理学！不要提"物自身"，它是形而上学家们可怕而又可耻之所在！"作为精神的原因"被误认为是实在！把它作为实在的真正尺度，被称作上帝！

（二）梦和文化

首先从梦说起：原因不知不觉地潜伏在根据特殊感觉而产生的事实后面（比如，按照遥远的炮击而产生的感觉）——在一部完整的小小说中，经常虚构一个做梦者，他充当经历了某种刺激的主人公。这种感觉同时持续为一种回响：它等待着，可以这么说，直到构成原因的解释允许它踏入前景之中——不是作为某种任意的偶然发生的事情，而是作为某种"有意义的大事"。炮击表现在一种构成原因的方式中，表现在一种明显的时间颠倒中。后来真正存在的东西（构成其原因的解释）首先被体验到——经常伴随着许多细节，这些细节就像听到射击声之前的闪电那样穿过。什么事情发生了？在对某些刺激的反应中所产生的表现被错误地解释为它的原因。

事实上，当我们睡醒的时候也同样是这么做的。我们大多数通常的感觉——每一种抑制、压力、紧张、衰退中的反冲和我们生理的流变，特别是在神经系统的状态中——激发我们构成原因的天性：我们需要有一个原因来解释这样或那样的感觉——对坏的或好的情形。我们从来不会满足于单纯地陈述这样或那样感觉到的事实：当我们已经虚构出对它的某一种解释的时候，我们只是接受这一事实——只是逐渐意识到它。记忆在这种我们没有意识到的情况下突然开始起作用，它回忆起同类事物的早期状态，一起回忆起的还有和它们联系在一起的构成其原因的解释（不是它们的真正原因）。当然，把这样的表现或者随同意识到的过程看作原因，这一信念也是由记忆产生的。一种特殊的对构成其原因的解释的习惯性承认就是这样产生的，事实上，它禁止深入考察真正的原因——它甚至还排斥这一点。

最受睡眠影响的大脑功能是回忆，回忆不是完全终止，而是被带回到某种不完美的状态，正如史前时代的每个人——不管是处于睡眠状态还是清醒状态——可能感受到的那样。回忆实际上是随心所欲而混杂的，它在最短暂的相似性的基础上，不断将事物相混淆；但是，以同样的随心所欲和混杂，古人创造了他们的神话；甚至现在，旅

哲人咖啡厅

行者们通常还会注意到，野蛮人多么容易健忘，在回忆的短暂紧张状态之后，他的头脑如何开始由于完全疲倦而四处摇摆，而且说出谎言和鬼话。但是，在梦中，我们都类似于野蛮人，我们在梦中感觉到有罪这种糟糕结果的原因在于糟糕的认识和错误的比较，所以，当我们清楚地回忆我们所梦到的东西时，我们会因为我们身上有这么多愚蠢而对自己感到惊讶！所有梦境表现——预先假定了对自身真实性的绝对相信——的完美清晰度使人想起了原始人的情况，在他们那里，幻觉是特别频繁地发生的，而且有时候会同时支配了整个团体，甚至整个民族。所以，在睡眠和梦境中，我们又重新做着早期人类的事。

在睡眠中，我们的神经系统不断地被许多内在的因素刺激着，几乎把所有的器官都分别调动起来，血液以其汹涌的方式流动着，睡眠者的姿势在某些肢体上产生压力，他的衣被以各种方式影响着他的感觉，胃消化着并以自身的运动干扰着别的器官，肠子扭曲缠绕着，头的姿势引起了肌肉的奇怪活动，脚光着，没有用脚掌踩在地板上，引起了奇怪的感觉，就像穿了一身与众不同的衣服引起的感觉一样——所有这些都按照其日常的变化和程度，以其非同寻常使整个系统兴奋起来，恰好达到大脑的功能，因此，对于精神而言，有许多让它感到吃惊的情况，从而寻求这一兴奋的原因——然而，梦就是对那些兴奋感觉之所以产生的原因的寻求和表现，——也就是对假定的原因的寻求和表现。例如，用两根带子把自己的脚绑起来的人也许就会梦见有两条蛇正缠着他的脚，这首先是对伴随着的精神画面和解释的一种假设，接下来是对此画面和解释的一种信念——"这些蛇一定是我这个睡眠者所经历的那些感觉的原因"——睡眠者的大脑这样得出结论。通过兴奋的想象，被如此解释出来的最接近的过去在他那里就变成了现在。所以，每个人都从经验中知道，做梦者会多么迅速地把他所听到的响亮声音，如钟的鸣响声或者炮的开火声编织进自己的梦中，也就是说，把这声音解释为之后发生的，结果，他首先想象自己经历了产生这种声音的环境，然后才听到这种声音。但是，做梦者的大脑总是这样弄错，而当醒着时，同样的大脑却习惯于如此稳健、仔细、怀疑地考虑它的假设，这是怎么回事呢？结果，对某种感觉进行解释的最初的任意假设满足了他直接相信其真实性的需要，这是怎么回事呢？（因为，在做梦的时候，我们相信梦，好像它就是现实，也就是说，我们认为我们的假设完全得到了证实。）我认为，正如人们现在仍然在梦境中进行推理那样，在几千年中，当人们醒着时也这样推理；大脑所想到的用以解释任何需要解释的事物的理由是充分的，代表着真理。（所以，根据旅行者们的讲述，直到今天，野蛮人仍然是这样做的。）人类天性中的这种古老因素依旧把自己显示在我们的梦中，因为这是更高的理性在每一个个体中得到发展和进一步发展的基础；梦把我们带回到遥远的人类文化的状态中，提供了一种更好地理解这种文化状态的方便手段。现在，梦的观点对我们来说如此容易，原因在于，在人类长时期的发展中，借助于最初的人们欣然同意的观念，我们已经在这种荒诞而没什么价值的解释中受到了良好的训练。在这一范围内，做梦对于大脑来说就是一种放松，大脑在白天不得不满足思想的严格要求，而这一严格要求是由更高的文化规定的。我们甚至能够在被弄醒的状态下立刻辨别出某个有联系的过程，如梦中的门和前厅。如果我们闭上自己的眼睛，大脑就产生了许多光和色的印象，可能是所有那些白天蜂拥而来的光的印象的一种后作用和映现。然而现在，认识，连同想象一起，会马上把本身无形的颜色的这种活动发展为确定的图形、形状、风景和有生命的群体。实际伴随的过程因此而再次成为一种从原因到结果的结论，因为思维会问："光和色的这些印象是从哪里来的？"它把那些图形和形状假设为原因，把它们看作那些颜色和光的源泉，因为在白天，把眼睛睁开，思维就习惯性地为每一种颜色、光的每一种印象寻找产生的原因。因此，在这里，想象不断地把图片设置于思维面前，因为它依靠白天看得见的印象证实自己就是它们的产物，梦的想象同样如此——也就是说，被假设的原因是从结果中推导出来的，是按照结果提出来的；所有这些都是以异乎寻常的迅捷速度发生的，因此，在这里，就像变戏法的人那样，可能会出现一种判断上的混乱，按先后顺序发生的事物可能看起来就像是同时发生的事物。根据这些情况，我们就可以推断出，更加敏锐的逻辑思维和关于原因和结果的严格区分是多么晚才发展起来的，当时，我们的推理和理解功能仍然会本能地回想起那些原始的推理形式，当时，我们就在这种情况下度过了大约一半的生活。诗人和艺术家也把他们的心情和状

哲人咖啡厅

态归结为那些绝非真实的原因，在这一点上，他们使人想起了从前的人类，并能帮助我们达到对从前人类的理解。

心理学的解释：从某些未知的东西中抽取出熟悉的东西使得我们感到轻松、安慰和满足，此外还给我们一种强力感。对于未知的东西，人们感到面临着危险、不适和担忧，第一个本能就是消除这些痛苦的状态。首要的法则是任何解释都比没有解释要好得多。因为从根本上来说，我们只是渴望摆脱一种令人不愉快的不确定之物，而并不太苛求如何摆脱它。人们对第一个用熟悉的术语来说明未知的东西的解释感觉到非常有益，于是"承认它为真理"。我们把愉快感（力量感）作为我们衡量真理的准绳。

因此，构成其原因的解释是偶然地建立在某种恐惧感之上的，又是由恐惧感唤起的。如果完全可能的话，这个"什么原因"所产生的结果就不是提供某种问题本身的原因，而是提供一种令人感到安慰、自由和轻松的原因。这一需要的第二个结果是，我们把已经熟悉或体验过的、已经铭刻在记忆中的某些东西确定为原因。凡是新奇的，或者陌生的，或者以前从未体验过的东西都被排除在外。因此，人们不仅探索用作原因的某个解释，而且探索一类特殊的、更受欢迎的解释，这类解释已经最快、最频繁地消除了陌生、不熟悉和迄今为止还没有经历过的感觉，它是我们最惯常的解释。结果是：一类构成其原因的解释越来越占优势，被浓缩成一个体系，最终占据统治地位——也就是说，它简单地排除了别的原因和解释。银行家立刻考虑"生意"，基督徒立刻考虑"罪"，而姑娘立刻考虑她的爱情。

在长长的时间之流中，人的知性唯一产生的就是错误。一些错误都被证明是有益的，都有助于保存人这一物种：那些偶然碰见或者继承了这些错误的人，在为他们自己及其后代的斗争中运气更好。这些被持续不断地继承下来、最后几乎成为物种天赋的一部分的错误信条，包括如下几点：有经久不衰的物体；有相同的物体；有物体、实体、肉体；物体就是它所呈现出来的样子；我们的意志是自由的；对我们而言是善的东西，其本身也是善的。只是很晚以后，这样的主张才遭到人们的否定和怀疑——只是很晚以后，真理才显现出来，而且只是作为知识中最弱的一部分。看起来好像人们不能和真理共存，我们的机体是为真理的对立面准备的；机体的一切更高级的功能、感官的理解力和每一种知觉，都和那些从超出人类记忆所及的时间开始就已经被包含在内的那些基本错误共同起作用。实际上，甚至在知识的领域中，那些主张也变成了据以决定"真"和"假"的标准——直到关系最远的逻辑领域。因此，知识的力量不依赖于其真实性的程度，而是依赖于它经历年代的长短，依赖于它被吸收的程度，依赖于它作为某种生活条件的特性。在生活和知识看起来不合拍的地方，绝对不存在任何真正的斗争；但是，否定和怀疑仅仅被看作是疯狂。那些像爱利亚学派一样的卓越思想家，他们仍然假定并坚持自然错误对立的观念，相信依照这些对立观念生活是可能的：他们把贤人虚构为不易变的、客观的、既是一又是一切的、具有直觉普遍性的、对于自己逆向的知识有着特殊能力的人，他们相信自己的知识也是生活的法则。但是为了承认自己具有的这一切，他们不得不在自身情况方面进行自我欺骗，即他们不得不假想他自己具有客观和持久不变的品质；他们不得不误解认知者的本质；他们不得不否认冲动在认识中的作用；而且一般情况下他们不得不把理性设想为一种完全自由和自发的活动；他们对通过反对常识而得出的主张，或者是由于渴望平静、独占、统治而得出的主张闭起眼睛，不愿意承认。诚实和怀疑主义的更精微的发展最终使得这些人不可能存在，他们的生活和判断方式被认为也依赖于原始的冲动和一切有感知的存在的基本错误。凡是在两种相互矛盾的结论都表明能适用于生活的地方，就有这种更精微的诚实和怀疑主义产生，因为二者都是和基本错误相容的，这样，就有可能争论这些错误对于生活的实用程度是更高一些，还是更低一些；同样，凡是在某些新主张虽然对生活无用，但也明显对生活无害的地方，在这样的情况下，有足够的空间来表达知性的游戏冲动，而诚实和怀疑主义就像所有的游戏一样天真而快乐。人类的大脑逐渐充满了这样的判断和信念，从而在这一相互缠结的观念中产生了某种激情、斗争和强力欲。不仅实用和快乐，而且每一种冲动都在这一为"真理"而进行的斗争中采取各自的立场，智力上的较量变成了一种消遣，一件吸引人的事，一项职业，一种责任，某种高贵的事情——终于，知识和为真理而努力奋斗的重要性在于，像别的需要一样，它也是一种需要。从此以后，不仅信仰和信念，而且审查、否定、怀疑和驳斥，都成为一种力量，一切"恶"的本能都从属于知识、服务于知识，这种"恶"的本能获得了某种辉煌：它得到许可和尊敬，并被认为是有益的，而且最终，甚至被认为是"善"之眼睛和清白。这样，知识就成为生活本身的一部分，并以此而成为一种持续增长的力量，直到最后知识和那些原始的基本的错误相互抵触为止，因为知识和错误是两种不同的生活、两种不同的力量，二者内在于同一个人。思想者现在是这样的人，在寻求真理的冲动被证明也是一种保存生命的力量之后，在他身上，寻求真理的冲动和那些趋于保存生命的错误的冲动不可调和地爆发了第一次斗争。和这一斗争的意义相比，别的一切都无关紧要：在这里，提出了生活状况的终极问题，而且我们面临着通过试验来回答这一问题的第一次尝试。在什么程度上，真理能够容忍与错误的结合呢？——这就是问题，这就是试验。

在原始的未开化时期，悲观的认识支配着人类和世界，个体（认为自己充满了力量）总是努力依照这样一种认识行动，通过猎取、抢劫、突然袭击、残忍和谋杀，包括这些行为的较弱的方式，在团体可以容忍的范围内，把思想付诸行动。然而，当他的力量衰弱，感到疲倦、不舒服、悲伤、厌烦，因此而变得不抱任何希望和愿望，这时，他就成为一个相对好一点的人，也就是说，成为一个危险性较小的人；而现在，他的悲观想法只能表现在语言和思想中（比如说，关于他的同伴、妻子、生命、上帝），他的认识将是有害的。以这种思想模式，他变成了思想家和预言家，或者加强了迷信并创造了新的规则，或者愚弄他的敌人。然而，不管他会想出什么，他思想的一切产物必定会反映他的思想模式，诸如恐惧和疲倦的增加，对行动和快乐的评价的降低。其思想产物的内容一定和这些诗意的、深思熟虑的、牧师式的情绪相符合，这种有害的认识占据着支配地位。

在后来的年代，所有像这种在那些特定情况下做事的人一样不断行动的人，换言之，那些表达了悲观认识的人，还有过着悲伤生活的人，不善于行动的人，都被称作诗人、思想家、牧师或者"医巫"。因为这种人行动不力，一般人都蔑视他们，并把他们从群体中赶出去，但是，这样做有点冒险，这些不行动的人已经发现并且在追随着迷信和神圣力量的踪迹，没有人怀疑自己并不知道如何运用力量。这就是对古代过沉思性生活的人的评价——他们在多大程度不令人惧怕，就在多大程度遭到鄙视。以这样一种伪装的形式，以这样一种模棱两可的面貌，以一种邪恶的心肠，而且经常是以混乱的头脑，沉思第一次出现在大地上，既虚弱又可怕，暗地里被人蔑视，而在公开场合则戴上迷信尊崇的面具。在这里，正如始终都是的那样，我们必须说：其起源是卑贱的。

人类的自豪使得他们努力反对自己起源于动物这样的理论，而且在自然和人本身之间设置了一条鸿沟——这种自豪建立在精神是什么这种偏见的基础之上，而这种偏见是最近才产生的。在长长的人类史前时期，人们认为精神存在于任何地方，并没有把它看作自己的特有属性。相反，由于一切精神上的东西（包括一切冲动、恶意和爱好）都

哲人咖啡厅

被看作是人们共有的属性，因此大家都可以取得，早期的人类并不因为起源于动物或树而感到羞耻（这些高贵的物种认为自己因这样的传说而被赋予了荣誉），他们在精神中看到了人和自然的统一，而不是人和自然的分离。因此，人类在谦虚中成长起来——而这同样是某种偏见的结果。

（三）论宗教的起源

一个人如何能够把他自己对事物的观点看作是一种启示？这就是宗教的形成问题：总是有那么一个人，在他那里，启示这一现象是可能的。在这里，一个假定的前提是，这个人一直以来就信仰启示。然而，有一天，他突然产生了一个新的观念——当然还是他自己的观念，一个伟大的统摄整个存在和世界的自身假设的完满幸福如此强力地穿透他的意识，以至于他不敢把自己看作这一幸福的创造者，于是，他就把这一新观念的原因以及这一原因的原因归之于他的上帝，同时相信这一新观念就是上帝的启示。他的悲观主义的怀疑有这样的疑问：一个人怎么可能成为如此伟大的幸福的创造者呢？这是启示形成的原因之一，此外，还有一些不为人知的因素在悄悄地起着作用：如果一个观念被看作是启示，那么，这一观念就可能由其本身而得到加强，以这一方式，所有关于这一观念的假设性质就得以排除，结果，这一观念就免于人们的批评甚至怀疑，成为神圣不可侵犯的。这样，人无疑把自己降低到了扮演传话筒的角色的地位，他自身的思想终结了，因为这一思想胜利地成为上帝的思想——最终获得胜利的感情克服了贬低自身的感情。在这一背景中也有另一种感情：如果一个人把他的成果提升于其自身之上，这样就从他自身的价值明显降低，然而保留了一种快乐、父亲般的爱、父亲般的骄傲——这在一切方面补偿了人，而且，远远多于对人的补偿。

现在，没有教养的人仍然认为，愤怒是生气的原因，精神是思想的原因，灵魂是感情的原因，简言之，许多心理实体被毫无疑虑地设定为原因：以同样的方式，人们借助于心理学上的人格实体，更加天真地对同一个现象做了解释。人们把令自己感到陌生的、有吸引力的、不可抗拒的状态杜撰为受到人格权力影响的固执和魅惑。因此，基督徒作为今天最天真、最萎靡不振的人，他们把关于希望、安宁和"拯救"的感受归结为上帝的某种心理启示，因为，这些基督徒本质上都是遭受苦难和不安的人，在他们那里，幸福感、崇高感和安宁感应当表现为异己的、需要加以解释的东西。在聪明、强壮而生命力旺盛的种族中，癫痫病人大多数会产生这样的信念——这里有某种异己的权力在起作用；而且，即使是任何相关的不自由，如兴奋者、诗人、重大罪犯的不自由，以及诸如爱与仇这种痛苦的不自由，也服务于虚构在人之外的权力。人们把某种状态具体化为某种人格：而且认为，如果这种状态出现，那么，它就是那种人格所产生的结果。换句话说，在心理上的上帝的形成过程中，某种状态为了产生结果，被作为原因而人格化了。

　　心理学的逻辑是这样的：权力感，当它突然压倒了人的时候——一切强烈的激情都是这样——，它就激起了人对自己人格的某种怀疑。原因在于，人不敢设想自己就是这种令人吃惊的感受的原因——于是，他就设定了一个更加强大的人格，在这种情况下，也就是神性。

　　总之，宗教起源于某种极端的权力感，它作为异己的东西使人感到吃惊。就像一个病人，他感觉肢体沉重而异常，就得出结论，说有个人压在他上面，同样，天真的宗教信徒就分裂为多重人格。宗教就是"人格畸形"的一个例子，是一种对自身的惧怕感和恐怖感……同时也是一种非同寻常的幸福感和崇高感……在病人中，健康感就足以唤起他对上帝的信仰，相信上帝就在自己周围。

　　就像叔本华认为的那样，形而上学的需要不是宗教的源泉，而只是宗教晚期的一个分枝。在宗教思想的统治下，人们逐渐习惯于"另一个世界（在人类的后面、下面或上面）"的观念；而当宗教思想遭到破坏时，人们就会因某种不安的空虚和失去某种东西而感到烦恼——于是，从这一感情中产生了"另一个世界"，只不过是一个形而上学的世界，而不再是宗教的世界。但是，首先导致人们在原始时期假定"另一个世界"的不是某种冲动或需要，而是在对某些自然事件进行解释的过程中出现的错误，或者是缺乏智慧。

　　宗教创始人的真正发明是，首先，他增加了一种确定的生活方式和日常生活的道德规范，它们作为意志的自律起作用，同时消除烦闷；其次，直接给予这种生活一种阐释，正因为这样，这种来自最高价值的生活闪耀着光芒，这样，结果自此就成为一种善，人们为它而奋斗，并且在危急情况下可以放弃生命。在源于这两个发明的真理中，第二个是更为实质性的，因为在一开始，生活方式通常就已经存在于那里了，但是，和别的生活方式相比，人们对它固有的价值是什么并没有清醒的认识。宗教创始人的意义和独创性通常在于，他看到了这种生活方式，选择了它，首先猜测到为什么需要它，如何能够获得对它的解释。例如，在罗马行省，耶稣（或保罗）发现了小人物的生活，这是一种谦虚的、有道德的、消沉的生活，他把这种生活提取出来，赋予最高的意义和价值，从而也赋予鄙弃一切别的生活方式的勇气，摩拉维亚教徒式的平静的狂热和隐秘的自信心不断扩展，最后准备"战胜世界"（指征服罗马和整个帝国中上层阶层）。佛陀释迦牟尼同样发现了先前那样类型的人们，就是说，这些人们分散在各个阶层和社会等级，他们由于懒散而友好善良（特别是不具有攻击性），同样由于懒散，他们过着节制的、几乎不讲究的生活。释迦牟尼明白，这种类型的人们一定会无法避免地、完全消极被动地卷入一种信仰之中，这种信仰许诺免除重复出现的尘世的艰辛（指劳动的艰辛，归根结底是做事的艰辛）——这个"明白"就是他的天才。宗教创始人还注意到对灵魂上肯定属于一般水平的人们进行认识的心理上的可靠性，这些人自己并没有清楚地认识到他们是息息相关的，是他把他们召集在一起的。就这点而言，一种宗教的产生始终是以漫长的认识的稳固性为基础的。

哲人咖啡厅

基督教教会是一本百科全书，它容纳了原始的崇拜和有着各种不同来源的观点；因此，它能很好地适应于传教的工作：从前，它能够——现在仍然这样——去它想去的任何地方，这样做的时候，总是发现一些和它本身类似的东西，它能把自身同化于这些东西并逐渐用这些东西取代它自己的精神。我们必须找到这一具有普遍性的宗教之所以发展的原因，其不在于它习俗之中存在基督徒的东西，而在于其习俗中存在普遍的异教徒的东西。基督教的许多思想（既源于犹太教，又源于古希腊精神）从最初就能将自身提升于种族和民族的独特性和差异性之上，提升于偏见之上。虽然我们可以赞美甚至能让迥异的东西结合在一起的强力，不过，我们千万不要忽视这一强力的卑鄙特性——教会思想在其形成过程中之令人吃惊的粗野和狭隘，允许教会使得自己适应于任何食物的粗糙，像卵石一样消化各种矛盾。

关键不在于某物是否真实，而在于某物如何起作用——绝对缺乏理智上（的）诚实性。一切都是善的，谎言、诽谤、极其厚颜无耻的装扮，只要有助于提高那种温度，——直到人们"相信"——

一种正规训练，使人获得达到某种信仰的诱惑手段：对那些可能产生矛盾的领域的原则性蔑视（——理性、哲学、智慧、怀疑、谨慎等领域）；一种对某个学说的厚颜无耻的赞扬和美化，这个学说不断引证的说法是：上帝就是这个学说的赋予者——使徒无足轻重——，在此没有什么可批评的，而只能信仰、采纳；接受这样一种救世学说，

哲人咖啡厅

乃是极其特殊的恩典和恩惠，最深的感恩和谦恭就是人们得以接受这个学说的状态……

人们不断谋求的是那种怨恨，即这些低贱者感受到的对一切受尊重之物的怨恨：人们向这些低贱者描述这个学说，把它描述为反对世俗智慧、反对世俗权力的学说，这就诱使他们接受这个学说。它要说服形形色色的受排斥者和失败者，它对最不显眼和最谦恭屈从的人许诺了极乐、优越、特权；它煽动那些贫困、渺小、愚蠢的头脑走向一种荒唐的狂妄自大，就仿佛他们就是大地的意义和精华了——

再说一遍，对于这一切，人们不能给予足够深的蔑视：我们大可免了对这个学说的批判；只要看看它所动用的手段，就能知道人们该拿它怎么办了。在这个精神史上，没有比基督教更加无耻和更加露骨的谎言了，没有比基督教更加深思熟虑的卑劣行径了——然而——它与德性达成了协议，它毫无廉耻地一味为了自己利用全部德性的迷惑力……它与荒谬悖论的权力达成了协议，与古老文明对于胡椒和荒唐的需要达成了协议；它令人困惑，它使人愤慨，它煽动人们进行迫害和虐待，——

正是以这同一种深思熟虑的卑劣行径，犹太教士确立（了）自己的权力，犹太教会得以创立起来……

一个圣徒陷入信仰者的纠缠中，对他们就罪而持续表达的憎恨忍无可忍。最后，他对信仰者说："除了罪，上帝创造了一切其他东西：因此，难怪他不喜欢罪呢。但是，人创造了罪，那么，他不愿意承认他这个唯一的孩子的原因，仅仅在于没有得到他的祖父即上帝的友好眼神的关注吗？人类就是这样吗？对那些应该尊重的人给予尊重——但是首先，不管是就情感而言，还是就责任而言，这个人都必须声援孩子——对于祖父的尊重仅仅处于第二位！"

在基督教统治或曾经统治过的一切地方，人们都有一种罪恶感，罪恶感是犹太人的看法，也是一切基督教道德的基础，实际上，基督教是要以这一方式使得整个世界"犹太化"。

人们已经清楚地认识到，在欧洲，这一点获得了多么大的胜利。古希腊是一个没有罪恶感的社会，对于基督教，它感到既奇怪又陌生，我们今天在这一点上的感受也是一样的；当然，也存在一些人，有接近和接受它的愿望，世世代代，许多杰出的人都教导人们，没有这种愿望是不行的。"只有当你悔罪时，上帝才会宽恕你。"希腊人认为这句话既荒谬可笑又令人愤怒，他会说："可能只有奴隶才会有这种看法。"

在这里，假设了一个威力无比的极其强大而且报复欲非常强烈的上帝，凡人只能损害他的名誉，除此之外，就再也不可能损害他了；而任何罪恶都是在损害他的名誉，的确如此！而悔悟、被侮辱、在灰尘中打滚，都是和上帝的恩惠密切关联的首要条件，也是在恢复上帝的名誉！至于罪恶是否会造成别的损害，是否会产生如疾病之类的灾难，并且殃及和扼杀无数人，对此，这个住在天堂、追逐名誉的犹太人漠不关心，因为，所谓的罪恶只是说对他犯了罪，而不是对人类犯了罪！他把恩惠赐给谁，就是把快乐无忧赐给了谁。上帝和人类之间的关系被设想得这样疏远和对立，以至于根本就不可能有对人类的犯罪，因为，一切行为看的都只是它的超自然的后果，而不是自然的后果。

这就是犹太人的情感所渴望的东西，而一切自然的东西都会损害这种情感的尊严；希腊人却不同，他们的看法是，即使是犯罪，也有其尊严，比如说，普罗米修斯的偷窃，阿瑞克斯以杀戮来发泄自己疯狂的妒忌。希腊人为犯罪的动机虚构尊严，并让它得到尊严，因此而上演了悲剧——对于犹太人来说，即使他们具有诗人般向往崇高事物的天赋和爱好，这样的艺术和兴趣也是既陌生又奇怪的。

源于胃、肠、心脏的跳动、神经、胆汁、精子的任何东西——所有那些不适、虚弱、炎症，以及我们所知甚少的那部机器的全部意外——像帕斯卡尔那样的基督徒把所有这些都看作是道德和宗教的现象，他总是问自己，其原因的出处究竟是上帝还是魔鬼，是善还是恶，是拯救还是罚入地狱？他一定是多么地扭曲和困扰着自己的身体！为了获得他的观点，他一定是多么地扭曲和困扰着他自己！

基督教在整个罗马帝国中发现了在地狱里惩罚的思想：因为为数众多的神秘崇拜已经以一种特有的满足孵化出了这一思想，对他们的权力而言，这一思想就像是最有希望的蛋。伊壁鸠鲁认为，他为他的同胞所做的最好的事，莫过于把信仰彻底撕碎：他的胜利在他一个弟子——罗马人卢克莱修，他是一个忧郁的诗人，不过后来很有见识、很有个性——那里获得了最好的回应。哎呀！他的胜利来

哲人咖啡厅

得太早了：基督教在它的特殊保护下获得了对死后的恐怖的信仰，这一恐怖已经开始在人们的头脑中消失；而且基督教很聪明地做到了这一点。因为，如果没有向着最彻底的异教的大胆跃入，它怎么能证明自己战胜了盛行于世的波斯太阳神密斯拉斯和埃及女神爱希丝？以这一方式，基督教设法把怯懦的人们完全带到它这一边，使他们成为一种新的宗教信仰的最热情的信徒！由于犹太人像希腊人一样，甚至在一定程度上更甚于希腊人，是一个过去和现在一直都热爱生命的民族，他们没有在任何程度上培育出以下思想：作为宗教道德上的罪人而最终死亡的思想，以死后永不超生进行极端的恐吓的思想。这一点足以给一些人留下深刻的印象，这些人不愿意失去他们的肉体，而是希望以自己精心构造的埃及主义来使得其肉体永远不死。我们可以在《马加比》第二卷中读到一个犹太殉教者，他不愿意考虑放弃自己已经破碎的肠子，而是想在他复活时拥有这些肠子：多么异乎寻常的犹太人特性！

　　早期基督徒的头脑中根本没有被永远罚入地狱的思想：他们认为自己被从死亡那里拯救出来，他们日复一日等待着的是改变而不是死亡。第一次死亡一定对这些期待着的人们产生了非常奇特的影响！一定有许多不同的感情混在一起——惊讶、狂喜、怀疑、羞耻，还有爱！这可真是一个值得伟大艺术家研究的问题！圣保罗只能赞美他的救世主，除非他已经为每一个人打开了不死之门——他不相信那些没有获得拯救的人会复活，更重要的是，鉴于他的不可能履行律法和把死亡看作罪的结果的教义，他甚至怀疑，直到那时，还没有一个人成为不死之身（或者无论如何只有极少的几个，这完全是由于特殊的恩典，而不是由于它们本身的任何功绩），只是在他那个时代，永生开始打开它的门——只有少数几个被选中的才获得准入，正如那很骄傲被选中的人情不自禁地说的。

在其他地方，在对生命的冲动不像在犹太人和犹太基督徒中那样强烈的地方，对不死的期盼表现得并不比对最终的死亡的期盼更有价值的地方，那个非基督教，还有不全然是非犹太教增加的地狱的思想成为传教士手中一个非常有用的工具：那时，出现了一种甚至罪人和没有获得拯救的人都可以不死的新教义，此后，比最终死亡的观念更强有力的永久地被罚入地狱的教义开始逐渐消失。只有科学才能克服这一观念，同时，对所有其他关于死亡和来世的观念置之不理。我们在某一个特定方面比较贫乏：我们对"死后的生活"没有丝毫兴趣！一种无法描述的幸福，这一幸福因其还太弱小而不能得到全世界人的关注。伊壁鸠鲁又一次胜利了。

今天，我们丝毫都不再容忍关于"自由意志"的观念，我们非常清楚地把它理解为其真正所是的东西——一切神学家的虚构中最声名狼藉的手段，目的是使人类在某种宗教的意义上"负责任"——也就是说，使人类依赖牧师。在这里，我简单地分析隐藏在"让人负责任"的任何企图背后的心理学假设。

到处都是这样，在非常需要产生责任的地方，往往就有审判和惩罚的本能。哪里需要责任，哪里就有欲望。当

"按你的方式行动"被追溯到意志、动机和责任的选择时，"成为无罪的"就被剥夺了。意志学说之所以被创造出来，本质上是为了通过指定罪过这一借口而证明惩罚是必要的。整个过去的心理学，即意志心理学，起因于它的解释者，即处于古代社会上层的教士们想为他们自己创造惩罚的权力，或者想为他们的上帝创造这一权力。人类被认为是"自由的"，仅仅是为了他们可以被认为是有罪的——能够被审判和惩罚，因此，每一个行为都不得不被看作是由意志力完成的，每一个行为的根源都不得不被看作存在于意识的范围之内（这样，最根本的心理学骗术就被制作成了心理学本身的原则）。

（四）上帝存在的条件

"如果没有聪明人，那么，上帝本身就不可能存在。"路德说过这样的话，这话很有道理；然而，"如果没有愚蠢的人，那么，上帝就更不可能存在。"善良的路德却没有说过这句话！

路德最重要的成果是他唤醒了对圣徒和整个基督教思想家的怀疑；仅仅从他那个时候起，非基督教思想家在欧洲才重新成为可能的，仅仅从那时起，对凡俗者和尘世活动的蔑视才停止。路德一直保持自己作为诚实的矿工的儿子，甚至在他被关进修道院以后都是如此，在那里，因为缺乏其他深刻思想和"无聊"，他就沉入自身，通过他自己的深刻思想钻探出了一些恐怖而黑暗的通道，终于，他逐渐认识到，对他而言，内省而道德高尚的生活是不可能的，他肉体和精神中的先天"活力"将毁灭他，并随之而终结。长时间以来——实在太长了——他努力通过惩戒来找到通向神圣的路；但是，最后他下定决心，自言自语地说："没有真正的思想家！我们上当了。圣徒和我们大家没什么两样。"获取自身情况的这一途径真是太低级了，但对于那一时期的德国人来说，这是唯一适当的途径。他们能够在他们的路德自创的朗朗上口的语录中阅读到："除十诫之外，没有任何在其中能够找到上帝的支持的作品——这些关于圣徒的夸夸其谈的宗教作品纯粹是想象出来的！"当他们读到这些话时，他们感觉到是多么地受启发！

只有在犹太人的环境中，耶稣基督才有出现的可能性。我指的是这样一种环境：空中不断地充满了酝酿着暴风雨的乌云，充满了耶和华的怒气冲冲的乌云。在那里，阳光非常少见，有时候会突然出现一点阳光，穿过那让人感到恐怖的、无止境的白夜，这阳光被看作"爱"的奇迹，被看作受之有愧的"恩惠"。仅仅是在那里，基督才梦到自己的彩虹和下凡的天梯。但是，在别的地方，人们把晴朗的天气和太阳看作规律和常事。

整个世界仍然信仰"圣灵"的文字记载，或者仍然受到这一信仰的结果的影响：当我们细读《圣经》时，我们是为了"启发自己"，找到一些安抚我们的不幸的文字，简言之，不管我们进入《圣经》还是从《圣经》中出来，读的其实是我们自己。但是除了少数几个博学的人外，有

哲人咖啡厅

谁知道《圣经》也或大或小地同样记录了一个有史以来最野心勃勃和不断强求的灵魂，也记录了一个充满迷信和狡猾的思想：这记录的是使徒保罗的历史吗？然而，如果没有这一异乎寻常的历史，如果没有这样一个思想和灵魂的忧患和爱，就没有基督教的领域。我们甚至几乎不会听说一个小的犹太教派，其创立者死在了十字架上。如果这一历史得到及时的理解，如果我们读了——真正地读了——圣保罗的作品，不是作为"圣灵"的启示，而是有着诚实的和独立的思想，忘却我们个人的所有烦恼——十五个世纪以来没有这样的读者——那么，基督教很早以前就该完蛋了：犹太人帕斯卡尔的这些作品如此彻底地把基督教的起源暴露出来，正如法国人帕斯卡尔让我们看到基督教的命运以及基督教将如何最终毁灭。基督教之船把犹太教中不多的优秀部分扔到了岸上，它能够驶入异教的水域，实际上它也这样做了：这要归因于某个人的历史，这样的人在思想上受到极大困扰，如此值得同情，但也使得他自己和别人很不愉快。

这个人忍受着一种固定的思想，或者更确切地说，他忍受着一个固定的问题，这个问题永远在当前，并且永远是热点：犹太教律法的意义何在？特别是，这一律法如何履行？在他还是个青年的时候，他尽力满足它，切实渴望着犹太人可以想象出的最高荣誉——这个民族把关于道德崇高的想象提升到比任何别的民族都更高的水平，也只有他们把神圣的上帝的观念与被看作是冒犯这一神圣的罪的观念成功地统一起来。圣保罗立刻变成了狂热的捍卫者和

哲人咖啡厅

上帝及其律法的荣誉保卫者。保罗不停地抗击和伺机等待着各种违反这一律法的行为和那些擅自怀疑律法的人，他对所有的作恶者无情而残酷，以可能的最严厉的方式惩罚他们。

然而，现在，他切身意识到一个事实，像他自己这样暴力性的、肉欲的、忧郁的、对恨充满恶意的人不可能履行这一律法；而且，这一律法看来对他是最不可思议的东西，他看到，他对权力的无限渴望不断地激发他去违反律法，而他则情不自禁地屈服于这一冲动。这真的就是使得他一次次成为违反律法者的肉欲吗？正如他后来想到的，这不恰恰就是律法本身吗？律法本身不断地表明，其本身就是不可履行的，它以一种不可抵制的魅惑引诱人们犯罪。但是，当时他还没有想到摆脱这些行为的方式。正如他处处表明的，许多东西压在他的良心上——憎恨、谋杀、巫术、偶像崇拜、荒淫、酗酒、欢宴作乐——究竟在多大程度上，他能够设法通过对律法的崇拜和捍卫的极端的狂热主义去抚慰他的良心，更多的是抚慰他对权力的渴望，有时候他会想："一切都白费！无法克服不能履行律法的极度痛苦。"当路德在他的修道院里努力成为他所设想的理想的人时，一定体验过与此相似的情感；某一天，路德开始憎恨牧师的理想、罗马教皇、圣徒、整个教士，由于他甚至对自己都不承认这一憎恨，这一憎恨就是更致命的，圣保罗也曾有过类似的情感。律法就是十字架，他感觉到自己被钉在上面。他多么恨它呀！怎么都不解恨！他开始环顾四周，多么希望找到一个把律法全部毁灭的方法，通过这一方法，他可以不再被迫亲自履行律法！终于，一个可以解放他自己的思想闪现在他的头脑中，同时闪现的还有一个美丽的幻影，只有像他一样的癫狂者才能期望这个幻影：他是反对律法的坚定支持者——从心底里烦透了律法——基督出现在他面前，出现在孤独的路上，他的面容透着神圣的光辉，接着，保罗听见一句话："你为什么迫害我？"

其时，实际上发生的是这样的情况：他的头脑突然受到启发，他自言自语地说："迫害这样的耶稣基督是不合理的！这就是我解脱的方式，这就是我彻底的报复，不管是在这里，还是在任何别的地方，我都不能允许在自己的双手中将律法毁掉！"遭到极度痛苦的傲慢自大的受难者立刻感觉到自己又恢复了健康，他道德上的绝望消失得无影无踪，因为道德本身被吹散了，被消灭（也就是说，被完成）在十字架上。直到那时，可耻的死亡在他看来是反对由新教义的追随者宣称的救世主学说的首要论点：但是，如果废除律法是必要的又该怎么办？这一思想及谜底的巨大后果在他眼前跳跃着，于是，他立刻成为最幸福的人。犹太人的命运，哦，是所有人的命运，在他看来是和启发的瞬间闪现缠绕在一起的：他拥有了最精深的思想，最适恰的钥匙，最亮的光明；从此以后，历史将围绕着他旋转，他就是历史的中心。因为从那一时刻起直到将来，他就是毁灭律法的老师！因为罪而死——那也意味着因为律法而死；存在于肉体中——那也意味着存在于律法下！成为与基督合一的人——那就意味着已经成为律法的破坏者；和基督一起死去——那意味着同样是因为律法而死。尽管罪还可能存在，但违反律法的罪则无论如何都不再可能存在："我居于律法之上。"保罗想；他还补充道："如果我现在重新承认并且服从律法，我将会使上帝成为罪的帮凶"；因为律法的存在是为了产生罪，是为了把它置于前景之中，正像催吐剂会产生恶心一样；如果没有死亡，仍然有可能去履行律法，那么，上帝就不可能做出决定，让基督去死；从此以后，不仅所有的罪都是可以赎的，而且罪本身被废除了；从此以后，律法消亡了；从此以后，律法寓居于其中的"肉体"死去了——或者完全是垂死的，逐渐地衰弱下去。生存是很短暂的，而这一衰败的过程更漫长！——这就是基督徒的命运，直到他和基督一起出现（已经变得和基督合一）为止，此时，他和基督分享神圣的荣誉，像基督一样变成"上帝的儿子"。那时，保罗把自己提升到基督的高度，他灵魂的强求（纠缠不休）也随之提升——与基督合一的思想使得他丢掉了一切廉耻、服从、约束，于是，他无法控制的野心在对神圣的荣誉的期待中表现出极大的快乐。

这就是第一个基督徒，基督教的创立者！在他之前，只有少数犹太人的派别。

（五）道德和本能

人有道德，是因为人是被道德化的，而不是因为人本身就是道德的！服从道德可能是起因于奴性或虚荣、利己主义或屈从、低劣的盲信主义或无思想性。它还可能是一种绝望的行为，正如服从统治者的权威一样；但是，关于这一点，并没有什么道德可言。

赤身裸体的人通常有辱观瞻，我正在谈论的是我们欧洲人（而根本不是欧洲女性！）。假设一个兴高采烈的同桌就餐者突然发现自己被一个心存诡计的男巫师剥掉衣服，我相信，不仅大家的快乐会瞬间消失，而且再好的胃口也吃不下饭——看来好像我们欧洲人实在是缺少不了人们称作衣服的那种掩饰物。现在考虑一下"道德之人"被装扮起来的方式，他被遮掩在道德俗套和体面的概念背后的方式——我们的行为由责任、美德、团体观念、荣誉和自我否定善意地隐藏起来的方式——所有这些理由不是一样地好吗？我并不是指所有这些都意味着把人类的恶毒意图和邪恶行为（即内在于我们的野蛮兽性）伪装起来；相反，我的意思是，我们有辱观瞻，因而需要道德的伪装，这一点恰如驯服的动物一样。欧洲"内在人性"长时间以来还没有坏到足以毫无羞耻地（或者为了达到美丽这一目的）表现自己。欧洲人用道德伪装自己，因为他已经变成一个有病的、憔悴的、跛足的、有足够的理由变得"温顺的"动物，因为他几近流产、发育不全、虚弱、笨拙……并不是捕食猎物的残忍的野兽，而是那些极其平庸、懦弱、对自己感到厌烦的群居动物，才需要道德的伪装。欧洲人用道德装扮起来——我们必须承认！——目的是让自己看起来更高贵、更重要、更值得尊重，甚至"神圣"。

有教养的社会坚决要求避免诸如一切可笑的、古怪的、

哲
人
咖
啡
厅

放肆的事情，就像克制自己最强烈的渴望一样克制自己的美德，立刻把自我降低到一般的水平，使自己顺从于礼节和自我贬低。一般来说，所有这些都会被作为社会道德而找到，甚至在最低级的动物界也可以找得到，——而且正是在这样的低级动物界，我们才看到所有这些友善的预防规则背后的最隐秘的计划：人们希望逃避自己的追捕者，并且在寻找掠夺物中获得帮助。因此，动物学会了控制和伪装自己，这样的行为发展到这样一个程度，以至于一些动物甚至能使自己身体的颜色适应于它们周围环境的颜色（借助于众所周知的"保护色"）。其他动物能够装死，或者采用其他动物、沙子、叶子、苔藓、菌类的形状和颜色（英国自然学家称之为"模拟"）。

正是以这种方式，个人把自己隐藏在类属概念"人"或"社会"的普遍性之后，或者使自己适应并依附于那个时代的或自己周围的贵族、世袭阶层、政治党派以及流行的观点，所有这些使得我们自己快乐、欣慰、强大、迷人的巧妙方式，我们同样可以很容易地在动物身上找到。甚至，人们像动物一样地具有一种实际上只是安全感的真实感：我们不希望被别人或自己欺骗，我们带着某种怀疑听取自己激情的推动，我们控制自己并且一直防备自己。现在，动物也和人一样做着所有这些行为，在动物身上，自我控制同样源于现实感（即谨慎）。动物以同样的方式观察它应用于其他野兽的想象物之上所产生的结果，它因此而学会了从它们的立场出发去考虑自己，学会了"客观地"考虑自己，它有自知之明。动物判断它的朋友和敌人的行

哲人咖啡厅

动，把它们的特征记在心里，并据此采取行动：它会永远放弃和某些种类的个别动物的争斗，它同样会在某些动物种类靠近的方式中辨认出它们的意图是否融洽、和平。正义，就像智慧、节制和勇敢一样——总之，一切被我们看作是苏格拉底美德的东西——都起源于动物的本性，也就是说，它们是教我们寻找食物和避开敌人的那些本能的结果。如果我们还记得，高等的人只是在他的食物质量以及违背他本性的概念方面提升和完善自己，那么，把整个道德现象看作起源于动物性就可能做得并不过火。

这里，我们具有一种完全建立在渴望不同凡响的基础之上的道德——不要因此而对它抱有太高的评价！实际上，我们完全可以问，它是哪一种冲动？它的根本含义是什么？从我们的表现看，我们企图让这种道德使周围的人感到悲痛，激起他的嫉妒，唤醒他的无力感和堕落感；我们试图通过在他舌头上滴一点我们的蜜，同时，把一种假想的恩惠给予他，刻薄而得意地看着他，使他品尝到自己命运的苦涩。

看看这样一种人吧，他目前已经变得谦卑，而且其谦卑达到了完美的地步——他在寻找一些人，长久以来，他一直试图通过他的谦卑对他们进行折磨而做着准备，他一定会找到这样的人！还有另一种人，他对动物表现出仁慈，并因为这种行为而受到人们的称赞——但是，他恰恰是渴望通过这种方式，把自己的残忍发泄到某些人身上。看看这个伟大的艺术家：他在构想他所战胜的对手对自己的羡慕中预先享受着快乐，在变成伟人之前，他拒绝停用

哲人咖啡厅

强力——为了自己的伟大，他要求其他人在精神上付出了多少痛苦的时刻！修女的贞洁：她用多么险恶的眼光审视着那些过着不同于她的生活的其他女人的脸！她眼睛里闪着多少报复的乐趣！主题是简短的，但是，它可以有数不清的花样，这些花样不可能轻易使人感到厌倦——因为它仍然是一种非常荒谬的新奇东西，而且几乎是一种令人痛苦的新奇东西，结果，肯定的是，不同凡响的道德归根结底只不过是隐含于斯文的残忍中的乐趣。当我说"归根结底"的时候，我在这里指的是，在创造道德的第一代中，一直都是这样。因为，当这些显著的行为习惯发生遗传时，它的根源可以说并没有被遗传下来，而遗传下来的只有它的结果（因为，只有感情，而不是思想，才能遗传下来）：因此，如果我们预先假定这一根源没有经由教育重新引入，那么，在第二代中就不再能感觉到隐含于残忍中的乐趣，而只是作为一种习惯本身而感到快乐。然而，这种隐含于残忍中的乐趣正是"善"的最初开端。

第一个阶段：在每一次不幸和不安中，人眼中看到的是某些事，他必须使别的某些人因为这些事而受苦，不管是谁——以这一方式，他发现自己还保持着一些权利，这一点使他感到安慰。第二个阶段：在每一次不幸和不安中，人眼中看到的是自己应受的惩罚，即过错的补偿，他可以由此而摆脱实际存在的和仅仅表面上如此的不正当行动的恶意纠缠。当他认识到不幸带来的这一好处时，他认为不再需要使得别人为他的不幸而受苦——他放弃这种满足，因为他现在拥有另一种满足。

哲人咖啡厅

从自己和他人的关系中，人除了源于自身的那些令人快乐的感受之外，还获得了一种全新的快乐，依靠这一点，他极大地增加了快乐的范围。也许，太多的这类快乐，他是从动物那里接受而来的，当动物们相互逗弄，特别是当妈妈逗弄自己的孩子时，就会明显地感觉到快乐。接下来看看两性关系，这几乎使得每个对某一男性感兴趣的女性感到快乐，反之亦然。以人类关系为基础的快乐情感一般会使人更完善，共同的欢乐即一起享有的快乐增加了快乐，它给个人提供了安全感，使人和蔼，驱散怀疑和嫉妒，因为我们感觉到自己无拘无束，同时也看到别人无拘无束。相似的快乐表现唤醒了相同感受的观念，即感觉到某些事物的存在是相同的，相同的结果会产生在共同的痛苦、同样的糟糕天气、同样的危险、同样的敌人那里。最古老的同盟就是基于这一基础建立起来的，这一同盟的目标是，为了每个个体的利益，相互避免和防止某种恶劣的危险。因此，社会本能是从快乐中发展而来的。

道德和宗教的整个领域都属于假想的原因和"解释"的范畴，用来说明令人不愉快的感觉。这些感觉是由那些对我们有敌意的人引起的（邪恶的灵魂：最著名的例子就是把歇斯底里的女人称作巫婆）。它们是由不能接受的行为引起的（"罪"或"有罪"的感觉不为人所知地潜伏在生理的不适之下，人们总是能发现对自己不满意这一感情的原因）。它们是作为对我们做了不应该做的事情、渴望不应该渴望的事情的惩罚和报应而产生的（这一点被叔本华冒失地概括为一个原理，在其中，道德表现为它实际上的样子，表现为生命的毒害者和诽谤者："每一个巨大的痛苦，不管是肉体上的还是精神上的，都表明这是我们应得的，如果这不是我们应得的，它就不会降临到我们身上。"——《作为意志和表象的世界Ⅱ》，（第666页）它们是欠考虑而证明很糟糕的行为所产生的结果。（在这里，激情和感官被假定为原因，假定为"有罪的"，而生理的痛苦在其他痛苦的共同作用下被解释为"应得的"。）

我们把通常的令人愉快的感情解释为是由对上帝的信仰产生的，是由我们对善的行为的意识产生的（所谓的"问心无愧"——一种经常看起来非常像良好的消化能力的生理的状态，很难把二者区分开）。它们是由某一事业的成功结果产生的。（一个幼稚的谬论：某一事业的成功结果决不会给予某个忧郁症患者或某个帕斯卡尔通常的令人愉快的感情。）它们是由信仰、仁慈和希望——即基督徒的美德产生的。

其实，所有这些假设的原因实际上都是结果，就好像是这样，把愉快的和不愉快的感觉转化成一种令人误解的术语。人们处于某种希望的状态，是因为基本的生理感觉强烈而丰富；人们信仰上帝，是因为完满和力量的感觉给予一种可靠感。道德和宗教完全属于错误的心理学：在每一种情况中，原因和结果都被混淆，或者真理与相信某物是真的这样的结果相混淆，或者意识的状态和它的生理学的来源相混淆。

利己主义以及利己主义者具有相同的生理学价值。

一切个别的利己主义都可以代表整个人类发展的轨

迹，而不是像道德家所认为的那样，利己主义是个人的某种与生俱来的东西。如果利己主义体现了人的发展方向的提升，那么，它的价值其实就是巨大的；而且它可能会极其担心如何保存和促进自身的增长。（这也就是担心在它身上得以预示的未来，因为这种未来赋予所有成功的个体某种非常不寻常的利己主义特权。）如果利己主义体现的是一条下降的轨迹，表现为衰落和慢性病，那么，它就没有什么价值了；第一个公平合理性是：它尽可能地不夺取成功者的位置、力量和阳光。在这一情况下，社会的职责就是遏制利己主义（因为，利己主义有时候表现为荒谬的、病态的、反叛的）。这里指的是个别人和颓废萎靡的民众阶层整体。一种鼓吹"爱"、压制自我肯定的学说和宗教，一种鼓吹忍辱负重、助人为乐、在言行上互惠的学说和宗教，在这样的民众阶层中可能有着最高的价值，即使在统治者看来也是这样，因为它压制反抗感、复仇感、妒忌感等诸如此类的失败者身上极其自然的情感，相反，在谦卑和驯化的观念之中，它把失败者身上的做奴隶、被统治、贫穷、疾病和低贱这样的品质加以神化。这就说明了一切时代的统治阶级（种族）和个人为什么都要维护对无私的崇拜，即为什么要维护低等人的福音、"十字架上的上帝"。

利他主义的评价方式处于优势是失败者本能的结果。在这里，最基本的价值判断说："我没什么价值"。它只是一种生理学方面的价值判断，更准确地说，就是一种无能感，即缺少非凡的肯定性的强力感（在肌肉、神经和运动中枢中）。这一价值判断分别依照这些阶层的文化转化为某种道德判断，或者转化为某种宗教判断（——道德和宗教判断的统治地位一直是低级文化的标志），因为它试图以那个众所周知的"价值"概念的领域来说明自己。基督教罪人认为可以用来理解自己的那些解释，只是企图为强力和自信的缺失寻找合理性，因为，他们宁可自认有罪，也不愿意徒然地感觉到自身的恶劣。而当人们需要这种解释时，本身就是颓废的迹象。在别的情况下，失败者（如基督徒）没有在自己的"罪过"中，而是在社会中寻找自己不幸的原因所在。社会主义者、无政府主义者和虚无主义者，由于他们认为自己的生存应该由某人承担罪责，所以从根本上来说，他们是基督徒的近亲；因为，基督徒也认为，如果他找到了某个对此承担责任的人，那么，他就能更好地忍受悲惨和不幸了。复仇和怨恨的本能在下面两种情况下都表现为承受生活的方式，即表现为自我保存的本能和对利他主义理论及实践的偏爱。对利己主义的仇恨，不管是对自己的（像基督徒那样）还是对别人的（像社会主义者那样）利己主义的仇恨，都是在复仇感居于统治地位时表现出来的价值判断；另一方面，这又表现为一种受难者进行自我保存的明智行为，即他们通过提高自己的互惠感和团结感来保存自我的明智行为……最后，如前所述，即使是通过审判、谴责和惩罚利己主义（自己的或者他人的）来发泄怨恨，也依然是失败者的某种进行自我保存的本能。总之，对利他主义的崇拜只是利己主义的一种特殊形式，这一形式在一定的生理学前提下会经常出现。

　　自私自利和具有自私自利之人的价值相同，也就是说，

哲
人
咖
啡
厅

自私自利可能有许多价值，也可能没有价值、让人轻视。每个个体都可能被仔细审视，看看他代表的是生命的上升路线还是下降路线。做出这种断定后，人们对自己自私自利的价值就有了一个标准。如果他代表的是上升路线，那么，他的价值就的确是非凡的——而为了作为整体的生命（这种生命通过他而取得了进步），甚至可以极端地关心对他的保护，关心为他创造最好的条件。正如迄今为止由民众和哲学家同样理解的那样，个人即"个体"终究就是一个错误，他本身什么也不是，不是元素，不是"链条中的环节"，不只是从过去遗传下来的东西，他就是到他为止的人类的一条完整的路线。如果他代表的是下降的发展趋势、颓废、慢性的堕落和疾病（总的来说，疾病是颓废的结果，而不是颓废的原因），那么，他就只有很少的价值，而且，连最少的公正都要求他尽可能少地从那些一直健康的人身上索取。他只是健康者的寄生虫。

人们基本上是以非常高的强调和崇拜谈论爱的，这是因为，迄今为止，他们所拥有的爱一直以来是如此之少，还从来没有饱享这一食物：这样，爱就成了他们的美味食品。如果诗人想以乌托邦的形象表现普遍的仁爱，那么，他肯定将不得不描绘某种痛苦而荒谬的情况，世上还从来没有看见过像这样的情况：由于某种无法抗拒的渴望（在那时，就像自私会受到过去时代的人的强烈侮辱和诅咒一样，这种渴望同样会遭到强烈的侮辱和诅咒），每个人都会被数千个爱人包围着、纠缠着、渴望着，实际上就是被大家所包围、纠缠和渴望，而不是像现在一样只被一个爱人所包围、纠缠和渴望。处于这种新情况下的诗人，如果他们还有足够的空闲时间去写作的话，那么，他们就只会想象那种乐而无忧的、没有爱的过去，想象往昔神圣的自私，想象以往时代中绝妙的可能性，即保持孤独、不被自己的朋友追赶，甚至被人恨、被人鄙视的可能性——或者选择我们生活于其中的美丽的动物世界来进行创作，进行令人作呕的表现。

对于我们周围人的行为，我们采取什么态度？——首先，我们考虑，他们怎样才可能对我们自己有好处——我们仅仅以这样一种观点看待他们。我们认为这些行为的动机会产生利害结果——因此，我们就把我们周围的人的这些动机看作其内在的具有持久性的品质，于是，我们把他叫作，比如说，"一个危险的人"。谬之又谬！谬之又谬而且是最古老的错误！或许这是由动物和它们的判断能力遗传给我们的！一切道德的来源不可能在这些极其可恶的心胸狭隘的结论中找到："凡是伤害我的就是恶（其本身含有有害的东西），凡是对我有好处的就是善（其本身含有有益的和有利的东西），凡是伤害我一次或几次的就是本身恶意的，凡是一次或几次对我有好处的就是友善的。"多么可耻的起源！难道这不是等同于把卑鄙的、偶然的，而且经常只是意外的别人和我们的关系看作是他最初的和最本质的品质，也等同于断言，对于他本人和任何其他人来说，他只能进行我们自己已经在他跟前经历过一次或几次的行为！难道这不是彻头彻尾的愚蠢（基于一切精神思想中最自大的思想）吗：也就是说，因为我们决定善和恶，我们就必须是何谓善的标准吗？

　　在道德家和圣人那里，什么东西都不如诚实好。他们可能会表现出相反的东西，他们甚至可能会信仰相反的东西。因为，当一种信仰比自觉的伪善更有用、更有效，也更有说服力的时候，伪善很快就本能地变成了天真无邪，这是认识伟大圣人的首要原则。哲学家完全是另一种圣人，他们的伎俩是这样的，他们只承认某些真理，也就是那些有利于使他们的伎俩获得公众认可的真理，用康德的术语来说，就是实践理性的真理。他们知道自己必须证明的东西，在这一点上，他们是很实际的。他们通过对"真理"达成的一致意见而相互认可。"你不应该说谎"，换句话说，我亲爱的哲学家，谨防说真理。

　　很清楚，道德情感是以这样一种方式流传下来的：孩子们看到承认对于一定的行为的强烈偏好和厌恶，然后，就像天生的猿猴一样，模仿这样的偏好和厌恶，随后，在生活中，当他们受到这些后天的相当老练的情感的影响时，他们就把为这些偏好和厌恶提供辩护看作是事关体统和礼仪的问题。然而，这些"辩护"和情感的起源或程度毫无关系，人们作为理性的生物，只是使自己适应于这样的规则，即他们必须提供自己正反两方面情感的理由，而且，提供的理由必须是能够得到认可和接受的。在这一范围内，道德情感的历史完全不同于道德观念的历史。道德情感在行动之前起作用，而道德观念主要是在行动之后起作用，以便使人们明了自己行动的必要性。

　　和几千年来盛行于人们之中的生活方式相比，我们现在的人正生活在一个非常不道德的时代：习俗的力量已经在非同寻常的程度上遭到削弱，而道德的意义是如此精练而高尚，以至于我们几乎可以说它已经消失了。那就是我们这些后来者在获得关于道德起源的根本概念的过程中经历了如此多困难的原因，而且即使我们确实获得了道德的起源，解释的话语却卡在我们的喉咙中，如果我们说出这些话语，听起来将是多么粗俗！或者说，在很大程度上，这些话看来就是对道德的诽谤！因此，举个例子，主要命题"道德完全是（而且首先仅仅是）服从任何性质的习俗"就是这样。但是，习俗仅仅是行动和评价的传统方式。没有传统的地方就没有道德；受传统支配的生活范围越小，道德的范围就越窄。因为自由人的意愿是依靠自己而不是传统，所以他是不道德的：在人类的一切原始状态中，"恶的"都等同于"个人的""无约束的""专断的""不习惯的""未被预见的""不可测的"。在这样的原始状态中，总是以这一标准来衡量，任何实施的行为——不是因为传统支配着它，而是因为别的原因（例如，因为它的个别效用），甚至恰恰是因为之前传统建立起来的原因——被称作不道德的，而且就连实施这一行为的人也觉得是不道德的，因为这一行为不是出于对传统的服从而做的。

　　传统是什么？传统就是一种更高的权威，它要求人们服从它不是因为它支配着对我们有益的东西，而纯粹就是因为它支配。那么，以什么方式能够把对于传统的这一感情和一般的恐惧感区分开来呢？它是对一种更高的进行支配的精神的恐惧，对一种不可理解的力量的恐惧，对某种高于个人的东西的恐惧——在这一恐惧中存在着迷信。在原始时期，道德的领域包括教育、保健、婚姻、医疗、农业、战争、说话、沉默、人和人之间的关系、人和上帝之间的关系——道德要求人服从它的命令，而不把自己看作是独特的个体。因此，一切事物原初地都是习俗，凡是想要把自己提升于习俗之上的人，首先必须使自己成为某种立法者和医生，某种半神——换句话说，他必须创造习俗，而这样做是危险的、可怕的。——谁是最道德的人？一方面，是某种最经常地服从律法的人：比如像婆罗门那样，对于无论他走到哪里都伴随着他的律法具有觉悟，并且无论什么时候都应用这一律法，不断地在寻找服从律法的机会中锻炼自己的思想。另一方面，是某种在最困难的情况下服从律法的人。最道德的人是那种对道德作了最大的牺牲的人；但是，什么是最大的牺牲？在回答这一问题的过程中，将会有几种不同的道德，但是，最重要的东西在于最经常服从的道德和最难服从的道德二者之间的区别。我们不要受到要求在最困难的情况下服从习俗的那种道德律法（作为一个道德的指示）的动机的欺骗！自我克服被需要，不是因为它可以为个体带来有益的结果，而是因为习俗和传统可能表现得具有支配性，尽管所有个体都反对愿望和优点。个体应该牺牲自己——习俗的道德就是这样要求的。

另一方面，就像苏格拉底的追随者那样的道德家则是例外，他们劝告个体要自制和冷静，把这作为个体可能存在的最大优点和开启最大的个人幸福之门的钥匙——如果

我们自己不这样想，这只是因为，我们是在他们的影响下
被教养大的。他们都采取一条新的途径，从而把自己降低
到对习俗道德的所有代表的最大反对者。他们割断自己与
公众的联系，成为不道德的人，而且是这一字眼的最完全
意义上的邪恶的人。同样，在旧派别中有美德的罗马人看
来，每一个"首先寻求他自己的拯救"的基督徒一定是恶
的。凡是在公众存在因而习俗道德也存在的地方，就有某
种思想盛行于世，即任何对于违背习俗的惩罚，遭受痛苦
的首先是公众：这一惩罚是一种超自然的惩罚，其表现及
范围如此难以理解，从而人们以如此盲目迷信的恐惧去调
查它。公众能够强迫它的任何一个成员为其行为给个体或
公众本身带来的不良后果做出补偿。公众也能够通过竭力
表明，由于个人的行为，神的震怒已经突然倾覆于公众之
上（但是首先，公众把个人的过错特别看作是个人本身的
过错，从而由个人孤立地承受对其本身的惩罚），从而叫
某种报复降临到这个人头上。"道德"，他们在心底里哀叹，
"如果诸如此类的行为可能存在的话，道德就逐渐废弛了"。
每一个个体的行为，每一个个体的思维方式，都会引起恐
惧。在时间的进程中，那些比较杰出的、罕见的、有独创
性的人，由于被看作恶人和危险之人，哎，因为甚至他们
本人也是这样看待自己的，难以断定他们遭受了多少痛苦。
在习俗道德的支配性影响下，每一种独创性最终都被归结
为某种坏的良心，甚至现在，由于这一思想，最优秀的人
的天空似乎比原本应该是的情形有着更多的阴霾。

　　在对习俗的评判中，有一点是不应该忽视的，就那些

哲人咖啡厅

从一开始就全心全意地遵守习俗的人们而言，他们身体和精神上的攻击和防御器官会日渐衰退，也就是说，这些人逐渐变得更美了！因为，正是这些器官的训练及其相应的情感造成了丑陋，并且有利于保持丑陋。正是由于这个原因，年老的狒狒比年轻的狒狒要更丑陋些，而年轻的雌狒狒就最像人，因而是最美的。——让我们由此得出自己的结论：女性美就是这样来的！

同一个冲动，当处于习俗谴责的压力之下时，就发展成为懦弱的痛苦感情；反之，假使这一冲动是在基督教那样的道德之下，这种道德把它放在心上并称其为善，那么，它就会发展成为谦卑的快乐感情。换句话说，这种本能的冲动受到的将是善的道德心或恶的道德心的影响。就其本身而言，像一切本能的冲动一样，这一冲动不具有这种或者任何其他的道德特征和名称，甚至不具有确定的伴随着的快乐感和不快感；直到它取得和作为善与恶已经受到洗礼的冲动的联系，或者被看作是存在的性质，而这一存在已经由人们从道德观点出发进行过衡量和评价，这时，它才获得了所有这些品质作为自己的第二特征。因此，古希腊人的嫉妒观念和我们完全不同。赫西俄德把嫉妒看作是善的、仁慈的爱里斯的品质，而且，把某种嫉妒甚至归于神也并没有被看作是冒犯。在一个主要由竞争鼓舞事态，而且竞争被看作善因而被高度评价的社会中，这一点是很容易理解的。

希腊人在对希望的评价方面照样和我们不同，他们把希望看作是盲目的，而且是充满欺骗的。赫西俄德在他的

哲
人
咖
啡
厅

一首诗中强烈地提到了这一点，实际上，他提得如此强烈，以至于在现代，没有一个评论者能够真正理解它，因为它和现代思想是相反的，而现代思想从基督教那里学到的是把希望看作一种美德。另一方面，在希腊人那里，通向未来知识的大门看起来只是部分地关闭着，在无数的事例中，在我们保持满足于希望的情况下，探究未来作为一种宗教义务铭刻在他们心上。因此，由于他们的预言家和占卜者，结果，希腊人对希望之抱有极少的尊重，甚至把它降低到一种邪恶和危险的层面。

　　此外，犹太人对愤怒的看法也不同于我们所持有的看法，他们把愤怒神圣化，他们把盛怒者严峻的威严置于非常高的地位，这一点是欧洲人所无法想象的。他们模仿自己盛怒的神圣的先知，塑造出了他们盛怒的神圣的耶和华。和他们相比，欧洲人所展示的最伟大的盛怒可以说只是间接得来的东西。

　　仅仅在存在契约的地方，才有法律；但是，为了能够使得契约存在，就必须有某种强力的平衡状态。假使没有这种强力平衡，假使数量相差太大的两个强力互相之间发生冲突，那么，弱者就会受到强者的侵犯，不断地被削弱，直到最后，出现了投降、屈服、顺从和吞并，也就是说，最后，强者和弱者合为一体了。为了使强者和弱者各自保持其自身，就必须有一种前面所说的平衡状态，而且，从而一切法律都被归结为一种预先的权衡。因此，假使人们用手上的秤表示公正的话（恰当的比喻可能是这样，把公正放在秤上，这样，公正就使两个秤盘保持平衡状态），

哲
人
咖
啡
厅

那么，这并不是什么好想法，因为它会使人误入歧途。然而，人们却错误地表达了公正，也就是说，人们在公正的问题上也说错了话。公正并不表示"每个人都得到了自己应得的"，而始终只是说"你怎么对待我，我也怎么对待你"。两个相互发生关系的强力被毫无顾忌的强力意志所限制，不仅成为互相等同的东西，而且，它们也想成为等同的东西，这就是世界上所有"善良意志"的开端。因为契约不但含有对某个持续存在的强力量的单纯肯定，而且，同时还含有某种意志，目的在于把这样一种两个方面的量作为某种持续的东西加以肯定，从而在一定程度上也维护自身——按照前文所说的，其中包含着一切"善良意志"的萌芽。

"惩罚"是在非常狭隘的空间中发展而来的，它是强权者和家长的反应，是这些人因为自己的命令和禁令受到蔑视而表现出的愤怒。也就是说，在习俗的伦理原则（它的准则要求"所有的传统习惯都应当受到尊重"）之前，还有统治者的伦理原则（它的准则要求"只有命令者才受到尊重"）。一切道德的最终基础之中都包含着对距离和等级差异的感受。

二、上帝死了

（一）上帝之死

你们听说过吗？有个狂人，早上天已大亮，他却点着灯笼，跑到集市，嘴里不停地喊着："我寻找上帝！我寻找上帝！"当时，周围正聚着许多不信仰上帝的人，于是，他的话引起一阵大笑。有人问，究竟怎么回事？他走失了吗？还有人问，他像孩子一样自己走失了吗？或者他把自己藏起来了？难道他害怕我们？他是坐船走的吗？流亡了吗？就这样，他们大声呼喊着、嘲笑着，一片混乱。狂人跳进他们中间，眼睛紧盯着他们，喊着："上帝到哪里了？我来告诉你们！我们——我和你——把他给杀了！我们所有的人都是谋杀者！可是，我们是如何把他杀死的呢？我们有多大能力，竟能把海水喝干？谁给了我们海绵，来把全部地平线擦掉？当我们把地球从太阳那里解救出来后，再做什么呢？地球本身将移向何处？我们又将移向何处？从所有的太阳那里离开吗？我们不是在持续地跌落吗？向后、向前、向旁边，朝着所有的方向？还有上方和下方吗？我们不是会迷路吗，如同穿过无穷的虚无？那个空洞的空间不会像我们吐气吗？天气是不是变得更冷了？黑夜而且是更多的黑夜不是经常来临吗？早上不是必须将灯笼点亮吗？我们还没听到埋葬上帝的掘墓人的嘈杂声吗？我们还没闻到上帝的腐臭吗？上帝也会腐烂！上帝死了！上帝永远死了！我们已经把他杀死了！我们这些最凶残的谋杀者怎样自我安慰呢？那个迄今为止拥有世界的最神圣最强大的统治者在我们的刀下流血而死——谁能把我们身上的血擦净呢？用什么水能洗净我们自己呢？我们必须创造哪种赎罪的节日和神圣的竞技呢？对于我们来说，这一行为的伟大不是太伟大了吗？为了让上帝的价值显现出来，我们不是必须把自己变成上帝吗？从来没有过比这更伟大的行为——为了这一行为，凡是在我们之后出生的人，他将顺应比迄今为止的一切历史更高的历史。"

说到这里，狂人沉默了，再次看着他的听众：听众也沉默着，诧异地盯着他。最后，他把灯笼扔到地上，灯笼烂了，熄灭了。"我来得太早了，"他接着说，"我的时代还没有到来，这一可怕的事件还在路上徒步走着呢，它还没有传到人们的耳朵里呢。闪电和雷声需要时间，星光需要时间，大事需要时间，已经发生的大事被人们看到和听到也需要时间。对他们来说，这件事比最遥远的星星还要遥远——他们仍已亲自做了它。"

人们还进一步说，就在同一天，狂人闯入各个教堂，在那里领唱安魂曲。他被带出去，并被传去责问，他只是回答："现在，如果这些教堂不是上帝的坟墓和墓碑，那还能是什么呢？"

最近刚刚发生的大事——"上帝死了"，原本有的对基督教上帝的信仰已经变得不可信了——已经在开始把它的阴影投射于欧洲的上空。至少对少数人来说——这些人的眼睛，这些人眼中流露出对这一事件的怀疑，这种怀疑非常强烈而且敏锐——太阳似乎已经落下了，古老而深刻的信任已经转变成怀疑：对于他们而言，我们的旧世界准会一天天地显得更像晚上、更加可疑、更加陌生、更加"陈旧"。但是基本上，人们会说：这一事件本身太过重大，太过遥远，大众远不能理解这一事件，甚至不能理解这一事件的消息，以至于人们认为这件事到目前为止还没有到来；人们可能认为，到目前为止，许多人几乎还不知道这一事件真正意味着什么——既然信仰已经被削弱，多少东西会随之而崩溃。因为这一事件建立在信仰之上，由信仰支撑着，并转变成为信仰，比如说，我们欧洲的整个道德就是这样。这一长久的、大量的、一连串的衰弱、毁坏、崩溃和现在正在逼近的灾变：现在，谁能充分猜想到这些，从而被迫扮演令人恐怖之事的难以置信的逻辑的老师和预先宣告者，扮演昏暗和日食这类还从来不可能发生在地球上的现象的预言者？……甚至我们这些天生的猜谜者，一直（过去也应该如此）等候在山顶，被置于今天和明天之间，在今天和明天之间的矛盾中延续着，对于我们这些下个世纪的头生子和早产儿来说，不久必将笼罩欧洲的阴影此刻实际上应该已经出现，为什么我们甚至期待着即将临近的阴暗，而没有任何真正被卷入其中的感觉，首先是不为我们自身感到担心和害怕？我们或许仍然太多地处于对这一事件最初结果的印象之下——而这些最初的结果，这些对于我们自己而言的结果，或许和人们所预期的

哲
人
咖
啡
厅

完全相反，根本不是悲伤和忧郁，而是有点像一种新的几乎不能描述的光明、宽慰、高兴、鼓励、曙光……的确，当我们哲学家和"自由的灵魂"听到"旧的上帝死了"的消息时，感到就像一道新的曙光照耀在我们身上，我们的心中洋溢着感激、震惊、预感、期待——终于，地平线重新向我们呈现出自由，尽管它不应该是明亮的；终于，我们的船可以重新冒险出海，冒险出海去面对任何危险；热爱知识者的所有勇气都重新获准；大海，我们的大海，重新开放，也许还从来没有过这样一片"开放的大海"。

基督教终结于它自己道德（这种道德是不可取代的）的手中，这种道德转而反对基督教的上帝。（由于基督教对世界和历史的整个解释的虚假和不真实，被基督教高度发展了的真实感令人作呕，从"上帝就是真理"弹回到对"一切都不真实"的狂热信仰。这是一种行动上的佛教。）

无论欧洲在其他方面发展到什么程度，在宗教事件受到关注的地方，欧洲还没有达到古代婆罗门教的自由的质朴，在四千年前的印度，这一点证明人们更加深刻地沉思并把沉思比保持现状能获取更多快乐的思想传给他们的后代。因为那些婆罗门首先相信，牧师比上帝更加有力量，其次，是仪式构成了牧师的力量：他们的诗人们从不厌倦地把那些仪式（祈祷、典礼、献祭、赞美诗、韵文）颂扬为所有恩惠的真正给予者。虽然一定数量的迷信和富有诗意的事物、各种仪式结合在一起，原理却是真的！进一步地，上帝也被人们抛弃了——用不了多久，欧洲将同样不得不这样做！更进一步地，人们没有牧师和中间者也行——接着，进行自我救赎的宗教之宗师佛陀出现了。欧洲离佛教这一文化阶段仍然是多么远呀！当所有的习俗和仪式——以上帝、牧师、救世主的力量为根据——最终被毁灭时，当传统意义上的道德因此而消亡时，那么将要到来……哦，那么将要到来的会是什么呢？但是，让我们克制着不要猜测；让我们更确切地搞清楚，欧洲将会把印度这一思想家的民族几千年以前作为思想的戒律而实施的事情重新做一次！

从前，人们企图证明：上帝不存在。——现在，人们表明，上帝存在的信仰怎么能发源，通过什么手段，这一信仰取得了权威性和重要性：以这一方式，上帝不存在的反证成为不必要的和多余的。——在过去的时代，当已经提出的"上帝存在的证据"遭到驳斥时，怀疑仍旧保留着，就是说，是不是有一些比那些刚刚遭到驳斥的证据更好的证据还没有被找到：在那时，无神论者不知道该怎样把一块木板刨平。

现在，有一两千万被分散在欧洲的不同民族中的人，他们不再"相信上帝"——要求他们相互给予一些指示或口令，这要求过分吗？一旦他们以这一方式相互认识，他们彼此也将会使得自己被对方所了解；于是，他们将会立刻成为欧洲的一股力量，而且，很高兴，是各民族中的一股力量！各阶级中的力量！富有和贫穷之间的力量！指挥者和服从者之间的力量！最不平静的人和最平静的、最安定的人之间的力量！

一切真正活跃的人现在过着内心不信仰基督教的生

哲人咖啡厅

活，而知识分子中等阶层中最中道的、最有思想性的人只拥有一种被修正了的基督教，也就是一种被特别简化了的基督教。正是上帝用爱来使得一切事物秩序化，以便让一切事物对我们而言成为最好；正是上帝给予我们自己美德和幸福，接着又把美德和幸福从我们身上带走，以便让一切事物最终顺利进行，而没有理由把生活看作是恶劣的，也没有理由抱怨生活：简言之，顺从和谦卑上升到神圣的地位——那就是基督教现在留给我们的最好的、最逼真的残余物。然而，人们一定还记得，以这一方式，基督教已经发展成为一种温柔的道德主义：代替了"上帝、自由和永生"，我们现在有一种仁慈和诚实的感情，有一种仁慈和诚实的感情将最终在整个宇宙中盛行的信仰：这就是基督教的安乐死。

在佛陀死后，有几个世纪，他的影子仍然在一个洞穴中出现——一个巨大的、令人震惊的影子。上帝死了，但是，根据人类的方式，可能在几千年内仍然有一些洞穴，在其中，上帝的英姿被加以展现。——而我们——我们也仍然不得不击溃上帝的影子。

他们摆脱了基督教的上帝，现在，他们更加坚定地相信必须坚持基督教的道德。这就是一种英国人的连贯性，我们不希望由此而反对小小的注重道德的女流之辈艾略特。在英国，每一次从神学中获得小小的解放后，人们就必定通过一种确实激发人敬畏的方式来表明什么是道德的狂热者，由此而恢复自己的名声，过自己的"正常"生活。这就是英国人为赎罪而偿付的自行惩罚。

哲
人
咖
啡
厅

我们其他人坚持不同的做法。当有人放弃基督教信仰的时候，他同时就把基督教信仰的权利从自己脚下撤走。这种道德决不是自明的，必须不顾英国人的平庸头脑，一而再再而三地使这一点得到表现。基督教是一个体系，是一种对得到持续思考的事物的整体观念。人们可以通过破坏其中的一个观念，即信仰上帝，从而破坏其整体，一切东西都没有必要保留在手中。基督教预先假定，人不知道，也不可能知道对他而言什么是善，什么是恶，人信仰上帝，只有上帝才知道这一点。基督教道德是一种命令，其源泉是超越的，它超越了所有的批评和所有的批评权利，只有当上帝是真理时，它才拥有真理——它随着对上帝信仰的起落而起落。

虽然英国人实际上相信自己"直觉地"知道什么是善和恶，虽然他们因此而认为自己不再需要作为道德保证的基督教，我们亲眼看到的仅仅是基督教的价值判断进行统治的结果，以及这一统治的强度和深度的表现。结果，英国道德的源泉被遗忘了，其存在权的非常有限的特点再也感觉不到了。对于英国人而言，道德还不是一个问题。

（二）对基督教的控诉

基督教使得生活笼罩上一种新的无法加以控制的不安全，并因此而创造了新的安全、愉悦和消遣，以及对所有事物的新的评价。我们所处的世纪由于善意的道德心而否认这一不安全的存在，然而，与此同时，我们的这一世纪依然坚持基督教的一些旧习惯，如确信、愉悦、消遣和评价！甚至在它最高贵的艺术和哲学中也同样如此。既然它可怕的对立面——基督教对于它的永恒拯救的挥之不去的恐惧——已经被排除，所有这些现在看来是多么虚弱而陈腐，多么残缺而笨拙，多么武断地盲信，而首先是多么无常！

当无政府主义——作为处于衰落中的社会阶层的传话筒——极其愤慨地要求所谓的"权利""公正"和"平等"时，他只不过是处于自己无教养状态的压力之下，这种状态不能理解他痛苦的真正原因，即他所缺乏的东西：生命力。某种无意识的本能在他内心宣称：他之所以处于某种糟糕的状态，那肯定是由于别人的过错造成的。

同时，"极其愤慨"本身也使他感到安慰；对于所有卑鄙的坏蛋来说，咒骂是一种快乐：它会产生一种微小却令人陶醉的强力感。甚至哀怨和牢骚也能给予生活一种吸引力，以使人们能够承受：在每次发牢骚中都有一种隐秘的复仇感；他把自己的恶劣境况，在一定情况下甚至把自己本身的恶劣归罪于别人，好像那是某种不公正，是某种未经允许的特权。"如果我是混蛋，你们也应该是。"按照这样的逻辑，革命就爆发了。

发牢骚绝没有任何好处：它源于软弱。人们把自己的不幸归罪于别人还是自己——社会主义者归罪于别人，而如基督徒之类的人则归罪于自己——实际上并没有区别。其相同的东西，我们补充一句，极其没有价值的东西在于，人们认为是别人的过错造成了自己的苦难；简言之，苦难者为其本身开了一副医治苦难的复仇之蜜。对于复仇的需要，正如对于快乐的需要一样，其对象只是诱因，在一切地方，苦难者都能找到满足他小小复仇的诱因。如果他是一个基督徒——再重复一次——那么他就在自己身上找。基督徒和无政府主义都是颓废者。当基督徒指责、造谣中伤、诋毁"世界"时，其本能和激起社会主义工作者指责、造谣中伤、诬蔑社会的本能相同。使复仇得到甜蜜安慰的是"最后的审判"，即革命，是社会主义工作者也在等待的革命，但是被设想得有点儿遥远。"彼岸"，如果不是作为诋毁此岸的一种手段，为什么需要一个彼岸呢？

今天，我们非道德主义者已经在着手进行一场相反的运动，用我们的全部力量，努力把罪和惩罚的概念从世界中消除，由此而净化心理、历史、自然以及这些观念的社会制度和法令。在我们眼里，没有比神学家们的反对更激进的反对了，神学家们继续借助于某种"道德的世界秩序""罪"和"惩罚"的概念来使生成的无罪受到玷污。

我们的学说只能是什么？没有什么会给予某个人其特性——上帝不会，社会也不会，他的父母和祖先也不会，他自己也不会。（在这里，最终被拒斥的观念的无意义已经被康德——或许还被柏拉图作为"知性的自由"教导过。）根本没有什么会为人的存在负责——既不为他在这里的存在，也不为他这样那样的存在，也不为他在这些情况中或在这一环境中的存在负责。他生存的宿命不可能从一切已经存在的和将要存在的东西的宿命中解脱出来。人类不是某个特殊意图、意志或目的所产生的结果，人类也不是某种手段，社会能通过他们实现一种"人性的理想"，或者"幸福的理性"，或者"道德的理想"。想要把他的本质归结为这个或那个目的是荒谬的。我们已经发明了"目的"概念，而实际上根本没有目的。

一个人是必然的，一个人是一件命中注定的东西，一个人属于整体，一个人在整体之中；没有什么东西能够评价、衡量、比较或者判决他的存在，因为那将意味着评价、衡量、比较或者判决整体。不再有人负责，存在的方式不可能被追溯到某个最初的原因，世界没有作为某个感知物或"精神"而形成一个统一体——这就是伟大的解放。就是用这个观念，我们免除了自己任何罪的生成。到目前为止，最不赞成生存的是"上帝"概念。我们否认上帝，我们否认源于上帝的责任：我们因此而挽救了世界。

我们必须再次将整个虚假的富丽堂皇从世界中清除出去，因为它和我们周围的一切事物所要求的合理性是相反的。因为这个原因，我们不应该看待或希望这个世界比它实际上所是的那样更不和谐。

让人们说他们想要说的吧，然而可以肯定的是，基督教的目的是，通过指出它相信什么是通向完善的最短的路，把人类从道德承诺的束缚中解放出来：确切地说，在这一点上，基督教采取了和少数哲学家相同的方式，这些哲学家认为他们能够免于乏味的费事的辩证法，免于收集被严格证明了的事实，而指出通向真理的尊贵道路。这二者都是错误的，而对于那些在荒野中筋疲力尽和绝望的人而言，则是一种重要的兴奋剂。

　　假设我们对我们邻居本人的感受有切身的同感——叔本华把这叫作同情，认为把它叫作"自身爱""同类情感"更恰当——如果他像帕斯卡尔一样认为他自己是可恨的，我们就不得不恨他。帕斯卡尔可能就是带着这种普遍的感情看待人类的，古代的基督教也是如此，正如塔西佗所记载的，尼禄统治下的古代基督教坚信，人类生来就是可恨的。

　　我们曾经一直热爱、尊重和钦佩某一个人，后来逐渐感觉到他正在遭受痛苦——这总是使我们产生极度的震惊，因为我们一直都认为，我们从他那里获得的幸福，一定是从他本人幸福的极其丰富的源泉中流溢出来的——那么，我们的热爱、尊重和钦佩之情就从根本上被改变了，他们变得更温和，就是说，似乎在使我们分离的鸿沟之上架起了桥梁，似乎有一条通向平等的途径。现在，看来可能要给他一些东西作为回报，虽然我们以往认为我们对他的感激是可望而不可即的。我们能够为从他那里所接受的东西而报答他，这一点在我们心中激起了许多喜悦和快乐的感情。我们努力查明能够最好地抚平我们朋友的悲痛的东西，然后，我们把它给予他；如果他想要得到和善的话语、表情、态度、招待或礼物，我们就把这些给他；但是，首先，如果他想看到我们因为看到他的痛苦而痛苦，我们就假装痛苦，因为所有这些使我们获得了主动感激的快乐，这在某种意义上就等于一种仁慈的报复。如果他不想要以上的任何东西，拒绝从我们这里接受这些东西，我们就寒心而悲伤地，几乎是屈辱地离开他；在我们看来，好像我

哲人咖啡厅

们的感激被拒绝了，在这一点上，即使是最善良的人也会有点生气。从以上所有这些，可以得出结论，即使是在最好的情况下，在痛苦中也会有一些屈辱的东西，而在同情中则会有一些令人感到振奋和优越感的东西——事实是，这两种感情永远不会融合在一起。

基督教已经吸收（同化）了无数本性上顺从的人以及所有那些或有教养或粗野的、谦卑而虔诚的热情者的整个精神。以这一方式，基督教把自己从其自身原初的乡村的粗野（当我们看到使徒圣彼得的最古老的画像时，就生动地想起这一点）中解脱出来，而变成一种非常具有思想的宗教，在它的脸上有着数不清的皱纹、深思和伪装。它使得欧洲人更聪明，从理论的立场来看，不仅仅是狡猾。通过基督教因此而给予欧洲人的精神——在和自我牺牲强力的关联中，更经常的是在和对那个自我牺牲的深刻的坚信和忠诚中——它也许已经塑造出了人类社会有史以来最微妙的特性：更高等级的天主教牧师的特性，特别是当这些牧师出身于一个尊贵的家庭，天生举止优雅，目光横扫一切，举手投足都给人以美感。当某种仔细筹划的生活方式战胜了人类身上的兽性之后，在这里，人的外表就获得了由两种幸福（强力感和顺从感）的持续的起落所带来的那种精神性。一种存在于祝福、宽恕罪孽、体现神性的活动使最高使命的意识一直活跃在灵魂中，甚至也活跃在肉体中；在这里，我们发现，对于肉体、健康和幸福之易腐朽的本性的高贵的蔑视是天生的战士所特有的；他们的骄傲在于服从——一个明显的贵族式的特性；他们的谅解和理想主义产生于他们的任务的极大的不可能。教会的这些杰出人物的非凡的美和优雅总是向人们证明教会的真理性；牧师的瞬间残忍性（正如在路德时代出现的那样）总是倾向于鼓励和自己相悖的信仰。表现在人的肉体、精神和使命的和谐中的美和优雅所导致的结果将和宗教一起走向终结，这一现象会持续下去吗？人们不能获得更高的东西吗？甚至不能设想这一更高的东西？

　　那些诚挚的、能干的、正直的、有着深刻感情、从内心深处而言仍然是基督徒的人，把使得人们设法在没有基督教的情况下生活一段时间归功于他们自己！他们把自己因此而一度居住在荒野中归功于他们的信仰——如果除了能够宣称关于基督教是否必要的问题这一原因之外，没有别的原因。然而，到目前为止，他们已经把自己限制到他们自身狭窄的领域，并且侮辱那些恰好处于这一领域之外的每一个人：是的，当有人向他们指出，在他们的下辖领域之外还有一个巨大的世界，基督教终究只是世界的一个角落时，他们甚至变得怒不可遏。不，除非你年复一年地没有基督教而生活，而且内心深处渴望继续过没有基督教的生活，除非你的确已经从基督教退得很远很远，否则你关于这一问题的证明将是没有价值的。不是当你的怀旧促使你重新回家，而是你基于严格的比较而做出的判断驱使你回家时，你的回家才有一定意义！未来的人们将以这样的方式处理过去的所有价值观；未来的人们为了能够最终获得改变旧价值观的强力，他们必须心甘情愿地重新体验这些价值观和它们的对立面。

哲人咖啡厅

当爱被用罪恶而恶毒的眼睛看待时，就变成了罪恶而恶毒的。以这一方式，基督教已经成功地把爱洛丝和阿芙洛狄特——宏大的力量，能够理想化——转变成为地狱的幽灵般的妖怪，基督教在这样做的时候，借助了每一次性冲动都一定在信仰者的道德心中唤起的悔恨。把必然的和正常的感觉变形为内心痛苦的原因，并因此而武断地把就所有人而言都有的内心痛苦看作是必然的和正常的，难道说这不是一件很可怕的事吗！而且，这一痛苦是一个秘密（具有由极其深刻的原因所产生的结果），因为在这件事上，并不是所有的人都有莎士比亚在他的《十四行诗》中展现出来的把自己基督徒的忧郁公之于众的勇气。

那么，一种情感必须永远被称作是我们被迫与之斗争的、必须被限制在一定范围之内的，或者在特定的情况下从我们的头脑中完全驱逐出去的罪恶吗？总是把敌人叫作邪恶，这难道不是粗俗灵魂的习惯吗？我们必须称爱洛丝为敌人吗？像同情和崇拜的感情一样，两性的感情有着独特的特征，即一个人由于他所享有的快乐而感激另一个人——我们难得在自然中遇到这样仁慈的安排。然而我们却完全出于自己的坏道德而毁谤并破坏它！我们把人的孕育和坏道德联系在一起！

但是，爱洛丝被魔鬼化的结果只是一个闹剧：由于教会在所有与性爱有关的东西表现出的神秘的莫名其妙性，"恶魔"爱洛丝就成为一个比把所有的天使和圣徒加在一起都更令人感兴趣的对象。原因在于，即使在我们所处的时代，爱情故事已经成为一个吸引民众的各个阶层的普遍兴趣——带有一种对古代人而言不可理解，也不会在后代中激起哄堂大笑的夸张。通过把爱情故事的重要性夸大为我们生存中的主要事项，我们所有的作诗和思考（从最高的到最低的）都对爱做了记录，而且不仅仅是记录。鉴于此，后代也许会得出结论，基督教文化的整个遗产都因其狭隘和疯狂而堕落。

——在这里，我忍不住叹气。有许多天，我受到比最灰暗的忧郁还要灰暗的感情——对人的鄙视——的侵袭。让我坚定地离开那些我所鄙视的东西、我所鄙视的人：这就是今天的人，我所忧烦地鄙视的人。今天的人——我被他们肮脏的气息所窒息……对于过去，就像所有这样理解的人一样，我充满了忍耐，也就是说，充满了慷慨的自我控制。带着忧郁的谨慎，我穿过了世界的整个几千年的疯人院，只要你愿意，可以把它叫作"基督教""基督教信仰"，或者"基督教堂"——我所关心的是不要让人类对自己的疯狂负责。但是，当我进入现代即我们的时代时，我的情感发生了改变，而且不可抑制地爆发出来。我们的时代更擅长于认识……那些过去还只是不适当的东西，现在变得不像样了——今天，成为一个基督徒是不受尊重的。而在这里，我开始感到厌恶了。——我审视自己周围的环境：曾经被叫作"真理"的东西，没有一个字残存下来，我们再也不能忍受去听牧师说"真理"这个词。甚至是那些对正直有着最适度的要求的人，也必须知道，当今天的神学家、牧师、罗马教皇发表言论的时候，不仅仅是在散布谬论，而且是在撒谎——他们不再通过"清白"和

"无辜"去逃避对自己谎言的指责。正如大家所知道的那样，牧师也知道，不再有什么"上帝"，也不再有什么"罪人"，也不再有什么"救世者"——"自由意志"和"世界的道德秩序"都是谎言。对精神进行严肃的反思和深刻的自我控制不允许人们声称自己不知道这一点……现在，关于教会的一切观念都被认为是——就像现有的最糟糕的赝品一样——借以发明去贬低自然及自然价值的，牧师本人被看作他实际上所是的样子——就像最危险的一种寄生虫一样，就像创造物中最恶毒的蜘蛛一样。——我们恰恰知道，我们的良心现在恰恰知道，牧师和教会的所有那些险恶编造的真正价值是什么，又是什么使得他们所服务的（由于他们把人类贬低到一种自我毒害的状态，激起人们厌恶的景象）东西终结——概念"彼岸世界""最后的审判"和"灵魂不死"以及"灵魂"本身：它们在很大程度上都只不过是折磨人的工具、残酷的方法，借此，牧师变成了主人，并一直保持为主人。大家都知道这一点，但是，事物却仍然像以往一样。当我们的政治家、在其他情况下还有一种非同寻常的人以及在行动上彻底的反基督教的人都把自己称作基督徒，并且参加圣餐时，最后的那点体面感和自尊的遭遇会是怎样的呢？……掌管着自己部队的王公，宏伟得就像他的人民所表现的利己主义和傲慢一样——仍然毫不羞耻地承认自己是基督徒！……那么，基督教否认谁呢？它把"世界"称作什么？要成为士兵，要成为法官，要成为爱国者，要保卫自己，要认真对待自己的荣誉，要渴求自己的利益，要自豪……现在，日常的每

哲人咖啡厅

一个行为、每一种本能、把自己表现在事迹中的每一个评价，都是反基督教的：现代人必须把自己称作错误的恶魔，但是，他们却毫不羞耻地把自己称作基督徒！

不幸和罪过：基督教把这两样东西置于同一标准之上；结果，当由某个错误引起的不幸很严重时，这个错误就因此而被判断为极其可恨的。但是，这不是古代人的评价，同时，这就是希腊悲剧——在其中，不幸和惩罚被加以详细的讨论，不过是在另一种意义上——之所以是思想解放者的一部分的原因，对于这一点，在一定程度上就连古代人本身也没有能认识到。他们太天真而不能在罪过和不幸之间建立起"充分的联系"。的确，他们的悲剧英雄的过错只是把他们绊倒的小小鹅卵石，由于这一原因，他们有时候碰巧摔断了一只胳膊，或者撞瞎了一只眼睛。关于这一点，古代人的感情使他们做出了这样的说明："噢，如果他在走路时能够再多一些谨慎而少一些骄傲就好了。"然而，基督教却保留这样的说法："我们遭受到一次巨大的不幸，在这一巨大不幸的背后，一定有一个巨大的罪过，一个同等严重的罪过，虽然我们不能清楚地看到这一罪过！不幸的人啊，如果你没有感觉到罪过，那是因为你的心顽固不化——这样，比这更糟糕的事情将会发生在你身上！"

除此之外，古代人能够指出一些典型的真正的不幸，纯洁而无辜的不幸；仅仅是伴随着基督教的到来，所有的惩罚才变成了富于事功的惩罚；此外，基督教导致受难者的想象更痛苦，结果，受难者在其苦难中被他已经受到道

哲人咖啡厅

德的谴责和流放这样的情感所占据。不幸的人啊！希腊人有一个特殊的词来代表在别人的不幸中体验到的愤慨感情：在基督徒中，这一感情是被禁止的，不允许发展；这就是他们之所以没有名称来称呼这个可怜的具有男子气概的兄弟的原因。

一个全能而无所不知的上帝，甚至不关心他的意图将会得到他的创造物的理解——这是一个善的上帝吗？他几千年以来允许数不清的怀疑和顾虑不加控制地持续下去，就好像怀疑和顾虑在人类的拯救中不重要；但是，他对任何误解他的真理的人宣布最可怕的后果。这是上帝吗？如果他因拥有真理而成就其本身，能够冷静地考虑处于不幸的受折磨状态、为上帝的关于什么是真理的思想而烦恼的人类，他就不是一个残忍的上帝了吗？

然而，或许他真的是一个善的上帝，只是不能更加清楚地表现其自身？或许他缺乏足以表现自身的智慧？或者是缺乏雄辩的口才？这一切更加糟糕！因为在这样一种情况下，他本人可能在关于他为自己的"真理"所提供的证据方面被欺骗了，这样，他可能就离成为另一个"可怜的受骗的魔鬼"不远了！当他看见自己的造物在地狱遭受着如此多的折磨时——更有甚者，永远遭受——这时，他本人既不能给他们提一些建议，也不能帮助他们，只能充作聋子和哑巴，当他的孩子或狗面临最可怕的危险的威胁时，只能做出各种模糊的手势，这时，他不是一定在因此而经历地狱中的所有折磨吗？如果一个进行如此证明的痛苦的信仰者对正在受难的上帝的同情大于对他的"邻居"的同情，他就可能得到宽恕；因为，如果上帝作为最孤独最原始的存在也是最大的受难者和最需要安慰的存在，那么，上帝就不再是他的邻居。

每一种宗教都表现出一些事实方面的特征，即把它的来源归于到目前为止还太年轻而不成熟的人类智力。他们都轻视说真话的必要性，到目前为止，他们丝毫不知道上帝的责任，即清楚而诚实地与人类进行交流的责任。在谈论"隐蔽的上帝"及其不得不把自己隐蔽起来的原因时，没有人比帕斯卡尔更雄辩，所有这些都足以清楚地表明，帕斯卡尔本人决不能轻易地在这一点上下结论。但是他如此自信地谈到，有人被指引着想象自己在某一个时刻已获准进入那一秘密的地方。他看起来有某个观念，即"隐蔽的上帝"承荷着一丝非道德的痕迹，而他极其羞于感觉到这些，并害怕向自己承认这一点。结果，他就像一个胆怯的人一样，尽其所能地大声说话。

我就此得出结论，同时宣布我的评价。我谴责基督教，我控诉基督教教会，它是控诉者嘴里说出的罪状中危害最大的。我认为，它是想象得到的腐化中之最大的腐化；它试图激起极端的腐化，激起可能存在的最恶劣的腐化。基督教教会使得一切事物都受到自身腐化的影响；它把一切价值都变得毫无价值，把一切真理都变成谎言，把灵魂的一切正直都变成卑鄙。还使得任何人都敢于和我谈论它"博爱主义"的恩典！基督教最强烈的需求让自己反对任何消除痛苦的努力；它以痛苦为生；它创造痛苦以使自己名垂千古——比如说，它创造了罪这个可怜虫，最初以这

哲
人
咖
啡
厅

种痛苦丰富人类的正是基督教!

"在上帝面前众生平等"——它是一种欺骗,是所有品质恶劣者怨恨的托辞——这个极易引起争论的观念,这个现代观念,这个推翻了整个社会秩序的观念,以革命而告终,这是基督教引起轰动的事件……这的确是基督教"博爱主义"的恩典!它是要从人性中培育一种自相矛盾、一种自我玷污的技巧、一种无论如何都要说谎的愿望、一种对于一切善良而正直的天性的反感和蔑视!我认为,所有这一切就是基督教的"博爱主义"!寄生是教会做的唯一的事情;教会具有贫血的、"神圣的"理想,从生命中吮吸着所有的血、所有的爱、所有的希望;彼岸是想要否定现实的愿望;十字架是曾经听说过的最隐秘的阴谋的显著标志——它反对灵魂的健康、美丽、幸福、才智、善良,总之,反对生命本身……

凡是在能找到墙的地方,我就要把对基督教的控诉写在所有的墙上——我有着即使是瞎子也能看到的文字……我把基督教称作巨大的祸害、巨大的内在堕落、强烈的报复本能,对于这些东西来说,所有的手段都不够恶毒、不够隐蔽、不够卑劣、不够狭隘——我把它称作人类身上的一个永恒的污点……

人类是从不幸降临的死亡日即基督诞生日开始计算时间的!为什么不是从基督的末日开始计算呢?为什么不从今天开始算呢?要重新评价一切价值!

（三）锤毁一切偶像

为了最伟大的斗争，人们需要一种新的武器。

锤子：目的是要激发起一种巨大的决心，要让欧洲面临这样的结果，即它的意志是否"想要"毁灭。

预防归于平庸，否则就毁灭！

从一种关于生命的观点（认为生命不是一种追求自我保存的意志，而是一种增长其本身的意志）出发，我已经考察了我们欧洲在政治、精神和社会运动方面的根本天性。

也许，我已经对此形成了一种观念？

1. 在具有最根本差异的各种哲学背后，隐含着某种相同的信仰，即它们被道德的无意识的隐秘目的所引导，更明白地说，被大众化的理想所引导——所以，和认识论问题相比，道德是更为终极的问题。

2. 为了揭露道德的偏见和一切大众化理想的偏见，有必要将某种观念进行一次倒转：要这样做，就需要各种各样的"自由精神"——也就是非道德的精神。

3. 作为低下的平民的理想，基督教用自己的道德去伤害一个更加强大、更加高级的人种，同时庇护一种像奴隶一样的人，这是人运用民主思维方式的一个准备。

4. 和平等运动相统一的科学共同向前进，民主在于学者的一切德性都拒绝等级制。

5. 民主的欧洲产生的仅仅是以高雅的方式对一种奴隶制进行培育，而奴隶制必须受到一种强大种族的支配，才能使自己得以延续下去。

6. 只有在严厉而长久的压力下，贵族统治对世界的统治地位才能产生。

不要对廉价的心理学感兴趣。决不要为了观察而观察！这会产生一种错误的看法，导致不赞许和某些被强迫和夸张的东西。按照想要体验的愿望去进行体验是不会取得成功的。当进行某种体验的时候，人们不应该观察自己，否则，眼睛就会变成"邪恶的眼睛"。天生的心理学家本能地避免为了看而看，天生的画家也同样如此。他决不会"依照自然"进行工作；他把这留给自己的本能、潜意识，借以筛选并表达被"体验到"的"事实""自然"。他意识到的仅仅是那些普通的东西，是某种结论和结果，因为他从个别的事实中得不出武断的概括。

当人们着手进行不同的事情时，会怎么样呢？例如，人们以巴黎小说家们的方式，人们对廉价的心理学感兴趣并批发或零售闲话，会怎么样呢？接下来，人们就像是躺着等待现实，而每天晚上都将一大把新奇之物带回家。但是，要注意所有这一切最终结果是：大量的污渍，最多是一件镶嵌工艺，但是，无论如何都是被叠加在一起的、不安宁的东西，是一片杂乱无章的非常可笑的颜色。在这一方面最糟糕的东西是由龚古尔兄弟完成的，他们不会把三句话放在一起说，虽然这三句话并没有伤害眼睛，即没有伤害心理学家的眼睛。

从艺术的角度来看，自然不是模型。它夸张、歪曲、留下缺口。在我看来，"依照自然"进行研究是一个糟糕的迹象，因为它暴露了屈服、软弱和宿命论；被琐事所蒙蔽和一个纯粹的艺术家是不相配的。看到所存在的东西——这是另一种精神，即反艺术的、注重事实的精神的标志。人们必须知道自己是什么样的人。

哲学的偏差在于，人们不是把逻辑和理性范畴看作为了实用目的而调整世界的手段（从根本上说，看作某种便于歪曲的手段），而是相信自己在逻辑和理性范畴中拥有了真理和真实性的标准。"真理的标准"实际上只是这样一种系统的歪曲体系的生物学功用，由于某一种动物只知道，最重要的事情就是保存自己，事实上，在这里，人们就可以谈及"真理"问题。单纯幼稚会把人类中心论的某种特性看作事物的标准，看作衡量"真实"和"虚幻"的尺度，简言之，使无条件的事物成为有条件的。看呀，突然间，世界分为两个，一个是"真正的"，一个是"表面的"，准确地说，人们的理性为人们设计生活和居住在其中的世界遭到了怀疑。哲学家们不是把形式用作使世界可操纵和可预计的工具，他们的狂热使他们深信，和人们生活于其中的世界不一致的世界的概念就出现在这些范畴中——手段被误认为是价值的尺度，甚至被误认为是对他们真正意图的指责。

计划会以一种有用的方式骗自己，其方式是虚构准则和符号，凭借这一点，人们就能把混乱的多样性归结为某种有目的的、易操纵的模式。

天哪！现在，一种道德的范畴被利用，没有人想骗自己，没有人可以骗人——所以，只有一种对于真理的希望。

哲
人
咖
啡
厅

什么是"真理"？

矛盾律提供了某种模式：真正的世界，即人们寻求道路以达到的世界，不能否定自己，不能变化，不能生成，无始无终。

这是所犯的最大错误，归根结底是极其致命的错误，因为人们相信自己以理性的形式拥有真实性的标准——而实际上，人们拥有真实性的标准，是为了成为真实性的主人，是为了以一种聪明的方式曲解真实性。

看呀，现在，世界变得不真实了，确切地说，原因在于构成其真实性的特性，即变化、生成、多样性、对立、矛盾、战争。于是，全部的不幸出现了：

1. 人们如何才能摆脱不真实的、仅仅是表面的世界？（——它曾经是真实的、唯一的。）

2. 人们如何才能尽可能地把自己变成表面世界特征的对立面呢？（理想之人的概念，即现实之人的对立面，更清楚地说，对生命的否认。）

价值的整个倾向是趋于对生命的诋毁，人们造成了理性主义者的独断论和通常的知识之间的混淆，结果，反对派也一直在攻击科学。

这样，通往科学的道路受到了双重阻碍：一是受到"真正的"世界中的信仰的阻碍，再就是受到这一信仰的反对者的阻碍。自然科学和心理学（1）就其目标而言受到谴责，（2）被剥夺了其清白……

在一切事物都和其他事物相联系并受到其限制的现实世界中，谴责和遗忘了任何一件事物就意味着谴责和遗忘了一切事物。"不应该这样""本不应该这样"之类的说法是荒唐可笑的——如果有人可以想到结果，如果他想去除凡是在某些方面能造成损害或引起破坏的东西，那么，他就会毁掉生命的源泉。生理学使我们更好地懂得了这一点。

我们目睹了道德如何（a）毒害整个世界观，（b）如何阻碍通向知识、通向科学的道路，（c）如何瓦解和暗中削弱了一切实际的本能（在这里，道德教导，本能从根本上是不道德的）。

我们看到，一种可怕的颓废手段在我们面前发挥着作用，通过神圣的名誉和看法对自己加以支持。

一切道德教育中的伟大理性都一直表现为，人们企图获得本能的确定性，结果，不管是善的目的，还是善的手段，都不必进入意识本身。就像士兵演习一样，人们同样应该学会行动。实际上，在任何一种完美性之中，都有着无意识的因素，即使是数学家，也会无意识地运用自己的组合。

那么，苏格拉底——他把辩证法看作通向美德的道路，而且，当道德不知道如何逻辑地证明自己时，他就予以取笑——其反动的意义在哪里？——就像这不是其价值的一部分——如果没有意识，那就不是善。

把能够得到验证假设为个人在道德方面优秀的前提，这恰好表明了希腊本能的瓦解。所有这些"美德之人"以及对文字应用自如的人本身就是这种瓦解的典范。

实际上，这就意味着道德判断和自己的条件——它们正是在这一条件中发展并拥有某种意义——分离开来，和

哲人咖啡厅

自己的希腊即希腊政治的根基和土壤分离开来，在崇高的伪装下失去了自然本性。伟大的概念"善"及"正义"和它们所属的前提割断了联系，就像被解放了的"观念"一样，变成了辩证法的对象。人们在自身中寻找真理，人们把自己看作实体或实体的标志，他们虚构了一个感觉到很自在的世界，他们就起源于这里。

总之，这种胡闹在柏拉图那里达到了顶峰。——那时，人们同样需要虚构抽象的完美的人——辩证学者，具有善、正义和智慧——简言之，就是古代哲学家的稻草人，也就是脱离了一切土壤的植物、和任何特殊调整的本能相分离的人性、用理性"证明"自身的美德。其本身就是完全荒谬的"个体"！无以复加的非自然！

总之，道德价值非自然化的结果就是产生了一种堕落的人——"善的人""幸福的人""智慧的人"。——苏格拉底就代表了价值史中最深刻的坚持错误的那个时刻。

一种"利他主义"道德，即一种在其中个人利益会凋落的道德，在一切情况下都留下某种糟糕的迹象。这一观点对个人而言是能成立的，对国家而言更能成立。当个人利益开始缺失的时候，最好的东西就缺失。本能地选择对自己来说是有害的东西，感觉到由"无私的"动机所吸引，这实际上就是颓废的公式。"不追求自己的个人利益"——这对于某种异乎寻常的，即某种生理的事态"我不再知道如何找到自己的利益"来说，仅仅是用来遮掩的道德的无花果叶子。这完全是本能的崩解！当人变成利他主义时，他就完蛋了。颓废者嘴里的道德谎言不是天真地

哲人咖啡厅

说，"我不再有任何价值"，而是说："任何东西都没有价值，生命没有任何价值。"这样的判断总是保持着极大的危险，它具有传染性，在社会的整个病态土壤中，很快扩散进观念的一种热带植被中，迅速生长起来，时而作为一种宗教（基督教），时而作为一种哲学（叔本华主义），有时候，这种从腐烂之物生长出来的有毒植被会用它的毒气毒杀生命本身几千年。

绝大多数人，不管他们在自己的"自我主义"方面怎么想、怎么说，在他们平常的一生中都没有为自己的自我做任何事，而只是为了这个自我的一个幻影，这个自我是由他们的朋友对他们的看法而形成并传达给他们的。结果，他们都生活在客观和半客观的观念的迷雾中，生活在武断的迷雾中，简直就是生活在富有诗意的评价中：一个人总是生活在另一个人的头脑中，而这个人又生活在别的人的头脑中——这是一个设法给自己穿上理性外衣的古怪世界！这种观念和习惯的迷雾在程度上扩展着，几乎是独立于处于它之中的人们而存在的，在关于"人"的通常看法上，它产生了巨大的影响，所有那些不了解自己的人都相信一个他们称之为"人"的苍白的抽象概念，也就是一个虚构的"人"，而有权威的个人（诸如君王和哲学家）的看法在这一抽象概念中引起的每一个变化，都会在绝大多数人身上产生特别的非理性的影响，原因很简单，在这种迷雾中，没有一个单独的个人能够使得一个真正的自我（一个他自己能够达到并彻底理解的自我）去抵制这个普遍的苍白的虚构，从而能够摧毁这个虚构的自我。

"对我们而言，没有比成为智慧的、容忍的和优秀的人更容易的事了。我们身上流溢着宽恕和同情的油脂，我们如此正义，以至到了荒谬可笑的地步，我们原谅一切。正是由于这一原因，我们应该对自己更严格一些；正是由于这一原因，我们应该经常在自己内心培养一点点情绪冲动，一点点情绪冲动的坏毛病。这对我们来说可能很难，而在我们中间，我们甚至可能嘲笑我们因此而表现出的样子。但是，我们对此还能做什么呢？再没有其他留给我们用以自我克服的方法了：这就是我们的禁欲主义，我们赎罪的自行惩罚。"培养自私的品质：这就是无私者的美德。

现在，在各个方面，我们都得知，道德的目标被规定为人类的保存和发展，而这仅仅表达了人们希望有一个公式，此外再没有表达别的任何东西。在哪方面保存？发展到哪里？这些是必须立刻问及的问题。难道不正是最基本的核心问题即对这个在哪方面和到哪里的回答被忽略在这一公式之外了吗？就我们自己的行为和职责而言，除了那些我们还没有默许地本能地理解的东西之外，还会有什么产生呢？从这一公式中，我们是否能够充分地认识到，我们是必须延长人类的存在呢？还是必须使人类产生尽可能大的去动物化？在这两种情况下，所采取的手段即实践道德该会是多么地不同！假设尽可能大的理性被给予了人类，这也不一定会保证人类尽可能长地存在。或者假设他们的"最大幸福"被认为是对以上所提问题即在哪方面和到哪里的回答，那么，我们因此而指的是少数个体可能达到的最高程度的幸福呢？还是某种不可估量的——虽然最终是可以达到的——所有人都可能达到的平均幸福呢？为什么道德应该是达到这一点的手段呢？被看作一个整体的道德不是已经打开了如此多烦恼的源泉，以至于使得我们认为，迄今为止，随着道德的每一次新的改进，人类就对自己、对自己周围的人、对自己的命运变得越来越不满意吗？到目前为止，人类的大多数道德不是相信，在道德面前，人类唯一应当所处的状态就是最深刻的苦难状态吗？

那些缺乏对知识的爱的道德家，还有那些仅仅知道制造痛苦的道德家，他们有着乡下佬的那种态度和无聊。他们的消遣——其残酷性正如同其可悲性——就是尽可能严密地、不被觉察地观察他们周围的人，在这样的位置放一根针，以便于他忍不住用它扎自己。这样的人保护了学童的某些恶作剧，这些学童如果不伤害并折磨活着的或死了的东西，就不会使自己得到乐趣。

在我们中间，虔诚的伪造者即牧师变成了首陀罗——他们接替了江湖骗子、庸医、假冒者和巫师，我们把他们看作意志的腐蚀者、想为自己报仇的十足的生命中伤者、下层社会中的反叛者。我们使贱民阶层转变为我们的中产阶级，即转变为我们的"人民"，即那些做出政治决定的人。

另一方面，过去的首陀罗处于最高层，那些著名的亵渎上帝的人、不道德的人、各种游牧者、艺术家、犹太人、音乐家——归根结底都是声名狼藉的阶层。

我们已经把自己提升到了荣誉思想的水平，更重要的是，归根结底是我们决定着荣誉、"高尚"——今天，我们大家都是生命的拥护者。今天，我们这些不道德的人是最强大的力量，其他重要力量需要我们——我们按照自己的形象理解世界。

我们把"首陀罗"的概念转换到牧师、彼岸的教导者以及和他们一起成长的基督教社会，此外还有一切具有同宗同源的人，如悲观主义者、虚无主义者、同情的浪漫主义者、罪犯、沉迷于恶习者——即在"上帝"概念被想象为救世主的所有范围之内的人。

我们感到自豪的是，再也不必当说谎者、诋毁者、生命的怀疑者了。

（四）虚无主义

虚无主义站在门口，这个最神秘可怕的客人来自哪里？

1. 出发点：把"社会的痛苦"或"生理的退化"，或者更糟糕的是，把腐化看作虚无主义的原因，这是错误的。我们的时代是最体面、最富有同情心的时代。痛苦，无论是精神的、肉体的，还是智力的，都不可能单独产生虚无主义（也就是对价值、意义、愿望的彻底否弃）。这样的痛苦始终都允许各种各样的解释。更准确地说，它是一种特殊的解释，即基督教道德的解释，虚无主义深深扎根于其中。

2. 基督教终结于自己的道德之手，这种道德是不可取代的，它转而反对基督教的上帝，而上帝就是真理性的意

哲人咖啡厅

义，得到基督徒的高度发展，基督教对世界和历史错误和
虚假的解释令人作呕，受到"上帝就是真理"和"一切都
是虚假的"狂热信仰的双重束缚，是行动上的佛教。

3. 关于道德的怀疑论是决定性的东西。对世界——自
从这个世界逃避进某个彼岸之后，它就再也得不到任何认
可——所做的道德解释的终结导致了虚无主义。"一切都
缺乏意义。"（对世界所做的解释——大量的能量已经浪费
在这上面——站不住脚激起了人们的怀疑，使人们认识到
对世界的一切解释都是不真实的。）这具有佛教的倾向，
向往着"无"。（印度佛教并不是道德主义充分发展的顶
峰，它的虚无主义因而充满了没有得到克服的道德：把惩
罚看作生活，把生活理解为错误，从而又把错误作为一种
惩罚——一种道德评价。）哲学上试图克服"道德的上帝"
（如黑格尔、泛神论），克服受大众欢迎的理想，如圣人、
圣徒、艺术家，这是和"真""善""美"相对立的。

4. 一方面反对"无意义"，另一方面反对道德的价值
判断，一切科学和哲学在何种程度上如此深远地受到了道
德判断的影响？这难道不是把我们网入对科学的敌视中
吗？或者是网入反科学的道德中？或者对斯宾诺莎主义的
批判？基督教价值判断的残渣在社会主义和实证主义体系
中到处可见。对基督教道德的批判仍然不足。

5. 当代自然科学（连同它逃避进某种彼岸的企图）的
虚无主义结果。当代自然科学追求的工业最终导致了自我
解体、对立、反科学的道德，因为哥白尼式的人一直在从
中心滚向 X。

哲
人
咖
啡
厅

6. 政治和经济中——在那里，一切"原则"实际上都是假装的——思维方式的虚无主义结果是：平庸、可悲、欺诈等习气，民族主义、无政府主义，等等，还有处罚。优势阶层和人类缺乏——辩护者。

7. 史学和"实践的历史学家"即浪漫主义者的虚无主义结果。艺术的状况：在现代世界中，其状况是，完全缺乏独创性，它沦入沮丧之中，歌德所谓的奥运会选手的状态。

虚无主义的原因在于：

1. 缺乏高级的人种，也就是说，缺乏这样的人种，他们用之不竭的丰富性和力量坚持着对人类的信心。（人们应该想到把什么归功于拿破仑：本世纪几乎所有的高级希望。）

2. 低级的人种（"奴隶""群众""社会"）忘却了谦逊，并且夸大了他在宇宙价值和形而上学价值方面的需求。以这一方式，整个生存就被庸俗化了：在群众占统治地位的范围之内，他会威逼恐吓特殊者，结果，这些人对自己失去了信心，从而变成虚无主义者。

设计高级人种的一切尝试都失败了（"浪漫主义者"、艺术家、哲学家；反对卡莱尔赋予他们最高道德价值的尝试）。

结果是对高级人种的抵制。

一切高级人种的衰退和不安。和天赋（"民间诗歌"，等等）做斗争。把同情低级者和受苦者作为衡量精神高尚的尺度。

缺乏解释行为而不仅仅是调换行为的哲学家。

其最根本的原因还在于基督教价值的空洞：两千年以来，我们一直以基督徒的身份出现，而今，是我们不得不为此付出代价的时候了，因为，我们将会失去我们生活所依靠的重力，所以，我们会在一段时间里不知道该如何是好。我们冲进那些对立的估价之中，采用的能力尺度却和自己做基督徒时所采用的相同，运用这一尺度，我们对基督教的以下价值进行了荒谬可笑的夸大——

1）"灵魂不朽"；"位格"的永恒价值。

2）"彼岸"的答案、方向和估价。

3）作为最高价值的道德价值，作为根本恩惠的"灵魂得救"。

4）"罪""地上的""肉体""欲望"，它们作为"世俗的东西"而被羞辱。

现在，所有这一切都完全是虚假的，它们仅仅是一些混乱的、没有说服力的或者被夸大了的"词语"。

悲观主义是虚无主义的初始形式。

悲观主义从逻辑上最终导向虚无主义，在其中，什么起了作用？无价值和无意义的观念，也就是说，在什么范围内，道德评价隐藏在一切别的高级价值之后。

结论：道德的价值判断是通过审判和否决的方式；道德是背叛生存意志的方式。

问题：但是，道德是什么？

人们使价值非自然化，把循规蹈矩作为价值。用独裁的领导的价值代替公正的、理想主义的行为，转而反对和谴责行为。

　　用对立面代替了自然的等级和阶层，因为人们仇恨等级秩序。由于对立面更容易理解，因而适合于平庸者的时代。

　　被拒绝接受的世界和人为建立的"真正的、有价值的"世界相对立。——最终，人们发现他们是用哪一种材料建立了这一"真正的世界"。现在，人们剩下的就只有这个被拒绝接受的世界，人们把这个最大的失望添加到应该被拒绝接受的原因上。

　　在这一点上，虚无主义得到了实现：人们剩下的就只有做出判断的价值——此外再也没有别的东西。

　　在这里，强和弱的问题产生了：

　　1. 弱者因它而毁灭。

　　2. 强者摧残那些尚未毁灭者。

　　3. 那些最强的克服做出判断的价值。

　　这些一起构成了悲剧时代。

　　作为心理状态的虚无主义将不得不到来，首先，当我们在一切根本不存在的事件寻求意义时，那么，寻求者最终就会变得灰心丧气。因此，虚无主义就是认识到力量的长久损耗，就是"徒劳"的痛苦，就是不安全感，就是缺乏任何恢复健康和重获安宁的机会——人们面对自己感到羞愧，就好像人们长久以来一直在欺骗自己。——这一意义可能应该是这样：一切事件中某一道德原则的"实现"，道德世界的秩序，或者在人类互相交往中爱与和谐的增加，或者逐渐接近普遍的幸福状态，或者甚至是向某种普遍虚无主义的发展——任何目标都至少构成某种意义。所有这些观念所共同拥有的特点是，某种东西将会通过过程而被取得——而现在，人们认识到生成的目标就是虚无，生成就是达到虚无。——因此，对生成的所谓目标的失望就是虚无主要的原因：不管是对某种特殊的目标，还是普遍化的目标，都认识到以往一切关于整体"进化"目标的假设都是不充分的（人们不再是生成的合作者，更不用说是生成的中心了）。

其次，作为心理状态的虚无主义将会到来，当人们把总体、系统性，甚至任何组织性设置于一切事件之中，并把它们作为一切事件的基础时，渴望称赞和尊敬的心灵就沉迷于某种之上的统治和管理形式的观念之中（如果这是逻辑学家的心灵，完整的一致性和真正的辩证法就足以使得它和一切相互和谐）。某种统一体、某种"一元论"：这一信念足以使人产生一种深深的感觉，人觉得处于某种无限地高于自己的整体之中，并依赖于这一整体，人们把它看作神性。——"整体的幸福要求个体的奉献"——但是看呀，根本就没有这样的整体！实质上，当根本没有无限有价值的整体在人身上起作用时，人就失去了对自身价值的信念，也就是说，人设想了这样一个整体，为的是能够相信他自己的价值。

作为心理状态的虚无主义还有第三种，也是最后的形式。以上已经给出了两种观念，即生成没有目标，在一切生成的底基，根本没有宏伟的统一体，在其中，个体能够沉浸于把自己作为至上价值的一个要素，保留着一种对现实的逃避，即，把整个生成世界宣判为骗局，并编造出一个超越于它之上的世界，一个真正的世界。但是，一旦人们发现那个世界是如何只是出于心理的需要而被虚构出来的，发现自己完全没有这样做的权利，虚无主义的最后形式就形成了。虚无主义包括不相信任何形而上学的世界，不允许自己相信真正的世界。当人们获得这一观点时，他们就把生成的实在性看作唯一的实在性，不允许自己有任何一种通向彼岸和虚假的神的途径——虽然人们不想否认这个世界，但是却不能忍受它。

到底发生了什么？由于认识到生存的总体特征不可能通过"目的"概念、"统一体"概念，或者"真理"概念而得到解释，于是，无价值感到来了。生存没有目标或目的，缺乏多重性事件的任何综合统一体，因此，生存的特征是不"真实的"，是虚假的。简言之，我们过去常常用以把某种价值投射入世界中的范畴——"目标""统一体""存在"，现在却重新从世界中把它们抽掉，因此，世界看起来就是没有价值的。

假设我们认识到，世界如何不再能够根据这三个范畴加以解释，按照这一观点，对于我们来说，世界就开始变得没有价值了，既然如此，我们就不得不探问，为什么会有对这三个范畴的信仰。让我们尝试一下，放弃我们对它们的信仰是不是不可能的。一旦我们贬低了这三个范畴的价值，它们不能够被运用于宇宙的证明就不再是贬低宇宙价值的理由。

结论：对理性范畴的信仰是虚无主义的原因。我们过

哲
人
咖
啡
厅

去一直根据和纯粹虚构的世界有关的范畴去衡量世界的价值。

最终的结论：所有我们到目前为止还借以努力使得世界对我们而言是有价值的，然而证明是不适用的、，因此而贬低世界价值的价值——从心理学来看，所有这些价值是功用的特定观点的结果，而这种功用是被设想来保持和增加人类的统治组织的——而它们却被错误地投射到事物的本质之中。我们在这里所发现的仍然是人类的过度幼稚，因为把他自己设置为事物价值的意义和尺度。

实际上，每一次重大的发展都伴随着巨大的损坏和停顿：痛苦、衰退的征兆属于巨大进步的时代；人类每一次富有成果、有影响的运动同时也会产生一种虚无主义的运动。这可能是某种至关重要的、最基本的发展的象征，是转向新的生活条件的象征，悲观主义最极端的形式即真正的虚无主义将会诞生。我已经领会到了这一点。

虚无主义不仅仔细考虑了"白费力气"，而且还相信，一切都应该毁灭，因为人们助长了毁灭的进行。——这是不合逻辑的，如果你愿意那样说的话，但是，虚无主义者不相信人们有合逻辑的必要性。——它是具有坚强的精神和意志者的条件，这些人发现，停留在对"判断"的否定上是不可能的，他们的本性要求对行动进行否定。通过判断进行的虚无化隶属于通过行动进行的虚无化。

虚无主义意味着什么？意味着最高的价值使自身发生贬值，意味着缺乏目标，意味着"为什么"找不到答案。

当彻底的虚无主义达到人们所承认的最高价值时，坚

哲
人
咖
啡
厅

信生活是完全站不住脚的，另外，它也认识到，我们完全缺乏假设一个彼岸世界的权利，也缺乏假设某种可能是"神圣的"或者是道德的化身的物自体。这一认识是"真实性"陶冶的结果——因而其本身也是信仰道德的结果。

但是，真实性处于由道德陶冶的力量中，这最终转而反对道德，认识到其目的论及其片面的观点——而现在，对这一根深蒂固的虚假性——人们对它的脱落不抱希望——的认识变成了一种刺激物。现在，我们在自己身上发现有几个世纪的道德解释所灌输的需要——现在在我们看来是对需要虚假的需要；另一方面，价值（我们为了这一价值而忍受生活）似乎是以这些需要为转移的。这种敌对——不尊重我们所知道的东西，也不再获准尊重我们愿意对自己所撒的谎言——导致了解体的过程。

有一些最高价值，人们活着就应该运用它们，特别是当它们对人们非常苛刻，强求一种高度的阴暗——这些社会价值被建立在人之上，以加强自己的影响，似乎自己就是上帝的主宰，是"现实"的主宰，是"真实"世界的主宰，是希望和未来世界的主宰。既然这些价值的低劣起源变得明确起来，宇宙似乎就失去了价值，似乎是"没有意义的"——但是，这只是过渡阶段。

虚无主义（对无价值的信仰）是道德评价的结果：一切自私自利的事物最终都令我们作呕（即使我们认识到无私是不可能的），必然的东西最终都使我们感到厌恶（即使我们认识到自由的判断和可理解的自由是不可能的）。我们明白，我们不可能达到设置自己的价值于其中的领域，

哲
人
咖
啡
厅

但是，这决不会将任何价值赋予我们生活于其中的其他领域，相反，由于我们"在一定程度上白白地"失去了主要的激励因素，我们感到疲倦！

虚无主义具有两层意思：

A. 虚无主义作为精神力量得到增强的标志，是积极的虚无主义。

B. 虚无主义作为精神力量减弱和衰退的标志，是消极的虚无主义。

虚无主义是一种正常的状态。

它能够成为一种力量的标志：精神可能已经发展得如此强大，以至于以往的目标（"信念"、信条）变得不相称了（因为信仰一般都表现了对生存条件的限制，对人们得以兴旺发达、增强、获得力量这样的环境权威的屈服）。它也能够成为一种缺乏力量的标志，不能为自己卓有成效地设置目标、理由、信念。

它达到了作为强大破坏力，即作为积极的虚无主义的相对力量的最高点。

它的反面是不再进攻的萎靡的虚无主义，其最著名的形式是佛教，是一种消极的虚无主义，是衰弱的象征。精神的力量可能被耗尽了，疲惫不堪，结果，以往的目标和价值变得不相称，而且不再被相信；结果，价值和目标（每一种强大的文化都赖以为基础）的综合消解了，各种独特的价值相互斗争，最终土崩瓦解——凡是精神得到振作、健康得到恢复、心平气和、习以为常的人，都以各种各样的伪装，宗教的或道德的，或政治的，或美学的，等

哲人咖啡厅

等，出现在显要位置。

这一假设的前提是，不存在真理，不存在事物的绝对本质，也不存在"事物本身"。这完全就是虚无主义——甚至是最极端的虚无主义。它把事物的价值正好设置于和这些价值相关的任何实在之中，而这样的实在不必存在，同时，它把事物的价值设置于事物仅仅作为力量的象征之中，而这样的力量是由价值设置者所表现出来的，设置于一种为了生活起见而进行的简单化之中。

信仰是什么？它是如何产生的？一切信仰都是一种相信某物真实性的思想。

虚无主义最极端的形式持有这样的观点：一切信仰，即一切相信某物真实性的思想，都一定是错误的，因为完全没有真实的世界。因此，这样的世界是一种远景式的假象，其起源在于我们自身（就我们不断地需要一个更加严格的、简化的、单纯的世界而言）。

这在一定程度上是力量的较量，要想不毁灭，我们就要对自己承认：只有表面性，而且有必要说谎。

在这一范围内，虚无主义作为对真正的世界的否定和对存在的否定，可能是思想的一种神圣方式。

虚无主义的特征是：

a. 在自然科学（无意义性）中，存在着因果论、机械论。"合规律性"是过场，是残渣。

b. 在政治中同样如此：人们缺乏对自己的权利和清白的信仰，捏造规则，时刻为他人服务。

c. 在经济中也是如此：废除奴隶制。缺乏一个进行挽救的阶级，缺乏为其辩护的人——出现了无政府主义。通过"教育"能解决吗？

d. 在历史中也是一样：宿命论、达尔文；进入历史理解理性和神学的尝试最终失败。面对过去多愁善感，因为人们不能忍受传记！（——在这里，也存在现象主义，它以伪装为特征，而没有真相。）

e. 在艺术中也同样：浪漫主义和对它的反击（对浪漫主义的理想和谎言感到厌恶）。后者由于具有一种更大的真实感，因而是道德的，但却是悲观主义的。纯粹的"艺术家"（对内容漠不关心）。听告解的神父的心理学和清教徒的心理学是心理学浪漫主义的两种形式，但是，即使是它的反提案，即对人类采取一种纯粹艺术态度的尝试——即使这样，人们也不敢做相反的评价！

代替极端状况的不是适度的状况，而是对立的一种极端状况。因此，一旦对上帝和某种本质上而言的道德秩序的信仰变得不堪一击，那么，对本质上绝对不道德的信仰、对无目标和无意义的信仰从心理学而言就是必然的反应。虚无主义出现在这样一个时刻，并不是对生存所感到的痛苦变得比以前更强烈，而是因为人最终怀疑痛苦的任何"意义"，甚至怀疑生存的任何"意义"。一种解释已经失败，只是因为它被认为是这样的解释：看起来好像在生存中根本就没有意义，好像一切都是徒劳。

这个"徒劳"构成了当今虚无主义的特征一直得到表现。对我们以往价值的怀疑增长着，直到这一怀疑变成这样一个问题："难道一切价值不都是诱惑吗？而这些诱惑在不使它更接近某种解决办法的情况下引出喜剧。"徒劳地、没有目的和目标地持续是最令人感到无能的想法，特别是当人们认识到他正在被愚弄，然而又缺乏不受愚弄的力量时更是如此。

我们考虑一下这种处于其最恐怖的形式之中的思想：生存就像是"永恒的轮回"，没有意义，也没有目标，没有虚无之终结，然而却不可避免地轮回着。这是虚无主义最极端的形式，也就是说，虚无（"无意义"），绵绵不绝！

欧洲的佛教形式是：知识和力量的能量使人们不得不接受这一信仰。它是一切可能的假定中最科学的。我们否认终极目标，因为，如果生存有终极目标，那么，想必已经达到了这一目标。

因此，人们认识到，在这里，人们尝试着泛神论的对立面，因为，"一切完美的、神圣的、永恒的事物"也使人们不得不接受对"永恒轮回"的信仰。问题是，道德也会使这种对一切事物的泛神论的肯定变得不可能吗？归根结底，已经被克服了的只是道德上的上帝。虚构一个"超越于善恶之外"的上帝有意义吗？这一意义上的泛神论是可能的吗？我们能够从这一过程排除目标观念，尽管这样，就因此而证实了过程吗？——如果在这一过程中的每一个时刻都能达到某种东西，而且情况总是相同，那么，这应该是事实。斯宾诺莎在每个时刻都有一种逻辑必然性的范围内，用他符合逻辑的基本直觉，达到了这样一个肯定的立场，他体会到一种世界就应该那样构成的胜利感。

但是，他的情况仅仅是个别的。在每个事件的底基碰到的、在每个事件中找到体现的每个性格特征，都一定会导致每个把它感受为自己的基本性格特征的个体以一种胜利感欢迎每个普遍生存的时刻。决定性的理由是人们快乐地把自身的这一基本性格特征看作是善的和有价值的。

在那些受到人们侵犯和压迫的人和阶级之中，保护生命免于绝望并跃入虚无之中的是道德，因为，体验到无力对抗的是人而不是自然，这会使人对生存产生最令人绝望的痛苦。道德通常把粗暴的独裁者、暴力的实施者、"主人"看作敌人，普通人必须被加以保护以防御这些敌人，这首先就意味着鼓励和强化普通人。道德因而就教人们最深切地仇恨和蔑视那些统治者的基本性格特征，即统治者的强力意志。要取消、否认并解除这种道德，这就意味着以一种相反的情感和评价看待最遭人憎恨的动机。如果那些痛苦者和被压迫者失去了他们有权蔑视强力意志这一信念，那么，他们就会陷入无望的绝望状态。如果这一特征对生命而言是本质性的，能够表明甚至是在这种道德意志中，恰恰就隐藏着这种"强力意志"，甚至这种仇恨和蔑视仍然是一种强力意志。被压迫者将逐渐明白，他们和压迫者处于同一个区域，没有特权，也没有更高的地位。

而是相反！除了强力的程度——假定生命本身就是强力意志，对于生命而言，就根本没有什么有价值的东西。通过分配给每个人一种无限的价值、一种形而上学的价值，通过把每个人设置于一种和世界的等级和强力不一致的秩序之中，道德保护下层社会避免虚无主义：它教导的是顺从、温顺，等等。假设对这种道德的信念毁灭了，那么，下层社会将不再有自己的慰藉——因而他们将会毁灭。

这一毁灭采取的是自我毁灭的形式，也就是说，采取必定毁灭的东西的本能选择。下层社会的这种自我毁灭的表现是：进行自我的活体解剖、施毒、陶醉、浪漫主义，特别是本能地需要把那些强有力的人转变为非杀不可的敌人（就好像是这样，人们在培养自己的刽子手）这一行为；毁灭的意志是一种更深的本能即自我毁灭的本能的意志，是一种求虚无的意志。

虚无主义是下层社会没有留下任何慰藉的一种表现，是下层社会为了被毁灭而毁灭，是下层社会由于没有了道德，就不再有任何理由"使自己顺从"——他们把自己设置于相反的准则区域之上，而且，他们也想通过迫使强有力者变成自己的刽子手而获得强力。这就是欧洲的佛教形式，也就是说，生存并没有失去自身的"意义"。

并不是"痛苦"增加了，而是相反。"上帝、道德、顺从"是极其低下的悲惨生活之阶梯上的良药，积极的虚无主义出现在相对而言更为有利的情况下。道德已经被克服这一认识是以相当程度的精神文化为前提的，而这一点反过来又是以人们相对富裕为前提的。由于哲学观点的长期斗争，已经达到了对整个哲学最无望的怀疑主义这种一定程度上的精神厌倦，是虚无主义的地位一点也不低的又一个标志。想想佛陀产生的情况吧。永恒轮回的学说应该有一个博学精深的前提（佛陀的学说，如因果性概念等就是如此）。

"下层社会"指的是什么？首先，是就生理方面而言

哲
人
咖
啡
厅

的，而不再是从政治上而言。欧洲人（所有阶层）最不健康的种类为这种虚无主义提供了土壤，因为，他们会把对永恒轮回的信仰体会为一种祸害，人们受到这一影响，不再从任何行动中退缩，不想顺从地被灭绝，而是要灭绝一切如此无目标、无意义的事物，虽然这只是一场纯粹的灾变，是对一切都是为了永恒存在，甚至是为了虚无主义的这一时刻而存在、是为了渴望毁灭而存在这种观点的盲目愤怒。这样一种危机的价值是，它把事物翻倒，它把有关系的部分一起推向相互毁灭，它把一般的任务分配给那些具有相反的思维方式的人——而且，它还揭露他们中一些比较软弱、不太可靠的人，从而根据力量、根据健康的观点提升一种等级秩序，即号令者就是号令者，服从者就是服从者。当然，这处于一切现存的社会秩序之外。

在这一过程中，谁将证明是最强的？是最适度的人，是那些不要求任何极端的信仰规则的人，是那些不仅承认，而且还喜欢意外和无意义的人，是那些在人的价值相当大地缩小的情况下看待人、，却并不因此而变小和变弱的人，是那些最健康的、经得起许多厄运因而不怕厄运的人——也就是那些以有意识的骄傲确信自己的强力、代表着人类已经取得的力量的人。

这样的人怎么会想到永恒轮回呢？

欧洲虚无主义有三个阶段：

不明朗的阶段：这一时期有各种各样犹豫不决的人们，他们把旧的保藏起来，对新的却不放手。

明朗的阶段：人们认识到，新的和旧的从根本上来说是对立的，旧价值源于衰退的生命，而新价值源于上升的生命——他们认识到，所有的旧观念都对生命怀有敌意（它们源于衰落，又是衰落的原动力，尽管穿着华丽的道德礼拜服）。我们熟悉旧的，却远没有强大到足以获取新的东西。

三大激情阶段：轻蔑、怜悯、毁灭。

灾难阶段：出现了筛选人类的学说——促使弱者做出决定，也促使强者做出决定。

三、奴隶道德和主人道德

（一）道德恶魔和畜群化

人类的力量理所当然应该按照次序发展，也就是说，没有危险的力量将获得优先发展（被赞赏、被表扬），反之，最强大的力量则最长久地受到诋毁和诬陷。

必须把人类最极端最根本的要求，即人类追求强力的欲望（人们把这种欲望叫作"自由"）最长久地加以限制。所以，伦理学的目的一直就是限制强力欲望，其手段是它自己无意识的教育本能和驯化本能。伦理学诬蔑恣意妄为的个体，并借自己关心集体和颂扬对祖国的爱以强调畜群的强力本能。

不管是生性谦虚的思想家，还是生性欺诈的思想家，都对统治欲做了错误的理解，同样也就对追求卓越的欲望做了错误的理解，他们把统治欲和追求卓越的欲望归结为虚荣心，就好像最重要的是要受到别人的尊敬、敬畏或崇拜。

每个人都希望，只有对自己有利的学说和评价才能起作用，而别的关于事物的学说和评价都不起作用。所以，一切时代中软弱和平庸的人都有一种基本倾向，也就是用道德判断这一主要手段，使强者变弱，贬低强者。人们严厉地斥责强者对弱者的攻击行为；而更高级的强者经常是声名狼藉。

多数人对少数人的斗争，普通之人对独特之人的斗争，弱者对强者的斗争

——有时候，这种斗争会中断，其中，最微妙的一种中断是：卓尔不群的人、高贵的人、品味高尚的人以弱者的面貌出现，而且把更加猛烈的强力手段排除掉。

思想启蒙运动作为一种必要的手段，它把人变得更没有主见、更没有意志，也更需要组成群体。简言之，思想启蒙运动在人们中间推动了畜群的发展。这就是以往所有伟大的统治艺术家（如：中国的孔夫子、罗马帝国、拿破仑、教皇，当他们同时用目光扫视世界，而且赤裸裸地追求权力的时候），在过去统治本能非常强烈的时期，也利用过思想启蒙运动的原因。——或者，至少允许人们在行动上拥有自由（正如文艺复兴时期的教皇一样）。人们在这一点上的自我欺骗（比如说，在每一次民主运动中就是如此）是非常有研究价值的。在"进步"的招牌下，思想启蒙运动会把人变得更低微、更顺从统治。

即使是在今天，为了证明这种道德权威的势力范围有多大，还有一些哲学家不自觉地提供出非常有力的证据。他们所运用的是自身所要求独立的意志、怀疑的习惯及原理，甚至运用某种矛盾的坏习惯、不惜一切代价进行创新的坏习惯、傲视一切高水平的自大的坏习惯——如果他们思考"你应该"和"你不应该"，那么，结果是什么样的呢？很快，世界上就没有某种比较自然的东西了，因为，

哲人咖啡厅

道德这个恶魔使它们失去了自身！所有这些骄傲者和独步者啊！——如今，他们马上成为清白的羔羊，如今，他们想要变成畜群。首先，他们都希望和每个人分享自己的"你应该"和"你不应该"，——这是对独立性进行放弃的首要标志。另外，其道德规范的标准是什么？在这一点上，所有人都是一致的，即道德规范的标准在于其普遍有效性，在于其无视个体。这就是我所说的"畜群"。在这方面，他们当然有不同意见，因为，大家都希望以自己最大程度的力量服务于道德。他们中的大多数人考虑"证明道德"，正如人们所说的，使道德和理性联姻，使二者相统一，尽可能地使它们成为一个统一体；而比较细致的人却反过来在道德的不可证明性中找到了道德地位的迹象和优先性，道德的地位比理性的地位的迹象和优先性更加优越；其他人则希望通过历史学的方式对道德进行推导（比如说，以达尔文主义者的方式，它已经为糟糕的历史学家们发明了家用的一般药物，"首先是有用和强制，接下来是习惯，最后是本能，甚至娱乐"），也有一些人对这种推导予以反驳，而且彻底否定道德在所有历史学上的可推导性，但这同样是为了尊重道德的地位，尊重道德的更高级形态和规定性：但是，大体来说，所有这些人都一致同意"道德是存在的，道德是被给定的！"他们所有人都真诚地、不自觉地、坚持不懈地相信他们所谓的道德价值，这就意味着，他们都服从道德的权威。是啊！道德价值！难道人们会准许有人在这里说出针对这种价值表示直接怀疑的话吗？——而且，即使说这种话的人只是从这一方面出发关心道德的推导、可推导性及其在心理学上的可能性和不可能性，人们也不允许。

有什么人会非常厌恶一板一眼地坚持自己信仰的虔诚信徒吗？正相反，我们难道不是带着默默的尊重和快乐看待他们，同时因为这些杰出的人不能分享我们的感觉而感到深深的遗憾吗？但是，为什么会对曾经一度拥有精神上的自由，最后变成了"信仰者"的人产生那种突然的、深刻的、荒唐的厌恶呢？一想起他，我们就会不由自主地经历一种莫名其妙的感觉，好像看见一些令人作呕的景象，我们必须从自己的记忆中迅速抹去这一景象。如果我们在这一点上对那些甚至是最受尊敬的人抱有一丝怀疑，那么，难道我们不该对他置之不理吗？实际上，这一态度不是来自某种道德观，而是因为突然的厌恶和痛恨！这种强烈的感觉来自哪里？也许我们应该这样理解，从内心深处来说，我们并不十分相信自己？或者说，我们年轻的时候在自己四周树起了最尖刻的蔑视的篱笆，以便在晚年我们变得虚弱和健忘的时候，我们不会轻易地把自己的蔑视从我们这里抹去？

现在，坦白地说，这种看法是完全错误的，凡是产生了这种看法的人都丝毫不知道是什么激发并决定着自由精神：对自由精神而言，观念的改变本身似乎没什么可蔑视的！恰恰相反，他是多么高度地重视改变观念的能力，把它看作一种罕见的有价值的特质，特别是如果一个人直到晚年还能保持这种能力！他的骄傲（不是他的怯懦）甚至达到了这样的高度，以至于能够摘取蔑视本身和自我蔑视

哲人咖啡厅

加以蔑视的果实，而不会受到爱慕虚荣和满不在乎的人的恐惧感的困扰。而且，在他看来，一切观念都是无辜的这样的原则，和一切行动都是无辜的原则同样肯定：他怎么能像审判者和行刑者一样在精神自由的变节者面前行动呢？相反，看到这种人会使他感到反感，就像看到一种令人作呕的疾病使得医生感到反感一样：由肿胀的、偏软的、突然化脓的一切东西所引起的生理反感压倒了理性和治疗的愿望。自由精神的变节者身上占据上风的可恶的欺诈思想、腐蚀着他的习惯甚至性格结构的全面吞噬的思想压倒了我们的友善。

因为劣等的灵魂反抗美丽、自豪而快乐的灵魂，所以，它们憎恨享有肉体和灵魂的特权者。其方式是，怀疑美丽、自豪感和快乐感，认为这些东西"没有价值"，"有巨大的危险，人们应该和这些东西做斗争，对这些东西加以克制"，"本能是邪恶的，反对本能是人们的权利"。理性就是这样（——它把对本能的反对推向了极端）。

那些教士们又利用这种状态笼络人心。与其说"冒犯者"喜欢"正义"，不如说他们喜欢上帝。这是一种反对"异教"的斗争。（把负罪感作为破坏灵魂平静的手段。）

平庸者憎恨卓越者，畜群憎恨不受约束者。（人们把习俗看作真正的"道德"。）他们反对"利己主义"。因为，只有为"别人"才是真正有价值的，"我们所有人都一样"；——他们反对支配欲，反对全面的"统治"——也就是反对特权；——反对教派，反对无神论者，反对怀疑论者；——反对与工具性和机械性相对抗的哲学；哲学家们发表了"绝对命令","到处"都是道德的本质。

（二）受到畜群称赞的心态和渴求

我教给你们：畜群企图维护一种基本的状态，同时防止两种倾向，也就是防范各种堕落变质的人（如罪犯等），防范标新立异的人。畜群倾向于保持现状，它们身上根本没有创新精神。

和善而诚实的人带给我们的是舒适的感觉（和伟大的新型人种引起的紧张恐惧之感完全相反），是我们个人的安全感和平等感。因为，在这方面，畜群美化了自己的畜群本性，而且觉得心安理得。有人用最雅致的词语来形容对这一"愉悦感"所做的认识——从而产生了"道德"。——然而，人们注意到，畜群憎恨一切真正的人。

平和、公道、节制、谦虚、崇敬、体谅、勇敢、贞节、正派、忠实、虔诚、正直、可靠、自我牺牲、怜悯、热情、仔细、朴实、仁慈、公正、慷慨、宽容、顺从、舍己为人、不嫉妒、善良、勤劳——

请注意！要重视，以上品格是如何被限定为达到某种特定的意志及目的（经常是要达到某种"邪恶"的目的）的手段

——或者是一种占支配地位的认识（比如说，精神性）固有的结果。

——或者是对困境的一种表现，也就是说，是一种生存的状况（比如说，市民、奴隶、女人，等等）。

哲
人
咖
啡
厅

总而言之，以上的所有品格都不是因为其自身的原因而被看作是善的，都不是其本身就是"善的"，相反，它们一直都服从于"群体""畜群"的规范，被看作是达到"群体""畜群"的目的的手段，就维护和提升"群体""畜群"而言是必要的，具体地说，它们也是一种真正的畜群天性的结果，因而是服务于一种完全不同于以上品质状况的天性的：因为，实际上，畜群对外界是怀有敌意的、自私自利的、冷酷的、充满着支配欲、猜忌等等。

在"主人"身上产生了一种相反的东西，也就是说，他们必须具有和畜群相反的品质。

畜群和等级制势不两立：畜群的本能对平等对待者（基督）有利；而对于强有力的个体（统治者们），畜群是怀有敌意的、不公正的、极坏的、苛刻的、专横的、无情的、变节的、欺诈的、虚伪的、残酷的、阴险的、妒嫉的、报复的。

畜群对精神加以歪曲和编造：

1）所有的痛苦和厄运，都是由于不公正（罪过）而被捏造出来的（人们使痛苦丢掉了清白）。

2）所有的强烈快感（纵情、好色、成功、自负、任性、熟知、自信以及轻松愉快）都被打上了罪恶、引诱和不可信的烙印。

3）虚弱感、最内在的胆怯、缺乏面对自己的勇气，都被冠以神圣化的称号，被作为最值得拥有的东西加以教导。

4）人们把非本身的东西，把为了某种别的东西、别

哲
人
咖
啡
厅

的人而牺牲自己歪曲为人身上所有的卓越独特性；甚至在认知者那里，在艺术家身上，非个性化也被假扮成他们的最高认识及能力的原因。

5）爱情被伪装为奉献（以及利他主义），但是，事实上，爱情是一种过剩的获取，或者说，是一种因个性的丰富而进行的给予。只有那些具有最完满个性的人才会爱；非个性化的人、"客观化的人"是最糟糕的情人。（——人们不妨去问一问女人们！）对上帝和祖国的爱，也是同样的情形，因此，人们必须坚定地保持自我。

利己主义是自我化，利他主义是他者化。

6）生命是一种惩罚，幸福是一种诱惑；激情就像魔鬼似的，而相信自己则是邪恶的。

请注意！这整个心理学是一种阻碍性的心理学，是一种出于恐惧的防卫手段；一方面，乌合之众（失败者和平庸者）想借此以对抗强者（——同时毁灭正在发展的强者……），另一方面，一切人都把自己借以最出色地发展的那些欲望神圣化，而且认识到，只对它们保持尊重。试着对照一下犹太教士。

畜群的本能把中间和中等评价为至高无上的和最有价值的，因为这是大多数人所处的地位，也是他们以此而立身的方式和方法；这种本能因而变成了一切等级制的敌人，同时，它还把一种从下到上的上升看作是从最大值到最小值的下降。畜群认为，所有特立独行的人——不管是比他们低的，还是比他们高的——都是和他们敌对并且有损于他们的人。对那些更高等的特立独行者，也就是那些更坚

哲
人
咖
啡
厅

定、更强大、更智慧、更成功的人，畜群的手段是说服他们充任看守者、牧人、保护者的角色——做他们的头等仆人，这样做的结果是，畜群因此而把一种危险转化成一大利益。在不偏不倚中，恐惧就会消失；在那里，人们从来不会感到孤独；在那里，很少有误解的余地；在那里，存在着平等；在那里，人们并不认为单独存在是一种危机，而是一种真正的存在；在那里，充满了满足感。怀疑被指向特立独行的人；特立独行的存在被看作是一种罪过。

　　"己所不欲，勿施于人。"人们认为这句话是智慧、聪明和道德的基础——是"像金子一样的箴言"。约翰·斯图亚特·穆勒相信这句箴言！（在英国人中，有谁会不相信这句箴言呢？）……然而，箴言经受不住最微小的攻击。出现了这样的反对意见："人不犯我，我不犯人，"这样一条规则能够限制所有的行为，避免产生不良后果，因为它内含的思想是，行为总是会有回报。有个掌握着"原则"的人曾经说："人们恰恰应该实施这些行为，以使别人不能先行一步——那么，我们就使得别人不能对我们造成伤害。"这样的话，我们该怎么回答呢？——另一方面，请不要忘记那个因仇杀而获取荣誉的人。即使是他，也不想中子弹。不过，可能中子弹这一情形并不会对他满足于荣誉造成干扰……在所有的正当行为中，难道我们不是专门忽略了那些能够对我们产生不良后果的东西吗？应该避免可能对我们产生不良后果的行为——这可能是规定一切正当行为的戒律。反之，箴言是有价值的，原因在于，箴言暴露了一种人，畜群本能用箴言描绘自己的形象，即，人

哲人咖啡厅

是平等的，应该公平对待，以别人对待自己的方式对待别人，设身处地地考虑别人。——在这里，人们真的认为，在现实情况中，完全不可能发生相同的行为。不可能任何行为都会有回报。因为，在"个体"之间，实际上完全不存在相同的行为，所以就不存在"回报"……当我做一件事情时，根本不会考虑别人也会做相同的事。因为这种行为只属于为自己……人们根本不会报答我什么，他们可能总是用某种"别的"行为对我造成伤害。

稳固的声誉在过去常常是极其有用的；凡是在畜群本能仍旧支配着社会的地方，对每一个人而言，声称自己的个性和事业不易改变仍然是最有利的，即使归根结底他们的个性和事业是善变的。"人们可以信赖他，他一直没有变。"——在社会的一切极端状态中，这是一种最有价值的赞扬。社会很高兴感觉到这个人的善、那个人的雄心、第三个人的体贴和热情为自己提供了随时可用的可靠工具，它以这种有用的本性为荣，以对自己保持忠诚的方式为荣，对持续不变的观念、愿望、甚至挑剔和奢侈给予了最高的荣誉。这种赞扬和大量道德一起兴盛于，并一直兴盛于各个地方，培育着"个性"，而把一切变化、一切重新研究、一切自我改变都归入坏的名声之中。不管这种思维方式的优点在别的地方可能会多么重要，而对于知识的探求而言，没有比这种通常的判断更加有害的东西了，因为，恰恰是那些追求知识以声称自己在任何时候都会不屈不挠地反对他们之前的观念、不相信一切希望在我们内心变得稳固的东西的人的善良意志因此而受到指责，被归入坏名声之列。这些人对"稳固的声誉"感到奇怪，那些追求知识者被认为是可耻的，而观念的"稳定"则被给予了一种垄断性的荣誉。直到今天，我们还生活在这些观念的符咒下！当人们感受到周围环绕着几千年的反对时，生活着是多么艰难！也许，对知识的探求被糟糕的道德心折磨了几千年，而最伟大人物的历史一定包含着许多自卑和隐痛。

"人们应该能够认识你，因为你的内心表现为清晰而确定的符号——如果不是这样，那么你就是危险的。如果你是邪恶的，那么，你掩饰自身的能力对畜群来说，就成为最严重的威胁。我们鄙视难以理解的人和不能被认识的人。——所以，你应该保持一种能够被人们认识的状态，而不应该逃避，也不要相信自己会改变。"也就是说，对真实性的要求是以能够得到认识的、确定的特征为前提的。虽然畜群的成员借助于人的本质达到了某种信仰，但实际上，本质是教育的结果。因为，畜群首先设定了这种信仰，然后才要求"真实性"。

道德的教导者总是首先告诉人们，要尽可能地克制自己，这样，就使得人们认识到一种奇特的弊病，它是和痒相像的一种刺激，不断地刺激着本能的冲动和兴趣。无论是从内心来说，还是从外界来说，被刺激者受到诱惑和驱使的东西确实非常之多，以至于被刺激者觉得自己的自制力很难坚持下去，并陷入危机之中。从而，他对自己的本能欲望感到怀疑，认为不应该让自己的本能自由地驰骋，于是在自己的本能那里停留下来，表现出一种防范的姿态，武装起来克制自己，以机警和怀疑的眼神，永远保卫着自己建立起来的堡垒。是的，他或许由此而变得伟大了，但是，在别人看来，他多么令人厌恶啊！真是自食其果！和自己灵魂中最美好的东西隔绝关系，这是多么可怜啊！别人也没必要继续教导他什么，因为他学会了本来不属于自己的东西，早已失去自我了！

　　一般来说，欧洲的一切道德都有利于畜群，所有高等的、杰出的人感到沮丧，是因为他们赞扬的一切都以卑贱和屈辱的形式进入他们的头脑之中。现代人的强悍是使得悲观主义感到沮丧的原因。因为，平庸者像畜群一样，不会提出什么问题，也没有责任心——所以是快乐的（使强者沮丧的人是：巴斯葛、叔本华）。畜群的某一品质表现得越危险，暴露得也就越彻底。

（三）基督教最后的道德附和者

　　具有同情心的人就是好人：在我们的所有感情中，不能没有同情心——当今的道德这样说。怎么会这么说呢？有这样一种情况，一些人履行着社会的、具有同情心的、无私的、仁慈的行为，他们现在被看作是有道德的人，这也许是基督教在欧洲所产生的最普遍的影响、最彻底的改变；也许，尽管这是出于基督教本身，但决不是因为它是基督教最重要教义中的一部分。然而，这是基督教情感的残余，这种基督教情感盛行于这样一个时刻：相反地、彻底自私地信仰"某件事是必要的"，信仰对永恒的、个人

的拯救具有绝对的重要性，也信仰这些信仰所依赖的教义，
这些信仰正逐渐衰落；而原来起辅助作用的、和教会非凡
的慈善行为相协调的对"爱"和"邻人之爱"的信仰，则
因此而来到前方。人们越是逐渐地和这些教义分离开来，
他们就越是在对人类之爱的崇拜中为这种分离寻求某种辩
护；不是在对基督教理想的尊重中跌落，而是尽可能超越
它，这是从伏尔泰到奥古斯丁·孔德的一切法国自由思想
家的隐秘的促进因素；而孔德以其著名的道德公式"为别
人活着"，确实已经超出了使基督教基督徒化的范围！

　　在使得这种关于具有同情心的爱、怜悯或者他人利益
的教义作为行动的原则处于极其突出的地位方面，德国的
叔本华和英国的穆勒起了重要作用；但是，他们本身也仅
仅是附和者。大约从法国革命时期起，这些教义就一直以
巨大的力量把自己展现在各个地方。从那时起，它们就一
直把自己表现在自己粗糙的和细微的形式中，而一切社会
主义的原则几乎都是不情愿地在这种教义的通常基础上采
取了自己的立场。现在，也许没有比认为我们知道道德真
正地、确确实实是由什么构成的这种偏见流传更广泛的偏
见了。现在，似乎每一个人都满意地看到，社会正在开始
使得个人适应普遍的需要，同时，把每个人的幸福和牺牲
看作整体的有用因素和工具。然而，他们对应该在什么样
的形式中寻找整体仍然感到怀疑，是在现存的国家中，还
是在尚需建立的国家中，是在一个民族中，还是在国际间
的手足情谊中，或者是在崭新的小经济共同体中？对于这
一点，仍然有许多深思、怀疑、挣扎、兴奋和激情，但是，

哲
人
咖
啡
厅

令人感到愉快和奇妙的是，发现全体一致同意要求"自我"以适应整体的形式进行自我否定，直到自我重新取得它自己确定的权利和义务范围——直到自我确实变为某种崭新而不同的东西。不管人们承认与否，他们所尝试的仅仅是完成个体的改造，甚至是削弱和压制个体，大多数支持者从来没有对列举和诅咒一切邪恶的、不友善的、奢侈的、昂贵的以及豪华的个体存在形式感到厌倦，这些形式直到今天还一直盛行着，当只剩下大团体及其成员时，支持者们希望社会能够以更低廉的、更少危险的、更始终如一的和更和谐的方式加以管理。一切以某种方式符合于把人们聚集入一个特殊的团体之中这一愿望，符合于必然伴随着这一愿望的较小渴望的东西都被认为是善的——这是我们时代的主要道德潮流，同情和团体感密切协作。（康随仍然处于这一运动之外：因为他明确地教导我们，如果我们的仁慈还有某种道德价值，那么，我们就应该对别人的痛苦无动于衷——叔本华非常生气，这或许很容易想象得到，他把这一理论描述为康德式的谬论。）

某种团体（氏族、宗族、群体、教团）身上含有一种本能，那就是，它认为自己所赖以保存自身的那些状态和欲望本身是很有价值的，比如温顺、互惠、照顾、节制、同情，——所以，所有阻碍或者违背这些状态和欲望的东西都应该被压制。

同样，统治者（不管是个人，还是团体）身上也含有一种本能，那就是，他们要维护和弘扬那些品行，维护和弘扬那些使屈从者变得方便可用而且恭顺听话的品行

（——也就是那样的状态与感情，而他们则尽可能地使自己和那种状态及感情相疏远）。

在赞扬某些特性和状态方面，畜群的本能和统治者的本能是一致的；但是，由于不同的原因，畜群的本能源于直接的利己主义，而统治者的本能则源于间接的利己主义。

主人这一人种屈从于基督教，从根本上来说，是以下思想导致的结果：基督教是一种畜群宗教，它教导人要顺从；简言之，基督徒比非基督徒更容易统治。直到现在，教皇还在用这样一种暗示建议中国皇帝接受基督教的宣传。

除此之外，基督教理想的诱惑力可能会对那些喜欢危险、冒险及争斗的人们产生最强烈的影响，他们喜欢这一切，对此一意孤行，而同时，他们能够因此而取得一种无以复加的权力感。人们可以想一想富于牺牲的特利莎（奥地利女皇），她身上具有其兄弟们的那种英雄天性——对于这一点，基督教表现为意志自由、意志坚强这样一种形式，表现为一种堂吉诃德的英雄主义行为……

畜群道德是颓废的最一般类型，因为：

1. 人们相信自己选择了救治的良药，而实际上，人们选择了加速衰退的东西；基督教就是一个例子（举这个例子，是为了指出在人的非正常本能方面最显著的例子）；"进步"是又一个例子——

2. 人们失去了自己在抵制兴奋方面的力量——而且开始处于偶然性的支配之下。因为，人们在大大地使得自己的亲身体验变得低劣的同时，又极大地夸大自己的亲身体验——这是一种"非个性化"，是意志的崩溃；举个例子：一种完整类型的道德，即大量谈及同情的利他主义道德——以个性的软弱为显著特征，结果，这种道德也被用声音发布，就像一根被过度绷紧的弦在不断地颤动——这是一种极度的敏感。

3. 人们混淆了原因和结果，因为，人们不能把颓废理解为一种生理状态，而是把它的结果误认为身体不适的真正原因；举个例子，所有的宗教道德就是如此。

4. 人们渴望一种状态，在其中，人们不再痛苦，因为，实际上，生命被体验为弊病的原因；人们认为，无意识的状态，即没有感觉的状态（睡眠状态、晕厥状态）比有意识的状态具有更多的无可比拟的价值；一种秩序由此而来。

小人的反动在于，认为对最高权力的感情中包含着爱。我们应该认识到，现在，在这里说话的不是一个人，而是一类人。

"在爱中，我们是庄严的，我们是'上帝的孩子'，我们爱上帝，除了爱，上帝对我们没有别的要求"；也就是说，一切道德，一切顺从和行动都不会带给我们那种对权力和自由的感情，只有在爱中，这种对权力和自由的感情才能被激发出来，也就是说，只要心里有爱，人们就不会做任何坏事；只要心里有爱，人们就会做出比心里有道德和顺从还要多的事情。

这是畜群的幸福，也就是说，不管在哪些方面，他们都把群体感、现实的联合感看作生命感的全部。帮助、忧虑及利益激发着权力感；眼睛能够看到的成功和快乐的表现更映衬出权力感；还有某些作为会员资格、作为上帝的宅第、作为上帝的"选民"的骄傲。

实际上，人们又一次体验到了一种对某一人格的极端领悟，这次，他称爱这种感情为"上帝"。人们必须借助于思考，在自己身上唤起这种感情，必须思考自己身上的某种快乐、某种奇特的话语、某种"福音"——这种渴望是这样一种东西，它禁止人们把爱归结于人自身——也就是说，人们相信，上帝指引着他，而且，上帝一定已经出现在自己身体之中。——"上帝正在走向人"，"身边的人"被转化为上帝（因为，他身上表现出爱这种感情）。耶稣是身边的人，结果，人们却把他误解为神，误解为权力感，这种权力感被看作是刺激因。

（四）反对奴隶理想

奴隶理想——这一理想目前正走向顶峰，成为"群体"对价值的最高设定，也就是说，它授予群体去尝试一种一般性的价值，实际上就是形而上学的价值。

要反对奴隶理想，我捍卫贵族主义。

一个对自由保持着某种担忧和小心的社会，其本身一定认为自己是一个特例，认为一定有某种和自身相反对的强力，它和这种强力相对立而突出自己，它憎恨这种强力，对这种强力视而不见。

——我越放弃强力，越力求平等，就越处于最平庸者的统治之下，最终处于大多数人的统治之下。

——为了在成员之间保持高度的自由，贵族社会本身

哲
人
咖
啡
厅

是有前提条件的，这个前提条件就是极度的张力，这一张力源于一切成员的对立欲望的现成状态，即力求统治的意志的现成状态……

惰性在以下领域中活动：

1. 在信任中。因为，怀疑一定会有紧张状态、深入调查和思考。

2. 在尊重中。在这之中，强力之间的距离大，因此，必然会有屈服，但是，为了不害怕，就必须尝试着去爱，尝试着去高度评价，把强力差异看作价值差异，并因此而把这种关系维持下去。

3. 在真理感中。什么是真实的东西？它存在于进行某种解释的地方，是某种力求把我们的精神降到最低限度的解释。除此之外，正相反，谎言则是很费力的。

4. 在同情中。同等看待事物、尽力取得同样的感受、努力采用一种现成的态度，是一件轻松而愉快的事：这是一种对主动做出回应的被动方式，而这个主动的东西则捍卫并持续地支持这种价值判断的最基本的权利。这种价值判断使人永远不得平静。

5. 在判断的中立和客观中。人们担心害怕在感情上疲惫不堪，宁愿无动于衷，保持"客观"的态度。

6. 在诚实中。人们宁可遵守一种现成的法律，也不愿意创造一种法律，不愿意命令自己和别人。人们不敢下命令——宁愿屈从也不愿意统治。

7. 在宽容中。人们不敢行使权利、进行指责。

所有弊端的根源在于：逆来顺受、贞节、无私及绝对服从。这些奴隶道德居然获得了胜利。于是，人们谴责统治的天性是：1. 伪善；2. 缺德。——从而，创造性这一天性感到自己冒犯了上帝，整日恐惧不安，被永恒不变的价值紧紧地束缚着。

野蛮人表现为，他们没有节制能力。因为他们畏惧并辱骂本能的激情和欲望——而且，统治他人的君主和所有阶层也是这样。另一方面，出现了这样的怀疑，即怀疑所有的节制是否都是衰弱的表现，或者都是变老和懈怠的开始（所以，拉罗斯福哥同样怀疑，在那些被恶习搞得再也不能感到任何乐趣的人们那里，"美德"是否也只是一个漂亮的词语）。节制本身体现的是艰苦、自我克制及禁欲主义，体现的是和恶魔的斗争，等等。人们忽视或者否定了对节制的审美天性的天然快感，以及对节制美的享受，因为他们想要一种反幸福论的道德。

直到现在，人们都不相信节制会带给自己某种快乐——即骑手驾驭烈马疾驰的那种快乐！人们混淆了弱者的适中和强者的节制！

总之，人们亵渎了最美好的东西，因为弱者，或者叫野蛮的猪，在这些东西上投了一层阴影——于是，最杰出的人被埋没了，而且，他们也经常会误解自己。

让我们严肃地考虑一下，为什么我们会跳入水中营救在我们眼前刚刚落水的人，虽然我们可能对这个人并没有特殊感情？我们是因为同情才这样做的，这时，没有人会考虑自己，心中只有他人——没有头脑的人这样说。当我们看到有人吐血，我们为什么会感到悲伤和担忧，虽然我们可能对他缺乏感情而且不希望他好？出于同情，我们已经不再考虑自己——没有头脑的人又这样说。事实是，在我们的同情中——我指的是我们由此而错误地称作"同情"的东西——我们不再有意识地考虑自己，而是极其无意识地考虑自己，这正如当快要滑倒的时候，我们会无意识地尽可能做某种反向运动，以恢复自身的平衡，在这样做的时候，很明显运用了自己的所有理性能力。发生在别人身上的不幸使我们不愉快，因为，如果我们不能做任何事去帮助他，那就会强烈地衬托出我们的无能，或者也许是懦弱；或者因为，事情本身就会引起我们在别人和自己眼中荣誉的降低；或者因为，发生在别人身上的事故作为一种标志起着作用，它指出我们自身的危险，甚至是人类危险和虚弱的标志，它们能够在我们身上产生痛苦的影响。我们要摆脱这种痛苦和过失，通过同情行为来平衡这种痛苦和过失，而在同情行为背后，隐藏着一种微妙的自卫甚至是报复。实质上，我们强烈地考虑的是我们自己，这一点可以从我们得出的以下结论推测出来，即在任何情况下，我们都能够避免看到那些正在遭受痛苦、饥饿和号啕大哭的人。当我们能够把他们看作强大的有用的人时，当我们能够稳妥地指望他们的欢呼声时，或者希望反衬出我们自身的幸福时，或者我们希望摆脱自己的无聊时，我们就下定决心不避开这些人。把我们看到这一情景体验到的痛苦，也可能是完全不同的某种痛苦叫作同情是错误的。因为，在任何情况下，这都是一种和我们面前的受苦者无关的痛苦，也就是说，这只是我们自己的痛苦，正如他的痛苦就是他的。因此，这只是我们借助于同情行为而摆脱的自身的悲惨感受。不过，我们从来没有因此而根据一个单一的动机去行动，因为有一点是肯定的，即我们希望自己因此而从痛苦中摆脱出来，还有一点也是肯定的，即，通过这同一行为，我们屈服于快乐的冲动。在看到衬托出我们自身状况的情景的时候，在知道只要我们希望帮忙的时候就能够帮忙的时候，在想到如果我们确实帮了忙就应该获得的赞扬和感激的时候，在正好实施帮助行为的时候，在这一点可能证明成功的时候（因为，那些逐渐被看到取得成功的事情给行为者带来了快乐），而且，甚至更特别的是，在感觉到我们的干涉结束了某一悲惨的不公正行为的时候——甚至在人们义愤的爆发非常强烈的时候，快乐就产生了。

所有这一切，甚至包括更微妙的事情，它们都构成了"同情"。语言用这一个词语陷入如此复杂、多义的有机体之中，这是多么笨拙啊！另一方面，同情和产生它的景象是一样的，或者，它对自己有一种特别微妙而透彻的理解，这两种情况和经验是相矛盾的，而且，在这两种情况下赞扬同情的人对道德缺乏足够的理解。这就是为什么在我读到叔本华把一些难以置信的事情归为同情时，心灵被怀疑所占据的原因。很明显，叔本华希望使得我们相信，他所提出的极其新奇的东西即同情——他对同情的观察是如此的肤浅，而且描述得如此糟糕——是所有的，也是每一个过去和未来的道德行为的源泉，——而所有这一切恰恰是因为他为同情创造出来的那些能力。

最后，把没有同情心的人和真正具有同情心的人区别开来的东西是什么？首先，只给出一种大致的说明，他们没有敏感的恐惧感，没有觉察危险的细微能力，如果一些他们本来能够防止的事情发生了，他们的虚荣心也不会被如此轻易地伤害，告诫自己别骄傲这一点要求他们不要无谓地干扰别人的事，他们甚至按照每个人都应该帮助自己同时出好自己的牌这一信仰而行动。再者，在大多数情况下，和同情别人相比，他们更习惯于忍受痛苦，而且在他们看来，在一切不公正面前，似乎别人不应该遭受痛苦，因为他们自己已经遭受了痛苦。最后，对他们来说，软心肠的状态是痛苦的，正如对具有同情心的人来说，斯多亚式的冷漠状态也是痛苦的一样：对那些敏感的心，他们只有轻蔑的话语，因为，他们认为，对于他们自己的男子气概和冷静的勇敢来说，这样一种情感状态是危险的，——他们在别人那里掩饰自己的眼泪，把它们擦掉，对自己感到生气。他们是不同于具有同情心之人的一种利己主义者，——但是，在一种不同的意义上，把他们称作是恶的，而把具有同情心的人称作是善的，这只不过是一种有着自身流行时期的道德样式，正如相反的样式也有自己的流行时期，而且也有长长的流行时期。

首先成为充满同情的人，这对你们自己有好处吗？另外，这对那些受苦的人有好处吗？但是，让我们暂时不要回答第一个问题。

几乎每个人都不能理解和接近我们亲身的、最深刻的痛苦；在这里，我们对自己周围的人加以隐瞒，即使我们

哲人咖啡厅

在同一个锅里吃饭。但是，无论什么时候人们注意到我们在遭受痛苦，他们都会浅薄地理解我们的痛苦。同情这种感情的真正本质在于，撕去别人的一切独特的、亲身的痛苦。我们的"施恩者"比我们的敌人更多地降低了我们的价值和意志力。当人们试图使某些处于痛苦中的人得到帮助时，会由于那些被同情打动的人而在理智上感到兴高采烈，装出一副命运之神的角色，这对于大多数人来说都是不能容忍的；人们根本不了解使我或你感到痛苦的内心的一连串东西和错综复杂。我灵魂的全部耐用性、被"痛苦"影响的和谐、打开崭新动机和需要的方式、旧伤愈合的方式、摆脱过去整个时期的方式——所有这些可能包含着痛苦的东西都没有得到我们亲爱的具有同情心的朋友的关心；他们希望给予帮助，没有考虑过亲身经历痛苦的必要性，虽然对于你或我来说，恐惧、贫困、匮乏、半夜、惊险、冒险、过失是必要的，正如它们的反面是必要的一样。用神秘的方式加以表达，他们决不会想到，通向自己天堂的道路总是要穿过自己地狱的诸多痛苦才能达到。不，"对同情的信仰"（或者"对爱心的信仰"）命令他们施予帮助，而他们则相信，当他们最快捷地施予帮助时，他们施与的帮助就最多。如果你们——奉行这一信仰的人——对待自己的态度和对待同伴的态度一样；如果你们甚至一刻也不让自己的痛苦压在自己身上，如果你们预先就不断地避免和防止一切可能痛苦的方面；如果你们认为痛苦和不快是邪恶的、可恶的、应该灭绝的，是生存的一个缺陷，因此，很清楚，除了对同情的信仰之外，你还有着另一种

哲人咖啡厅

对爱心的信仰，它也许是产生同情的信仰的根源，可以说，它是对安逸的信仰。你们这些安逸的、仁慈的人啊，你们对人的幸福了解得是多么微乎其微！因为，幸福和不幸就是姐妹俩，甚至就是双胞胎，它们或者一起成长，或者在你们那里同时都是微不足道的。那么，现在，让我们回到第一个问题吧！

从根本上来说，如何才有可能坚持自己的道路呢？经常会有这种或那种叫嚣声要求我们到一边去；我们的眼睛很少注意看某些不要求我们立刻放弃自己当务之急的事情去帮忙的东西。我知道，有许多使我迷失自己道路的名声好的、值得称颂的方式，它们就是真正高标准的"道德"！的确，那些当前在宣扬同情道德的人认为恰恰这一点，而且只有这一点才是道德的——为了帮助周围的人，就要放弃自己的道路。我当然非常明白，我只需要看到某种真正的痛苦，那么，我就迷茫了。而如果一个正在遭受痛苦的朋友对我说"看，我就要死了；请答应我，和我一起死"，那么，我就应该答应这个要求；而高山部族为自己的自由而战的情景会使我向他伸出援手，甚至献出生命——如果有充分的理由，那么，我以后不会再选这两个糟糕的例子。所有此类的激起同情和要求帮助都会在暗中表现出诱惑力，因为我们"自己的道路"太艰难，太费力，得不到别人的喜爱和感激，而我们则并不介意避开这条路——也并不介意避开自己的良心——逃入别人的良心中，逃入"对同情的信仰"这一美好的殿堂中。

一旦在任何地方爆发战争，那么，在那些最高贵的人中间则会引起快乐，当然，这种快乐是隐蔽的，也就是说，他们会兴高采烈地把自己投入到新的死亡危险中，因为，为祖国献出生命似乎给予了他们长久以来一直渴望的许可——逃避自己的目标；战争为他们提供了一条自杀的迂回道路，而且是有着良知的迂回道路。在我对一些观点保持沉默的同时，我不想对自己的道德保持沉默，我要说，为了能够为自己而活着，归隐吧！不关注你那个时代看来最重要的东西而活着！在你自己和当代之间，存在着至少三个世纪的跨度。对你来说，而当今的喧哗声、战争和革命的吵闹声只是一种低语声。你也希望帮助别人——但只是帮助那些你理解其痛苦的人，因为他们有着和你相同的痛苦和希望——因此，你帮助的是你的朋友——而且仅仅是以你帮助自己的方式进行帮助。我想使他们更勇敢、更坚韧、更单纯、更快乐。我想让他们懂得今天很少有人理解的东西，至少是那些鼓吹同情的人不理解的东西，即，不是分享痛苦，而是分享快乐。

同情，就它实际上引起痛苦而言——而且在这里，这必定是我们唯一的观点——是一个弱点，就像沉溺于任何其他的有害情感一样。同情在整个世界上到处都增加痛苦，虽然在这里和那里，完全是由于同情，一定数量的痛苦可能被间接地减少或去除，但是，我们千万不要提出这些总体来看无关紧要的具有偶然性的结果为同情的本质进行辩护，而这种同情正如已经陈述的那样，是有害的。假如同情盛行，即使只盛行一天，它也会带给人类彻底的毁灭。就其本身而言，同情的本质并不比任何其他欲望的本质更

哲人咖啡厅

好一点，只有在被需要和得到赞美的地方——当人们不理解在其中什么是有害的，而是在其中发现了一种快乐的时候，这种情况才会发生———一种善的道德心才会变得和它有关系，只有在那时，我们才心甘情愿地屈服于它，毫不退缩地承认它。在它被理解为危险的其他情况下，它就被看作一种弱点，或者，正如在希腊人的情况中一样，作为一种不健康的周期性的感情，它被看作是可以通过临时的自愿的排泄而去除的危险。如果一个人要做实验，为了寻找同情，特意把自己的注意力集中到实际生活所提供的机会上，一遍又一遍地在头脑中描绘他可能在当下的环境中遇到的不幸，那么，他必然会变得忧郁而多病。然而，如果他希望作为一个医生按照同情一词的任何意义服务于人类，那么，他就必须采取许多措施来防范这种感情，因为，如果不这样，这种感情就会在一切关键时刻麻痹他，削弱他知识的基础，使他那只有用的灵巧的手失去控制。

在野蛮人那里，当他们想到可能变成同情的对象时，就会有一种道德上的颤栗，因为，他们把这样一种状态看作是被剥夺了一切美德。同情就等于蔑视，因此，他们不想看到某个卑贱的东西遭受痛苦，因为这提供给他们的将不是快乐。另一方面，看到自己的一个敌人在遭受痛苦，他们把这个敌人看作是具有和自己一样的骄傲的人，而且痛苦不能诱使他放弃骄傲，总的来说，看见某一个人遭受痛苦，而这个人却拒绝通过乞求同情而降低自己——在他们眼里，同情是最深刻最丢脸的羞辱——这是快乐中之最快乐的。这样一种场面在野蛮人的灵魂中激起最深刻的敬佩，而他只能在其强力范围内通过杀死这样一个勇敢的人来结束同情，举办和这个不屈的人相一致的葬礼，向他致以敬意。然而，如果他发出呻吟，如果他的面容失去了自己冷冷轻蔑的表情，如果他表现出自己是值得轻视的，——好，在这样一种情况下，他就可能被允许像狗一样地活着，他不会再唤起观看者的骄傲，同情将代替敬佩。

并不是"幸福继美德而来"，而是更强有力的人把自己的幸福状态称为美德。

邪恶的行为属于强有力的和有道德的人，而卑劣的、低下的行为属于臣服者。

最强有力的人，即创造者，一定会是最邪恶的人，因为他以自己的理想反对别人的理想，并且以自己的形象重塑别人。邪恶在这里指的是：冷酷无情、令人痛苦、强制。

像拿破仑这样的人应该不断地重现，并且加强人们对个人独裁统治的信仰，而他自己却被他不得不采用的手段败坏，从而失去了品格的高尚性。如果他不得不在某种与众不同的人中占据优势，那么，他就应该采用别的手段，而对于某个叫凯撒的人而言，变坏似乎并不具有必然性。

从根本上来说，我痛恨一切诸如此类说教的道德："不要这样做！放弃吧！战胜你自己！"——我有好感的道德是这样的：它们煽动我做某件事，并且重复地做，从早到晚，在夜里还梦到这件事，除了做好这件事、我只能做这件事之外，什么也不想！

在这样生活的所有人那里，纯粹不属于这样一种生活的一件件事物减少了，今天这件事物离开，明天那件事物离开，就像空气的任何微小流动都会使之从树上飘落的黄叶一样，他们看到这些并不感到厌恶和反感，因为，他们的眼睛注意到的是向前的目标，而不是向旁边、向后、向下的东西。"我们如何行动应该决定我们放弃什么。"这是我非常喜欢的话，这是我的原则。但是，我不想用自己的眼睛努力发现自己的贫乏，我不喜欢否定性的道德——即其本质是否定和否认自我的那些道德。

正如我们获得解放的精神所体验到的那样，我们并没有被夹在某种"目的"的体系之中——这一行为包含着多少自由感啊！同样，"赏"和"罚"等概念在生存的本质中也没有位置！同样，善的行为和恶的行为也不能就其本身而言被叫作善的和恶的，而是只有在倾向于保存某种人类共同体这一前景的角度下，才能被叫作善的和恶的！同样，我们对快乐和痛苦的认识决没有宇宙论的意义，更没有形而上学的意义！——那种悲观主义，即那种自身要求去评判生存本身的快乐和痛苦的悲观主义，那种专断地把自己局限在前哥白尼的范围及观点之中的悲观主义，假如不仅仅是柏林人糟糕的笑话（如，爱德华·冯·哈特曼的悲观主义），那么，就是某种过去的东西和老毛病的重新表现。

在任何时代，人们都能够看到"疾病使人变善"这个著名的论断，而且，不仅仅是那些智者们这么说，同样，普通人也这么说，这一点令人深思。我们可以就这一论断的有效性进行提问：道德和疾病之间有某种因果关系吗？大体上说，"人的改善"，例如，发生在上个世纪欧洲人身

上的不可否认的温和化、人性化、善良化——难道是隐蔽
的或者不隐蔽的长期的苦难、失败、贫穷、萎靡的某种结
果吗？难道说使欧洲人"变善"的是"疾病"吗？或者，
用另一种方式提问：我们的良知——人们可以把我们现代
欧洲温柔的良知和中国人的良知加以比较——是生理衰退
的一种表现吗？……因为，人们不能否认，在历史上的任
何时刻，当"人们"表现为特别辉煌而强大的样子时，马
上就会有某种意外的、危险的、热烈的特点，这一特点会
使人性恶化；然而，或许，在那些从表面上看可能不同
的状况下，缺乏的恰恰只是把心理学推向深入的勇气或
精细，而且，即使这样，还可以从那里得出一个一般的法
则："人们感到自己越健康、越坚强、越精神饱满、越成
功、越积极进取，他们就变得越'不道德'。"这种观点多
么令人难堪呀！我们根本不应该沉浸在这种观点之中！但
是，如果我们按照这种观点再向前迈进一小步，所看到的
未来就会令我们十分惊讶！难道世界上还存在比我们全力
以赴想要推进的东西（即人性化、"改善"、持续增长的人
类"文明"）更高昂的代价吗？没有比德性代价更高的了；
因为有了德性，人们最终都会把世界看作医院，而可能
所谓"每个人都是所有人的护士"，就成为智慧的最后结
论。当然，如果是这样，也许人们就可以拥有自己一直追
求的"世界和平"！然而，在这同时，也就缺少了"互相
愉悦"！缺少了优美、放任、冒险和危险！缺少了使人们
配得上在世界上生存的"功绩"！根本就不再有"作为"！
难道所有伟大的功绩与作为，即所有还继续存在着的、没

哲人咖啡厅

有被时间磨掉的伟大功绩与作为不都是最深意义上的伟大的非道德性吗？

（五）我们不再需要德性

如何才能把人类提升到自己非凡的地位和强力的顶峰呢？思考这个问题的人必须首先明白，他必须让自己置身于道德之外。因为，从根本上来看，道德的目的和这个问题正好相反，它要阻止并破坏朝着非凡方向的那种发展。因为，事实上，这种发展一定会吸引无数的人为它效劳，以致会出现一种相反的趋势。弱者、被溺爱者、平庸者一定会共同抵制生命和力量的光芒，为了达到这一目的，他们必须重新评价自己，由此而谴责极其活跃的生命，如果可能，还要摧毁生命。所以，从道德的目的在于恶毒地压制各种生命来说，其本身就是敌视生命的代名词。

在某个时刻，即人有充裕的力量为自己效劳的时刻：科学旨在引发这种自然奴隶制。

于是人就能获得闲情逸致：造就自身，成为某种新的更高级的东西。

于是就有大量德性存活下来，它们现在成了生存条件。不再需要德性，因而就丢掉它们。

我们不再需要德性：因而我们就丢掉它们。无论是关于"统一必不可少的道德"，关于灵魂得救的道德，还是关于不朽的道德：都是一种手段，一种使人有可能达到巨大的自我抑制的手段（通过一种巨大的恐惧情绪）。

哲
人
咖
啡
厅

形形色色的困厄，人是通过它们的培育而成形的：困厄教人劳动、思考、克制自己。

新的贵族统治需要一个对立面，需要斗争对手：它必须具有一种可怕的紧迫性，自我保存的紧迫性。人的两种未来：

1. 平庸化的结果。

2. 有意识地突出、自我塑造。

一种制造鸿沟的学说：它保存最高等的和最低等的种类（它摧毁中等种类）。

以往的贵族统治，宗教的和世俗的，都丝毫没有表现出对一种新贵族统治的必然性的反对。

用支配性构成物的理论去代替社会学。

正如一切胜利一样，某种道德理想的胜利同样是通过"非道德的手段"如暴力、谎言、造谣、不义而获得的。

"你不应该说谎"意味着，人们要求诚实性。但是，恰恰是在骗子那里，对真相的赞赏（不被欺骗）表现得最为明显，他们还彻底认识到了这种为大众所喜欢的"诚实性"的不真实性。人们往往会说太多或太少的话，因为，人们要求通过自己所说的每句话表白自己，这是天真的。

人们要说出他所想的，要做"诚实的"人，必须具备下面的条件，也就是说，只有在得到理解的情况下（同类之间），而且是得到善意的理解的情况下（再说一遍，同类之间），人们才能做到这一点。人们不会对不同于自己的东西袒露自己，而且，想得到某种东西，人必须说出他曾经有过某种想法，而不是说出他正在想的东西。（"强者

哲
人
咖
啡
厅

总是在说谎。"）

一种理想要使自身得到实现或保护，试图借助于下面的方式获得支持：a）借助位于自身之下的某种原始之物；b）借助于和已经存在的某种所谓有影响的理想的密切关系；c）借助于对神秘之物的敬仰，就好像在神秘之物那里有一种无可辩驳的力量在发表言论；d）借助于对和自身相对立的理想的中伤；e）借助于一种它能够带来一些好处的欺骗性学说，如幸福、灵魂安宁、和平，甚至还包括强大的上帝的某种帮助，等等。

假如人们已经对理想用以维护自己的所有防范手段进行了揭发，那么，理想就因此而被驳倒了吗？理想运用了使所有生命体能够生存和成长的手段——这些手段全都是"非道德的"。

我的看法是：生命及增长的发生所依赖的所有力量和欲望，都是通过道德的魔法而加以证实的，这说明，道德是否定生命的本能。为了使生命获得自由，就必须消灭道德。

我是这种人的代言人：

他们并不会因为某种理想没有得以实现感到痛苦，而是受到已经实现的理想的伤害！也就是说，他们感到痛苦的是：我们没有进行深入思考，就蔑视由我们所描绘并大肆加以宣扬的理想；

一种危险的思想，思念过去精神的"荒芜之地"，思念获得伟大的条件，这些几乎都是暴行的状况；

我们享受着更加混乱、野蛮、疯狂的时刻，也许，我们可以犯一种罪行，其目的仅仅是要明白，一种良心的谴责究竟意味着什么；

我们以自己为傲，对"好人"的日常诱惑、好的社会制度的日常诱惑、可敬的博学多才的日常诱惑感到厌恶；

我们没有得"腐败"这一疾病，我们和卢梭不同，不渴望"善的自然人"；

我们感到厌烦的是善，而不是苦难，因此，我们再也不会十分认真地对待疾病、苦难、衰老和死亡，至少不会以佛教徒的认真态度去对待，就像要对生命进行各种辩护一样。

人们应该一步步减小并限制道德的领域。原因在于，长期以来，本能被称作虚伪的道德，为了表达对本能的尊重，人们应该重新看待原本在此起作用的本能；出于对自己日益自豪的诚实感的尊重，人们应该忽略、拒绝、消除把自然本能看作可耻之事的思想。这是人们是否能够抛弃道德威力的准绳；应该采取一种态度，以这种态度，人们对"道德"概念会有一种完全不同的认识，结果，听起来似乎是文艺复兴时期对德性所做的认识，似乎是和道德不同的一种德性。但是，这种德性存在于将来的某一时刻——也就是说，我们和这一理想还相距甚远。

道德领域的缩小是道德进步的标志。在人们还没有能力进行因果思维的一切地方，人们才会用道德的方式进行思考。

人们应该反对德性的鼓吹者为德性进行辩护，因为，德性的鼓吹者是德性最坏的敌人。因为他们把德性作为一

哲
人
咖
啡
厅

切人的理想加以教导；这样，他们就使得德性丧失了自身所具有的那种罕见、独特、超群、非凡的魅力，即德性的最高魔力。同样，人们还应该反对那些顽固的理想主义者，他们热情地敲击一切锅盆，当听见空洞的声音时，他们才会感到满意，因为他们需要的是伟大而罕见的东西，并愤怒而轻蔑地断定这种东西并不存在，这是多么天真啊！——比如说，很显然，一桩婚姻的重要性限于缔约的双方，也就是说，总的来说，一桩婚姻会成为某种受到鄙视和不被尊重的东西，任何一个牧师、任何一个市长都不可能从其中搞出其他样式。

德性有着平庸者否定自身的一切本能，因此，德性没有益处，是不明智的，它具有隔绝作用，它和激情相似，很难被理性所认识，它使得性格、头脑、感官发生变质——因为它总是以不好不坏的中等人为标准进行衡量；它激起人们对秩序的敌视，对隐藏于一切秩序、制度和现实之中的谎言的敌视，——如果人们按照道德对其他事物的危害性对道德加以评判，那么，道德就是最坏的恶习。

——我从以下几点了解了德性：1）它不需要得到人们的认识；2）它不是在任何地方都以德性为前提，而恰恰是以别的东西为前提；3）它并不因为德性没有出现感到烦恼，而是相反，它把德性没有出现看作距离的联系，按照这一点，事物才能够由于其德性而获得尊重；它不显示自己；4）它不进行宣传和煽动……；5）它不允许任何人都充当评判者，因为，它永远都是一种以自身为目的的德性；6）它所要做的恰恰是通常被人们所禁止的事，因

哲人咖啡厅

此，按照我的理解，德性就是在奴隶所实施的一切规范限
度之内的真正禁令；7）坦率地说，它是文艺复兴式的德
性，也就是真正的美德，是一种非伪善的德性……

最后，我获得了什么？我们不应该对自己隐瞒这一最
古怪的结果，于是，我赋予德性一种崭新的魅力，——也
就是让它起一种禁令的作用。德性有着我们对自身的最高
雅的敬意，它被置于科学的良心谴责的"相应限制"中进
行腌制；它有着陈旧的气息，模仿古典的格调，结果，现
在，它最终可以吸引那些狡诈的人，使他们产生了好奇
心；——总之，德性发挥的是恶习的作用。只有当我们认
识到，所有这一切都是谎言、假象之后，我们才能够重新
看待这种最迷人的虚妄，即德性的虚妄。再也没有什么东
西可以禁止我们这样做了，原因仅仅在于，我们已经指
出，德性是非道德性的一种形式，这样，德性被重新加以
辩护，——着眼于其基本含义，德性被整理并加以分类，
它享有所有人之生存的根本的非道德性，——德性是最过
分的一种形式，是最傲慢的、代价最高的、最突出的恶习
形式。我们脱掉了德性的袈裟，我们从大众的胡搅蛮缠中
把德性解救出来，我们去除了德性的那种迟钝的刻板、空
洞的眼神、僵硬的发型、僧侣般的肌肉。

体面、尊严、责任感、正义、善良、诚实、正直、道
德心——各种品格真的已经以自身为目的，并由于这些令
人感动的文字而得到肯定和称赞了吗？或者说，在这里，
原本具有中立的价值的品格与身心状况是被转移到某一种
思想之中，并通过这一思想而获得了其价值吗？——这些

哲
人
咖
啡
厅

品格的价值究竟是在其自身之中，还是在由它们所产生的（从表面上看是它们产生的，实际上是人们希望它们所产生的）利益和优越性之中？

在这里，我所说的当然不是进行评判的自我和他人之间的对立，不管是就这些品格的承载者而言，还是就这些品格赖以获得价值的环境、社会、"人类"而言，问题在于，利益和优越性是否是它们所产生的结果，也就是说，问题在于，活着本身是否就具有价值……

以另一种方式问：是否这种功利性就意味着要指责、反对、否定和自身相对立的品格（——不可靠性、虚假性、怪癖、自身不确定性、不人道——）呢？要被指责的是这类品格的内在本质呢？还是仅仅是这类品格的结果？

用另一种说法：有着上面所说的第二类品格的人都不存在，这一点值得人们去向往吗？——不管怎么样，这一点是人们所盼望的——

然而，这种想法隐含着狭隘的利己主义的谬误、近视和偏见。

再换一种说法：创造一种把所有的优越性都聚集于正派人身上的身心状况——因此而使与之相反的性情和本能受到压抑和挫折，从而慢慢地绝迹，这一点值得人们向往吗？

——这归根结底是关于鉴赏和美学的问题：让所谓的"最值得尊重的"人种即最令人厌倦的人种活下来，这是值得人们向往的吗？也就是说，要留下那些正人君子、有德性的人、诚实的人、有良好举止的人、正直的人这些

"傻瓜笨蛋"，这是值得人们向往的吗？

——假如人们撇开大量的"异类"，那么，即使是正派的人也完全失去了生存的权利，因此，再也不需要正派人了——而且，在这里，人们认识到，只有未加雕饰的功利性才使得这样一种让人难以忍受的德性受到了好评。

或许，值得向往的东西恰恰相反，也就是说，创造一种把正派人贬低到作为一件"有用的工具"的卑微地位的状态——也就是说，他们是"理想的奴隶"，最多只是奴隶的放牧者，总之，在这样一种状态中，正派人再也不能达到上层等级——因为上层等级所要求的是其他品格。

人们所说的善的行为完全是一个错误；从根本上说，这样的行为是不可能的。

"自私自利"和"忘我无私"都是大众的一种虚构；个体和灵魂同样如此。

在某一有机体内部所发生的无比多样的事件中，我们所知道的那个部分仅仅是其中的一个角落；而且，按照其余的一切事件，"德性""无私"这些东西和类似的虚构，被充分证明完全是谎言。好的行动就是去揭示我们这些生物的一切非道德性……

动物性的机能在原则上的确比所有别的美好的身心状况和高级的意识更加重要无数倍，因为，只要后者不需要成为那种动物性机能的工具，那么，它们就只是一种多余的东西。

一切有意识的生命，一切具有灵魂、心灵、善和德性的精神，它们究竟服务于什么呢？服务于尽可能地使动物

哲人咖啡厅

性机能的手段（获得养分和增长的手段）完美化，因为，最重要的是增长生命力的手段。

其原因在很大程度上可以归结为人们所说的"躯体"和"肉体"，因此，除此之外，别的都仅仅是微不足道的附属物。任务是继续把生命之线编织在一起，而且使其变得越来越强大——任务就在于此。然而，现在人们应该认识到，心灵、灵魂、德性、精神是怎样正式密谋颠倒这个根本任务，从而把自身看作就像目标一样……从本质上看，生命的堕落决定于意识产生谬误的独特能力，原因在于，意识至少要受到本能的支配，并由此而最持续不断最彻底地犯错误。

如果依照意识的安逸感和不安逸感衡量人的生存是否具有价值，那么，人们能够想象出一种更优雅地纵容虚荣心的方式吗？它实际上仅仅是一种手段，从而安逸感或不安逸感实际上也仅仅是一种手段！——那么，价值依照什么对自身进行客观的衡量呢？只能依照获得提高的、组织好的一定量的强力，依照所有事件中都起作用的东西，即一种力求多产的意志……

基督教的影子降落到了拉罗斯福哥身上，他四处讲着关于利己主义的话题，而且认为利己主义降低了事物及美德本身的价值。和他相反，我想努力证明的是，首先，除了利己主义之外，就不可能再有别的东西存在。——第二个证明是，不具有强大的私利的人，他的大爱的力量也是虚弱的。——第三个证明，最爱别人的人，首先是因为他的私利很强烈。——第四个证明——爱是利己主义的表现，

哲
人
咖
啡
厅

等等。实际上，以下认识是错误的：

1. 服务于受益的、得利的人，即服务于奴隶；
2. 对生命的产生含有悲观主义的怀疑；
3. 想否定聪明卓越的、具有远大前程的人；有恐惧感；
4. 想帮助卑贱者获取强力去对抗强者；
5. 带给最高贵的人各种污点。

对于那些生性卑贱的人来说，他们完全没有认识到要贪婪地渴求征服、渴求大爱。同样，他们也完全没有认识到充沛的力量感。而具有这种力量感的人，就渴求征服一切，希望逼迫别人屈服于自己并和自己一条心——这是艺术家寻找创作素材的源泉。只有那些具有活跃的精神的人才会为自己探索活动领域，事情往往就是这样。——通常所说的"利己主义"恰恰是"无私"这个极端平庸的东西、是人类保存自我的庇护之所——更高贵的优秀分子和具有非凡天性的人一旦发现了利己主义，就要起来反抗。因为优秀分子得出了这样的结论："我们更高贵！保存我们强过保存那些奴隶！"

什么？对于我们来说，真正道德的本质就在于把我们的目光专注于我们的行动所带给别人的最直接的当下的结果，并相应地做出决定吗？这仅仅是一种狭隘的、资产阶级的道德，即使它可以算是一种道德：但是，我认为，为了激发更远大的目标而超越带给我们周围人的这些当下的结果去考虑，甚至冒着使别人痛苦的危险，这似乎更高，也更自由。——比如说，激发求知的精神，尽管我们的自由思想将会产生使别人陷入怀疑、悲伤甚至更大的苦恼之中这种直接的结果。难道我们丝毫都没有像我们对待自己那样去对待周围人的权利吗？而如果在和我们有关的方面，我们不会以这样一种对直接的后果和苦难所采取狭隘的、资产阶级的方式进行思考，那么，为什么关系到我们周围的人时，我们就会被迫这样做呢？假设我们倾向于牺牲自己，那么，就像国家和最高统治者所说的"为了全体的利益"，直到今天还一直把某个公民牺牲给其他人一样，还有什么会阻止我们在牺牲自己的同时牺牲自己周围的人呢？

然而，我们也有全体的利益。或许比他们的更广泛，那么，为什么我们不可以为了将来的几代人而牺牲这一代中的少数人呢？结果，在崭新的犁铧开发这块土地并使它成为一切人的沃土的过程中，他们的苦恼、忧虑、绝望、错误、不幸就被看作是必然的。最后，我们把这一做法传达给我们周围的人，由此使他能够认识到自己是牺牲者：我们说服他去执行我们为之使用他的任务中。那么，我们完全缺乏同情心吗？但是，如果我们希望超越自己的同情取得对自己的胜利，那么，这不是比在查明了某种行动是有利于还是有害于我们周围的人之后我们感觉到安全这一情况更高、更自由的态度和做法吗？相反，正是通过这样的牺牲——包括我们自己的牺牲和我们周围的人的牺牲——我们才增强和提升了整体的人类强力感，甚至可以假设我们仅仅达到了这一点。然而，即使这本身应该是一种幸福的正面增长……但是，别再说了！只要扫一眼，你们就已经理解我了。

哲人咖啡厅

（六）为卓越而努力

当我们努力追求卓越的时候，必须不断地用眼睛盯住我们周围的人，并努力探知他们有什么样的感受；但是，有必要使这一愿望得到满足的同感和共知却远没有被善意、怜悯或仁慈激发起来。相反，我们希望觉察并发现我们周围的人是如何由于我们而受到内在和外在的痛苦的，又是如何失去自我控制，从而屈服于我们的行动或者甚至仅仅是我们的外表在他身上所产生的印记的。甚至当那些渴望卓越的人产生或希望产生一种快乐的、振奋的或愉快的印象时，他所享受到的成功的快乐，也不是由于他使得周围的人感到欣喜、得到提升或欢呼雀跃，而是由于他在周围人的灵魂上留下了印记，改变了其形态，并按照自己的意志支配他们。对卓越的渴望就是对征服周围人的渴望，不管这只是一种间接的方式，还是仅仅是人们的感觉，或者只是人们梦想的。在这个暗中渴望征服的意志之中，有着长长的一系列阶段，也许，对它们所做的非常完整的记录几乎就是一部优秀的文化史，这一历史从早期野蛮人的扭曲开始，直到现代过度讲究的病态的唯心主义。

这种对于卓越的渴望在我们周围人的身上所引起的——只指出这一历史长梯上的几个阶段——首先是折磨，接下来是拳打，然后是恐怖、由于焦急而惊讶、惊叹、嫉妒、赞美、提升、快乐、喜悦、欢笑、愚弄、嘲笑、讥讽、鞭打和自虐的折磨。在这架梯子的最顶端，站着禁欲主义者和殉道者，他们自己体验到了极度的满足，因为他们使自己受折磨，这是他们渴望卓越的结果，而他的反面，即站在梯子最底端的野蛮人，则使其他人受苦，使那些现在和过去希望突出自己的人受苦。禁欲主义者战胜了自己，他反省地扫视着内心，看见自己分裂为受苦者和旁观者两个部分，此后就从来没有审视过外部世界，而是从外部世界收集东西，就像为火化自己收集木柴一样：渴望卓越的最终悲剧表明我们只是，打个比方，一个从内心被毁灭了的人——这是一个和开端相对应的结局：当看到受折磨的景象时，在两种情况中都有着难以表达的快乐，的确，被认为发展到了极致的对力量感的快乐，也许在世界上还从来没有达到过比在迷信的禁欲主义者的灵魂中更高程度的完美。婆罗门教以微斯瓦米特拉王的故事表达了这一点，微斯瓦米特拉王通过几千年的苦行获得了如此多的力量，以至于他实施构建了一个新的天堂。我相信，在一切内心体验中，我们这个时代的人只是"试图进行尝试"的初学的笨拙的猜测者：四千年前，人们对自娱的这些可恨讲究了解得更多。也许，在那时，世界的创造被印度的梦想家想象为神加诸自身的一种苦行行为。也许，这个神希望自己加入到一个善变的自然之中，把它作为刑具，由以此感受到他双倍的幸福和力量。而且，甚至把他假设为爱的神：对于神来说，为了自己可以因为看到自己的创造物不断地遭受痛苦而神圣地、超人地痛苦，并由此而压制自己，创造受苦受难的人类是一件多么高兴的事情啊！还可以假设他不仅是爱的神，而且是神圣的神，当这个神圣的苦行者创造出罪、罪人和永恒的惩罚，在他的宝座下创造了一个永恒折磨的地方，那里有持续的抽泣、号啕大哭、咬牙切齿，我们几乎不能想象他是多么地心醉神迷！

圣保罗、但丁或加尔文，以及像他们一样的人们的灵魂绝不可能深入到对力量如此欲望的可怕秘密之中，鉴于这样的灵魂，我们很可能会问，渴望卓越这一循环是否随着禁欲主义者走向了终结？通过把禁欲主义的基本思想联合起来，同时把具有同情心的神的基本思想联合起来，还没有可能再次穿越这一循环的过程吗？换句话说，为了给别人造成痛苦，从而给自己造成痛苦，那么，以这样一种方式，人们就能够战胜自己的痛苦，享有对力量的极端欲望。——原谅我偏离了主题，当我想到人们很有可能由对力量的渴望导向广泛的身体放荡时，我就偏离了主题。

有这样两位幸福的人：

有一个人，他虽然年轻，但在生活中却擅长于即兴表演，对于这一点，即使是那些极具审美力的观众也非常吃惊。他虽然一直在进行大胆而危险的表演，却好像从来没有失败过。人们不禁想到擅长于即兴表演的音乐大师，听众感到他们的手就像得到了神的帮助，不会出错。即使他们也像普通人那样会出错，但是，他们技能熟练，会急中生智，来点激情，动动手指，就能把偶然错了的音调应付过去，并纳入主旋律的整体之中，而且给予这一纰漏一种新的意义和气派！

在这里，还有一个人，情况完全相反。他决定做的和打算做的一切事情基本上都失败了。对此，他也难免灰心丧气，失败曾经把他逼到悬崖边，几乎就要崩溃了。即使他最终从厄运中解脱出来，他受到的损害也绝不是微乎其微的。你们觉得他非常不幸吗？他却早已下定决心，无须太看重自己的希望和打算，他对自己说："这件事失败了，可能那件事将会成功；总地来说，我对失败的感谢胜于对成功的感谢。我是不是天生就是一个倔强的、头上有角的人呢？我生活的价值、生活的成就在别处。从生活中，我懂得了更多的东西，恰恰是因为我几乎失去生活，也恰恰是由于这一点，我从生活中获得的东西比你们多！"

在对知识的研究中，那些被自己的疾病所折磨而遭受着长久和可怕的痛苦，但其神智一点没有因此而受到影响的病人的状态决非没有一定的价值——这是除了探究一切深刻的孤独和一切突发的被证明是合理地摆脱了责任和习惯的自由所带来的理智上的好处之外的价值。遭受严重痛苦的人从他遭受痛苦的状态的那一刻起，就极其冷静地审视外部事物：所有那些微小的造成错觉的迷惑人的事物——当通过健康人的视角看时，事物通常就被这些东西包围着——已经从受苦者那里消失；他的生命甚至就被埋葬在他面前，被剥夺了一切鲜花和色彩。如果偶然地，到那时为止，他碰巧一直生活在某种危险的幻想中，那么，通过痛苦而完全不再受迷惑是使他从幻想中摆脱出来的方式，而且可能是唯一的方式。（可能这就是发生在被悬挂在十字架上的基督教的创立者身上的事情，人们曾经说过的最辛酸的话是"我的上帝啊，我的上帝啊，你为什么要抛弃我？"如果按照其最深刻的意义来理解，正如其应该被理解的那样，包含着对生活欺骗的完全清醒和启迪的迹象，在遭受最大痛苦的那个时刻，基督达到了对自己的透彻洞察，正如在诗人的描述中那个可怜的、快要死去的堂吉诃德一样。

希望全力对抗痛苦的理智的极度紧张表明，人们现在以新的观点看待一切事物，而这种新观点所具有难以表达的魅力经常强大到足以经得起自杀的诱惑，足以使生命的延续在受苦者看来非常宜人。想到健康人毫无思想地活动于其中的温暖而舒适的梦想世界，他感到轻蔑，他也鄙视地看待自己以往沉浸于其中的最崇高最珍贵的幻想。想到对如同来自地狱深处，因而使他的灵魂受到最大痛苦的这种蔑视，他体验到了快乐。正是由于这种轻蔑，他才坚强地对抗身体的痛苦——他认为，现在，这样一种轻蔑是必要的！在对此具有清晰洞察的一个恐怖时刻，他自言自语地说："永远做自己的谴责者和行刑者，永远把痛苦看作自己对自己的惩罚！享受作为法官的优势，更重要的是，享受自己的意志和快乐，享受专制的仲裁！把自己提升于生命之上，如同提升于痛苦之上，并深入研究理性和非理性的深度！"

我们的骄傲革命了，就好像它以前从来没有这样做过，在捍卫生命远离痛苦这样的暴君、远离这一暴君（他会怂恿我们提供反对生命的证据）的一切专营中，他体验到了无可比拟的魅力——面对这一暴君，我们正享受着生命。在这种心境中，我们采取了一种痛苦的立场以反对一切悲观主义，目的是不让悲观主义表现为我们身心状况的结果，

哲人咖啡厅

从而也不把我们贬低为被征服者。恰恰要根据我们自己的判断这一吸引力从来也没有比现在更强烈过，对于现在来说，这种公正就是征服我们自己，征服如此令人恼怒的心境，以至于判断的不公平可以得到宽恕——但是，我们不会得到宽恕，如果曾经得到过宽恕，那么，正是现在，我们想指出，我们不需要宽恕。我们经历了骄傲的彻底发作。

而现在出现了第一丝宽慰、第一丝康复，而其首要的结果之一就是我们转而反对自身的骄傲占据优势：我们称自己是愚蠢的、自命不凡的，就好像我们已然经历过独特的体验似的。我们忘恩负义地羞辱这一全能的骄傲，它帮助我们，使我们能够忍受我们所遭受的痛苦，并热烈地要求这一骄傲的解毒药，在痛苦长久地迫使我们个体化之后，我们希望变得对自己感到陌生，从我们的个体中解脱出来。"把这种骄傲带走，"我们喊道，"骄傲不过是另一种疾病和痉挛！"我们又一次渴望地看着人和自然，带着悲哀的微笑想起，现在，由于隔膜已经产生，我们以一种新的不同的见解看待和人及自然相关的许多事物，——但是，由于又一次看到变得柔和的生命之光，我们感到精神振作，从我们受苦者看待事物和穿透事物的极其冷静的目光中显露出来。当我们看到健康的魅力重新恢复了自身的作用，我们并不感到生气，我们并不考虑这种就像变了形的、轻微的但仍然疲倦的景象。在这一状态中，我们听了音乐一定会哭。

我讨厌这种不敢自己行动的做法；在受到意想不到的耻辱和困境冲击的情况下，人们不应该贬低自己。在这里，

哲人咖啡厅

一种极端的骄傲更加适宜。归根结底来看，贬低自己有什么好处呢！一个行动决不会因为将来会后悔而被取消；同样，也不会因为将来会得到"宽恕"或"得到抵偿"而被取消。为了信仰一种偿还罪恶的能力，人们必须成为神学家，因为我们这些非道德论者宁肯不相信"罪恶"。我们认为，从根本上来说，一切行动的价值都是相同的，——同样，从经济学上来看，那些反对我们的行动恰恰因此而总是可能成为有益的、大家都向往的行动。——我承认，对我们来说，在个别情况下，某种行动原本可以不做，——实际上，完全是事态促使我们去做的。——难道说，我们之中有谁从来没有受到过事态的驱使，从而做了一系列罪恶的行动吗？……所以，人们决不能说："你原本不应该做某件事情的。"而永远只能说："我还没有上百次地做过这件事，多么稀奇啊！"——最后，只有非常少的行动才是具有代表性的行动，而且真正是某个出类拔萃之人的集中体现；由于大多数人不是出类拔萃之人，因此，很少有人能够通过某一个别行动去描绘自己的特征。受到事态约束的行动，是由某种刺激而激发起来的，因而完全是表面的，完全是反映性的，也就是说，我们生存的深度还没有受到触动，没有得到追问。一种愤怒、一个行动、用刀刺，这些和出类拔萃之人有什么关系呢！——行动往往会引起一种目光呆滞和不自由的情形，结果，由于行动者自己对这一行动的记忆，他好像着了魔一样，而且觉得自己仅仅是这一回忆的附属物。人们首先要和一种精神的不安、一种昏昏沉沉的样子做斗争：某个个别行动，不管它是什么样的行动，和人们行动的整体相比，实际上都等于零，可以忽略不计，而且不会使计算变成错误的。也许，公众有一种低级的爱好，即只是根据某一个方面去看待我们的整个生存状态，好像我们生存的意义就在于激起某个个别行动一样；这种爱好不应该传染给行动者本人，但非常可惜，这种传染几乎不断地发生着。原因可以归结为下面的情况：一切具有异乎寻常的结果的行动都伴随着精神的不安，即使这种结果的好坏无关紧要。我们不妨看一下分享着某种承诺的情侣，也不妨看一下在剧场中获得大众掌声的诗人，从理智的麻木来看，他们和突然被抄了家的无政府主义者没有什么区别。——存在着某种使我们颜面尽失的行动，也许，那些被看作具有代表性的行动会把我们贬抑到某个低等的人种。在这一点上，我们必须避免这一错误，也就是要避免把那种行动看作具有代表性。也存在着某种我们不配去做的相反的行动，诞生于某种极其丰富的幸福和健康之中的高等之人，一阵风暴、一件偶然之事曾经掀起我们无上的心潮起伏，这种行动和"成果"并不具有代表性。人们决不能以成果为标准来衡量艺术家。

我喜欢稍纵即逝的习惯，将其视为一种极其珍贵的财富，视为认识到许多事物的根本意义的珍贵财富。我的本能被加以安排，其目的完全在于稍纵即逝的习惯，包括需要身体的健康和我看得到的大大小小的事物。我一直觉得，如此的安排永远都会使我感到满意。稍纵即逝的习惯还相信热情就是永恒。值得别人羡慕的是，我发现并认识到了这一真理。不管是在白天，还是在晚上，稍纵即逝的习惯

都会接近我，弥漫着强烈的满足感，以至于我不再有其他
要求，也不需要反对、鄙视和厌恶某种东西了。

　　然而，由于是稍纵即逝的习惯，因此，总会有结束的
时候，那时，美好的事物离开了我，但是，它和我所讨厌
的东西不同，告别时表现得很平静，对我非常满意；我对
它也满意，就像我们必须彼此打招呼、握手告别一样。还
有一些其他习惯等候在门口，我的信念——即坚不可摧的
愚蠢和智慧！——也等候在那里，我相信，原创性的习惯
是正当的，是极其正当的。对我来说，食物、思想、人、
城市、诗歌、音乐、理论、日常的安排、生活方式，都是
稍纵即逝的习惯。

　　相反，我讨厌永久的习惯，它如同我身边的暴君，使
我生活的气氛凝固。某些事件的情形表明，好像从它所出
发，一定会产生永久的习惯，例如，单一的工作职务，一
直和同样的人相处，一个固定的居住地，一贯的身体状况，
等等。是的，对于我自己的一切痛苦和疾病——它们一直
是我不完善的地方——我不胜感激，因为，它们给我留下
几十个后门，食物能够摆脱永久的习惯。

　　然而，话又得说回来，我最不能忍受的、最害怕的事
情就是毫无习惯的生活，是完全依照环境而行动的生活，
这样的生活和流放我没什么区别，这样的生活是我的西伯
利亚。

四、超越善恶

（一）人类的改善

习俗代表着早期人类的经验，这些经验和他们认为有用和有害的东西相关，但是，对于习俗的情感（道义）和他们认为有用和有害的东西这样的情感无关，而是和习俗的古老、圣洁和无可置疑的威信有关。所以，这种情感阻碍着我们获取新的经验和修改道德规范，换言之，道义和新的更好的道德规范的形成是对立的：它使人麻木。

人们受到传统的束缚越小，他们动机的内在活力就变得越大，而且相应地，外在的心神不定、人类困惑的不稳定状态、奋斗的多重性也就越大。对谁而言，仍然有一种绝对的要求把他自己和他的后代束缚在某一处？对谁而言，仍然有某种严格的强制性的东西？就像一切艺术形式同步地进行模仿一样，道德、习俗、文化的一切阶段和种类也是同步地进行模仿的。这样一个时代赢得了其重要性，原因在于，在这个时代，各种关于世界、习俗和文化的观点都能够同时加以对比和体验——这在以前是不可能的，因为每一种文化总是受到具有地方性色彩的支配，这和一切艺术风格都扎根于本土和时代相一致。现在，一种增强了的美的感受将最终在用于对比的如此众多的形式中做出裁决，它将会让更大数量的形式——也就是说，所有那些被它排斥的形式——消亡。同样，正在发生着在较高级别的道德形式和习俗中进行的选择，在这种选择中，其目标只能是使较低级别的道德衰败。这是进行对比的时代！这是它的骄傲，但更恰当地说，也是它的悲哀！我们不要害怕这种悲哀！我们宁愿尽最大可能去理解我们的时代为我们安排的使命，子孙后代将会因为我们的行为而祝福我们——子孙后代知道，正如自己超越了对比的文化一样，他们超越了已经终结的有独创性的民族文化，但是，子孙后代感激地回忆两种文化，就像回忆值得尊重的古人一样。

人们知道我对哲学家的要求：超然于善和恶之外，站在善恶的彼岸采取自己的立场，把道德判断的幻想置于自身之下。这个要求是从一种见解中得出的，即根本不存在道德这个东西，而我是第一个清楚地表达出这个见解的人。道德和宗教的判断建立在不存在的实在之上。道德只不过是对某种现象的一种解释——更确切地说，是一种曲解。道德判断，像宗教判断一样，属于愚昧无知的一个阶段，在这一阶段中，甚至还缺乏实在的概念以及实在的东西和想象的东西之间的区别。这个阶段的"真理"指的是我们今天称作"想象"的各种东西。就这方面来说，道德的判断从来没有被认真地接受，作为这样的事物，它们就永远只包含着荒谬可笑的东西。然而，就符号学而言，它们是非常珍贵的，至少对于那些能够解释它们的人而言，它们揭示了最宝贵的文化及心理的事实，这些事实不知道如何"理解"自己。道德仅仅是一种符号语言，是一组征

哲人咖啡厅

候，人们必须知道如何正确地解释它们，以便能从它们那里获益。

让我们尝试着举第一个例子。在一切时代，道德都旨在"改善"人——这就是被称作道德的东西的首要目标。在同一个字眼下，完全不同的倾向却被掩盖着。而"改善"既意味着驯化被称作人的兽类，也意味着培养一个特殊种类的人。人们要求这样的动物学概念表达实在——必须承认，对于这一实在，具有代表性的"改善者"即牧师既不知道任何东西，也不想知道任何东西。

对我们来说，把对动物的驯化称作是对它的"改善"听起来几乎就像一个笑话。凡是知道发生在动物园中的事情的人，都怀疑动物是在那里被"改善"的。它们被削弱了，它们的危害性被变小了，通过恐惧的压抑效应、痛苦、创伤和饥饿，它们变成了多病的野兽。牧师们已经"改善"过的被驯化的人和上述情况没有什么区别。在中世纪早期，当教会组织确确实实首先成为一个动物园时，最完美的"白肤金发野兽"标本到处被追猎直至捕获，比如说，高贵的日耳曼条顿人就被"改善"了。但是，在被带入修道院后，这样一个被"改善"了的条顿人看起来如何呢？就像一幅人的漫画，一个畸形儿：他变成了一个"罪人"，他被圈在笼子里，被各种痛苦的观念折磨着。他躺在那里，有病，发育不良，敌视自己，对他自己的生命冲动充满恶毒的感情，对所有仍然强大而幸福的东西充满怀疑。简言之，这就是"基督徒"。

从生理学上说，在与野兽的斗争中，使它们有病也许是使它们虚弱的唯一方式。教会组织理解这一点：它使人们生病，从而使人们变弱——但是，它有资格"改善"人。

让我们考虑一下所谓道德的其他可能存在的情形，即培养人的一个特殊种族或者特殊类型的情形。关于这一点的最重要的例子是由印度道德提供的，作为以《摩奴法典》的形式出现的宗教而得到承认。在这里，目标是在同一个社会内培养至少四个种姓：僧侣种姓、武士种姓、农商种姓，最后是奴仆种姓即首陀罗。显然，我们不再和动物的驯化者有关，一个百倍地温柔而且更加理性的人，才是唯一能设想出这样一个培养计划的人。人们在离开疾病和牢狱的基督教环境，去到这个更加健康、更加高贵、更加宽广的世界时，会发出轻松的唏嘘声。和《摩奴法典》相比，《新约》多么卑劣，它闻起来多么恶心！

但是，这一体制也有必要成为令人恐惧的——不是在和野兽进行斗争的情况下，而是在和它的对手进行斗争的情况下，如没有教养的人、杂种的人、贱民。而育种家除了使得这个巨大的杂种群体生病和虚弱之外，没有其他手段和他们对抗。可能没有比印度道德的保护性措施更加和我们的感情背道而驰的东西了。比如第三条戒律（《阿波陀那论》Ⅰ），"论不洁的蔬菜"，规定准许供给贱民的唯一食物就是大蒜和洋葱，同时要注意一点，神圣的经文禁止给他们谷物、带有颗粒的水果、水或火。这条戒律还命令，他们所喝的水不可以从河流、水井或水池中汲取，而只能从沼泽的入口和动物脚印留下的坑中汲取。他们也被禁止洗衣服和洗澡，因为出于一种仁慈的行为而勉强同意

哲人咖啡厅

给他们的水仅仅能用来解渴。最后，首陀罗妇女还被禁止
帮助分娩的贱民妇女，同样，贱民被禁止互相接生。这样
一种合乎卫生的治安措施必然会取得成效：致命的传染病，
可怕的性病，于是又有"关于刀的法律"，即规定男孩割
礼而女孩切除小阴唇。摩奴自己说："贱民是私通、乱伦
和强奸而生的子女（根据生育的基本概念而得出的犯罪）。
他们只能穿尸体上的破旧衣服，用破锅的碎片做器皿，用
旧铁器做装饰，只能以丑恶的灵魂作为膜拜的对象。他们
必将无休止地四处流浪。不许他们从左到右写字，也不许
他们用右手写字，用右手和从左到右写字是专供品德高尚
的人以及纯种的人之用的。"

这些规定有着充分的教育意义，在其中，我们遇到了
最纯粹、最基本的雅利安人性，我们了解到"纯种"概念
远远不是一个无害的概念。另一方面，我们变得很清楚的
是，在哪个民族中，憎恨自身、憎恨贱民作为"人性"而
永恒化，它的宗教在哪里，它的神灵又在哪里——主要是
在《福音书》中，在《以诺书》中更是这样。起源于犹太
根基，而且仅仅作为这一土壤上的一种生长物的基督教，
代表的是和培育、种族及特权的任何道德相反的运动，它
是杰出的反雅利安的宗教。基督教——所有雅利安价值的
重新评估，贱民价值的胜利，向穷人和出身低微者宣扬的
福音，是所有被压制者、不幸者、失败者、处于劣势者对
于"种族"的总体反抗，是作为爱的宗教的永恒的贱民
复仇。

培育的道德和驯化的道德在它们使自身得以实现的手

段上，相互都称得上典范。我们可以宣布一条至高无上的原则，要使得人们有道德，就必须无条件地下定决心去进行非道德的行动。人类"改善者"的心理学，这是一个重大的令人百思不得其解的问题，是我探寻时间最长的问题。一个不重要的、归根到底很普通的事实——所谓至善的欺诈的事实——给我提供了对这一问题的最初理解：至善的欺诈是所有"改善"人类的哲学家和牧师的传家宝。不管是摩奴、柏拉图、孔子，还是犹太及基督教导师，都没有怀疑过他们欺诈的权利。他们也没有怀疑过他们还有其他权利……表达在一个公式中，人们可以说：迄今为止，一切试图使得人类有道德的手段都是彻头彻尾地不道德的。

　　道德愚化的整个暴行（在德国被误认为是道德本身，这是众所周知的）已经采取行动反对我《超善恶》的观念，这一点我已经预料到了。关于这一点，我可以讲几个很好的情节。首先，人们要求我仔细考虑我们时代道德判断方面"不容否定的优越性"，考虑在这方面我们取得的根本进步：和我们比较，一位叫吉萨·博基亚的红衣主教在任何方面都决不能代表"更高尚的人"，决不能代表一种超人。《联盟》的一个瑞士编辑走得如此之远，以致他在表达了对我的勇气和胆量不无尊重的同时，把我著作的意义"理解"为要求取消所有正派的感情。谢谢！在回答时，我冒昧地提出一个问题，即我们是否真正变得更道德了？整个世界都认为，这个问题只会遭到反对。

　　我们这些现代人，非常脆弱，非常容易受到伤害，百倍地给予体谅，同时也百倍地接受体谅，实际上就有了一种自负，认为我们所代表的这种脆弱的人性，在富于同情心的尊重、乐于助人、相互信任方面取得一致同意，这代表着积极的进步，认为在这方面，我们远在文艺复兴时代的人们之上。但是，这就是每个时代所思考的东西，是每个时代所必定思考的东西。肯定的是，我们不可能把自己置于文艺复兴的环境中，甚至不可能这样设想，因为我们的神经不可能忍受那种现实，我们的肉体就更不能忍受了。然而，这种无能并没有证明进步，而只是证明了另一种较晚的体质，这种体质更虚弱、更脆弱、更容易受伤害，这种体质必然产生一种富于体谅的道德。如果我们不断地考虑我们的虚弱和迟暮，考虑我们生理的老化，那么，我们"善良"的道德也将很快失去自身的价值（从本质上来说，任何道德都不具有某种价值）——它甚至会引起蔑视。另一方面，请我们不要怀疑，我们这些现代人，浓厚地填满了善良，不惜任何代价地想避免撞在石头上，提供了一出让吉萨·博基亚的同时代人可能会笑死的喜剧。的确，对于衡量我们现代"美德"的尺度，我们下意识地感到很可笑。

敌视本能和怀疑本能的减弱——这是我们所指的"进步"——仅仅体现了伴随着活力的减弱所产生的一种结果：为了使这样一个有限的、迟暮的生命获得优势，它需要百倍的辛劳和谨慎。因此，每个人都帮助别人；因此，每个人在一定程度上都是病人，而每个人又都是照顾这个病人的护士，而这就是所谓的"美德"。在那些还能够独特地理解生命的人们之中，在更充实、更放浪、更洋溢的人们之中，它可能会被叫作别的名称：也许是"懦弱""可怜""老太太的道德"。

我们态度的软化（这是我的提议，如果你愿意，可以说这是我的创新）是衰弱的一种结果，相反，道德的严厉和可怕可能是生命无节制的一种结果。因为，在这种情况下，有许多东西也要冒险、挑战、张扬。曾经是生命调味品的东西，对我们可能是毒药。

要对此表现出冷漠（也是力量的一种形式），我们同样是太老、太晚了。我们的同情道德（我是第一个对此发出警告的人，人们可以称作道德印象主义）恰恰是一切颓废的事物所特有的生理上过度敏感的另一种表现。这种试图以叔本华的同情道德（一种非常不幸的尝试！）科学地展示自己的运动是道德真正的颓废运动，在这一点上，它和基督教道德有着深刻的关联。强大的时代、高贵的文化都把同情、"相互的爱"、自我和自信的缺乏看作某种应该受到蔑视的东西。时代必须通过自身的积极力量被加以衡量——从而，那个过度张扬而悲惨的文艺复兴时代就表现为最后的一个伟大时代，而我们这些现代人，由于我们渴望自我关心和相互的爱，由于我们的勤劳、谦逊、守法、科学主义这些美德（即积累、节俭、刻板），就表现为一个衰弱的时代。我们的美德是以我们的衰弱为条件的，也是由我们的衰弱激发起来的。"平等"作为相似性的一种特定的实际增长，仅仅表现在关于"平等权利"的理论中，它是衰落的本质特征。人和人之间、阶层和阶层之间的裂缝，人种的多样化，成为自我的意志、杰出的意志——我把这些叫作悲怆的疏远，它是一切强大时代的特征。今天，在极端之间对紧张进行抵抗的力量和紧张的广度变得更小了，最后，极端本身也变得模糊不清了，成为相似点。

我们所有的政治理论和章程（而德意志帝国绝不是一个例外）都是颓废的结果，是颓废的必然结果，颓废的这种没有察觉到的影响甚至已经控制了一些科学理想。我对英国和法国的整个社会学的反对在于，它从经验中仅仅认识到社会颓废的形式，完全天真地认为自己的颓废本性就是社会价值判断的标准。生命的衰落、组织能力（即分离、撕开裂缝、服从和统治力量）的降低，在当代的社会学中，所有这些都被明确地表达为理想。我们的社会主义者是颓废者，而且，赫伯特·斯宾塞先生也是一个颓废者，因为，他认为利他主义的胜利是令人向往的。

不管我是以善意的还是邪恶的眼光看待人，总是发现他们关心着一个唯一的任务，他们中的所有人，特别是他们中的每个人都是如此，他们要做对人类的保存有益的事。并不是由于某种爱人类的感情，而只是因为，在他们身上，没有什么东西比这种本能更古老、更强烈、更不可阻挡、更不可征服——因为这种本能构成了我们这一人种、我们这些奴隶的本质。

以通常距离仅仅五步远的短视，我们很容易把自己周围的人迅速地分成有益的和有害的、善人和恶人，但是，在任何大规模的计算中，当我们在总体上更长远地思考时，我们就变得怀疑这个简洁的区分，并最终放弃它。当谈到人种的保存时，实际上，即使是最有害的人，也可能是最有益的，因为他通过自己的作用，在自己或他人身上培养了一种本能，而没有这种本能，人类早已变得虚弱或腐朽。

憎恨，对他人的惨状幸灾乐祸，有抢劫和统治的欲望，以及所有被叫作恶的其他东西，都属于人种保存中最令人感到惊异的经济。的确，经济不怕高额的价格，不怕浪费，总的来说，经济是极端愚蠢的——到目前为止，已经证实经济保存了人类。我不再知道你，我亲爱的伙伴和邻居，是否完全能够以一种可能损害人种的方式生活，换句话说，就是"无理性地""糟糕地"生活。原本可以损害人种的东西已经在许多千年以前灭绝了，现在成为即使对上帝来说也是不可能的东西。追求你最善的或最恶的欲望吧，首先追求毁灭吧！——在两种情况下，你都可能以某种方式成为人类的促进者和施与者，并因此而授予你的赞颂者，而且也授予你的诋毁者以柄！但是，你决不会找到一个在你作为某一个体处于最佳状况时嘲笑你的人，也不会找到一个在你处于最大限度的、无限的、像苍蝇似的、像青蛙似的可怜状况时带给你舒适的人！正如人们应该由于整个真理的原因为了笑而笑一样，人们要由于自己而发笑——要笑的是，到目前为止，即使是最优秀的人也缺乏足够的真理感，即使是最有天赋的人也几乎没有真理的天赋！甚至笑还有一个未来！我指的是，当"人种就是一切，一个人永远都是无"这一思想成为人性的一部分时，当一切人在一切时候都能达到这一根本的解放并从责任中解脱出来时，也许，那时候，笑就会和智慧结成联盟，也许，那时候，留下的只有快乐的知识。

哲人咖啡厅

　　目前，情况仍然相当不同。目前，生存的喜剧还没有"开始意识"到其本身。目前，我们将生活在悲剧的时代，即生活在道德和宗教的时代。这些道德和宗教的创立者、这些和道德评价做斗争的鼓动者、这些良心谴责和宗教战争的老师，他们面貌常新的意义在哪里？这一舞台上的这些英雄的意义在哪里？迄今为止，这些人一直都是英雄，而其他的一切，即使有时能够被看到而且离我们非常近，也永远只是为这些英雄搭建舞台而服务，不管它是道具，还是布景，还是扮演了心腹和贴身仆人的角色。（比如说，诗人永远都是某种道德的贴身仆人。）——很明显，即使这些悲剧演员原本相信自己促进了上帝的利益，或者作为上帝的使者行事，事实上，他们促进的是人的利益。他们也通过促进对生命的信仰而促进了人的生命。"生命是值得活着的"——他们中的每一个人都喊着——"在生命的旁边、后面、下面，有着重要的东西，当心！"经常，这种本能——在最高等和最低等的人身上同样起作用——寻求人种保存的本能作为理性也作为精神的激情而爆发；那时，它被光彩夺目的理性仆役包围着，试图用一切可以自由使用的力量使得我们忘记它归根结底是本能、冲动，是愚蠢的、缺乏理性的。因为，应该热爱生命！因为，人们应该提升自己和自己周围的人！命名所有这些"应该"和"因为"的东西，现在被普遍接受，将来也可能被普遍接受！为了那些必然地、永远地、自发地、没有任何目的地发生的事情可以在今后看起来是为了某一目的而做的，并作为理性的、根本的戒律给人以深刻印象，伦理学的老师登上了舞台，充当生存目的的老师，而且，为了这一目的，他还发明了另一种不同的生存，并借助于自己新的力学打开了陈旧的、普通的生存。

的确！他想确保我们不嘲笑生存，也不嘲笑我们自己——也不嘲笑他，对于他来说，个体就是个体，是某种第一的、终极的、最重要的东西；对于他来说，没有人种、总数或零。他的发明和评价也许是极其愚蠢而过分热情的，他也许极其错误地判断了自然的进程并否定了它的状况——而迄今为止的一切伦理体系都是愚蠢而反自然的，以至于如果伦理体系获得了超越于人类之上的力量，那么，人类将毁灭自身，然而，"英雄"无论在什么时候出现在舞台，就会达到某种新的东西，即令人震惊的笑的赝品，以及由许多个体一想到"是的，生命是值得活着的！是的，我应该活着！"就感受到的那种深刻的感情上的震惊——生命、我、你和我们所有人都再次变得一时对自己感兴趣了。不可否认的是，这些伟大的生存目的的老师中的每一个最终都被笑、理性和自然击溃了，短暂的悲剧总是再次让步，转化为永久的生存喜剧；而"数不清的笑的波涛"——引用埃斯库罗斯的话——最终一定会征服甚至最伟大的悲剧作家。尽管有着"纠正性"的笑，人类的本质仍然被这些生存目的的老师的常新面貌所改变——它现在又有一个额外的需要，需要这种老师以及"目的"教导的常新面貌。逐渐地，人类变成一种奇怪的动物，不得不比其他任何动物都多一种生存条件：人类不得不一遍又一遍地相信、了解自己为什么生存，如果没有对生命的

哲人咖啡厅

周期性的信赖，没有对生命中理性的信仰，人类就不可能繁荣！人类常常再三发布命令："有一种东西，从今以后绝对不许加以嘲笑！"人类中最谨慎的朋友会补充说："不只是笑和快乐的智慧，而且那些带有崇高的非理性的悲剧，都属于物种保存的手段和必要性！"

结论就是这样！就是这样！就是这样！哦！我的兄弟们，你们理解我吗？你们理解这条新的潮涨潮落的规律吗？我们也有自己的一个时代！

以下有几项被派遣的任务：

1. 要领悟并确定现在（以及在某一特定的文化范围内）占优势的对人及其行为进行道德评价的方式。

2. 一个时代的整个道德习俗就是某种迹象，比如说，是自我欣赏或不满或伪善的一种方式，因此，除了要首先要查明目前道德的特性外，接下来还必须对这一特性加以说明和解释。因为，道德本身是多义的。

3. 要解释正好在当前占据优势的这一评价方式是如何形成的。

4. 要批判这一评价方式，或者，要问：这种评价方式起多大作用？它对什么起作用？在其魔力支配下的人类（或者欧洲）将会成为什么样？它将鼓励哪些力量，又将阻止哪些力量？它是让人变得更健康，还是更病弱，是变得更鲁莽，还是更精明，更狡猾？等等。

在这里，人们假设，没有永恒不变的道德，关于这一点，人们认为应该能够得到证明。同样，也没有对滋养物进行评价的永恒不变的方式。有一种崭新的批判、崭新的

哲人咖啡厅

问题："善"真的就是"善"吗？另外，目前遭到歧视和侮辱的东西可能也有些"善"的方面？我们需要思考时代的差异。

（二）哲学中的"理性"

你问我，在哲学家们的特性中，哪些是最典型的？比如说，他们在历史感方面的缺乏，他们对变化观念的厌恶，他们的埃及主义。他们认为，从永恒的观点看，当他们把主体非历史化，即，当他们把主体转化成木乃伊时，表现出了对主体的尊重。在过去的几千年间，哲学家们处理过的一切都变成了概念木乃伊；在实际存在的事物中，没有一个活着逃脱他们的控制。无论什么时候，当这些可敬的概念偶像崇拜者尊崇某一事物时，就扼杀并填充这一事物，把他们所崇拜的事物中的生命吮吸掉。死亡、变化、老年，以及繁殖和生长，都是他们的思想所要反对的东西——甚至是要驳斥的东西。凡是具有存在的东西都不变化，凡是变化的东西都不具有存在。现在，他们都几乎是不顾一切地相信具有存在的东西。但是，由于他们从来没有掌握这种东西，于是，他们就探求这种东西之所以对他们隐而不显的原因。"一定有某种假象，一定有某种欺骗，它们阻碍着我们感知具有存在的东西，骗子在哪里呢？""我们已经找到他了，"他们欢呼道，"那就是感觉！这些感觉，它们在其他方面也是这样不道德，它们使我们在认识真正的世界时受到了蒙蔽。道德是这样：它使得我们摆脱感觉

哲人咖啡厅

的欺骗，摆脱变化，摆脱历史，摆脱谎言；历史只不过是对感觉的信仰，对谎言的信仰。道德是这样：它使得我们对所有信仰感觉的人说'不'，对所有其他的人类说'不'，这些人都是'乌合之众'。让我们成为哲学家吧！让我们成为木乃伊吧！让我们用掘墓人的方式表现单调的一神论吧！首先要抛开肉体这一可恶的确定不变的感觉的观念，它由于具有逻辑所指出的、驳斥的，甚至不可能驳斥的一切谬误而被敌视，如果它足够放肆，就能表现得像真的一样！"

怀着最高的敬意，我把赫拉克利特的名字排除在上述观点之外。当其余的哲学群体因为感觉显示了多样性和变动性而拒绝它的真实性时，他则因为感觉就像事物有永恒性和统一性一样表现事物而拒绝它们的真实性。赫拉克利特也冤枉了感觉。感觉既不以爱利亚学派所想的方式，也不以赫拉克利特所想的方式说谎——它们根本没有说谎。只是当我们构造事物的真实性时，这才引入了谎言，例如，统一性、物性、实体和永恒性的谎言。"理性"是我们歪曲感觉真实性的原因。在感觉表现生成、消逝和变化的范围内，它们没有说谎。但是，赫拉克利特将永远保留他断言存在是一个无意义的虚构的权利。"表象的"世界是唯一的世界，"真正的"世界只不过是由谎言相加而成的。

在感觉方面，我们拥有多好的观察工具呀！比如说鼻子，还没有一个哲学家怀着尊敬和感激的心情谈到它，它实际上是迄今为止由我们自由支配的最精密的工具，它能够发现甚至连分光镜也不能发现的运动的细微差别。今

哲人咖啡厅

天，我们拥有科学，准确地说它发展到了我们决定接受感觉的真实性的程度——到了我们进一步增强感觉、武装感觉，并且彻底地全面考虑感觉的程度。其余的是畸形儿和还算不上科学的东西——换句话说，形而上学、神学、心理学、认识论——或者形式科学、符号学说，如逻辑和被称作数学的应用逻辑。在它们中，根本看不到实在，实在甚至没有被作为一个问题，而只是像逻辑一样的符号规则的价值问题。

哲学家们的另一个特征仍然是危险的，这一特征在于混淆始末。他们把最后出现的东西——很遗憾！因为它根本就不应该出现！也就是说，"最高的概念"，它是最一般的、最空洞的概念，是正在蒸发的实在的最后蒸汽——置于开端中，并作为开端。这再一次仅仅成为他们表现尊重的方式：高级的东西不允许由低级的东西发展而来，根本就不允许发展成形。道德的：凡是属于第一等级的东西就一定是自因。源于其他事物被认为是异议，是对价值的质问。一切最高的价值都属于第一等级，一切最高的概念，具有存在的东西、具有绝对性的东西、善的东西、真的东西、完美的东西，所有这些都不可能生成，因而一定是自因。而且，所有这些都不可能互相没有相似之处或者互相矛盾。于是，他们得出了自己惊人的概念，即"上帝"。最后的、最肤浅的、最空洞的东西被设定为最初的东西，作为自因，作为最真实的东西。为什么人类不得不严肃地对待这些病蜘蛛的大脑所受的折磨？我们已经为此付出了高昂的代价！

　　最后，让我们对比一下思考错误问题和表象问题的两种非常不同的方式。（我说"我们"是为了礼貌。）在过去，变更、改变、任何生成完全被看作纯粹表象的证明，被看作是一定有某种引导我们误入歧途的东西的标志。今天则大不相同，恰恰在理性的偏见迫使我们假定统一性、同一性、永恒性、实体、始因、物性、存在的范围内，我们看到自己莫名其妙地陷入错误之中，被强迫进入错误之中——在严格分析的基础上，我们十分确信，这就是错误所在。

　　这种情况和太阳的运行没有什么区别，在后者，我们的眼睛是错误的忠实辩护者，而在前者，我们的语言则成为错误的忠实辩护者。就其起源来说，语言属于心理发展最不完全的时期。当我们把语言形而上学的基本先决条件——简单地说，就是理性的先决条件——召唤到意识面前时，我们就进入到一个粗糙的拜物教领域。在一切地方，理性都看到行为者和行为，它相信意志就是始因，它相信自我，相信自我就是存在，相信自我就是实体。继而，它把对自我—实体的信仰投射到一切事物之上——只有这样，它才首次创造了"物"的概念。在一切地方，"存在"都是由思想投射的，被推到下面作为始因；存在的概念随之而来，它是由自我概念派生出来的。一开始就存在着错误的巨大灾难，即把意志看作一种起作用的东西，看作一种能力。今天，我们知道，意志不过是一个词而已。

　　很久以后，在一个开明千百倍的世界中，使哲学家们大为惊喜的是，他们认识到了理性范畴处理过程中的可靠性和主观确定性，他们断定，这些范畴不能从任何经验的东西中衍生出来，因为一切经验的东西都明显地和它们相矛盾。那么，它们是从哪里来的呢？

　　就像在希腊一样，在印度，人们犯着同样的错误："我们一定曾经无拘无束地生活在一个更高的世界。（而不是一个低得多的世界，真理就应该是这样！）我们一定曾经是神圣的，因为我们有理性！"的确，还没有什么东西有着比涉及存在的错误更加质朴的说服力，例如，这一点已经由爱利亚学派做了系统的陈述。我们所说的每个字和每句话终究都是在为它辩护。甚至爱利亚学派的反对者也屈服于他们的存在概念的诱惑，其中，德谟克利特在构造他的原子的时候就是这样。语言中的"理性"，哦，她是一个多么老奸巨猾的女人啊！我担心我们还没有摆脱上帝，因为我们仍然有着对语法的信仰。

　　如果我把一个如此重要和如此具有新意的见解凝炼为四个命题，人们将会感谢我。以这一方式，我促进理解；以这一方式，我激发矛盾。

　　第一个命题。把"此岸"世界描绘为具有"表象"特征的根据，恰恰是表明其具有实在性的根据；任何其他种类的实在性都是绝对没有必要证明的。

　　第二个命题。已经被赋予事物的"真正的存在"的标准，是不存在的标准，是虚无的标准。"真正的世界"是从与现实世界的矛盾中构想出来的。只要它还只是一个道德视觉上的幻象，那么它实际上就是一个貌似真实的表象世界。

　　第三个命题。捏造一个和不同于此岸世界的"彼岸"世界有关的神话根本没有意义，除非一种诽谤、贬低和怀疑生命的本能已经在我们心中占了上风，在这种情况下，我们用一种"彼岸的""更好的"生活向我们自己的生命进行报复。

　　第四个命题。"真正的"世界和"表象的"世界之间的任何区别——不管是以基督教的方式，还是以康德（最终还是一个卑劣的基督徒）的方式——只是某种堕落的迹象，是某种生命衰退的表现。艺术家对表象的评价高于实在并不是反对这一命题的理由。因为这一情况中的"表象"所指的还是实在，只是处于选择、增强和纠正的过程中。悲剧艺术家不是悲观主义者，他恰恰是对一切有疑问的东西，甚至对可怕的东西说"是"的人——他是狄奥尼索斯。

　　"真正的世界"怎样最终变成了无稽之谈——变成了谬误的历史？

　　1. 真正的世界——对于智慧的、虔诚的和道德高尚的人而言，这个世界是可以达到的；他生活在这个世界，他就是它。

　　（理念的最古老形式：比较明白、简单而具有说服力。转个弯儿来说："我，柏拉图，就是真理。"）

　　2. 真正的世界——对现在而言，这个世界是不能达到的；但是，对于智慧的、虔诚的和道德高尚的人而言（对于忏悔的罪人而言），这个世界是可以期待的。

　　（理念的发展：它变得更难以捉摸、更隐讳、更莫测高深——它变成女人，它变成基督徒。）

3. 真正的世界——这个世界是不能达到的、不能证明的、不能期待的，而完全是关于这个世界的思想，是一个安慰、一项义务、一件必要的事。

（实质上还是过去我们所熟悉的太阳，但却透过蒙蔽和怀疑去看。理念变得崇高、苍白、北欧化、哥尼斯堡化。）

4. 真正的世界——这个世界不能达到吗？至少还没有达到。而没有达到的存在也就是未知的。因此，这个世界不能安慰，不能补偿，也不负有义务。某个未知的东西怎么能够使我们负有义务？

（灰暗的清晨。理性的第一个哈欠。实证主义的鸡鸣之时。）

5. "真正的"世界——这是一个对任何事物都不再有益，甚至不再使人负有义务的理念，这是一个已经变得无用而多余的理念，因此，是一个被驳倒的理念，让我们取消它！

（晴朗的白天；早餐；常识和快乐的回归；柏拉图窘迫的脸红；一切自由的精神都起哄。）

6. 真正的世界——我们已经取消了这个世界。保留下来的是什么样的世界？或许是表象的世界？但不是！和真正的世界一起，我们也取消了表象的世界。

（正午；阴影最短的时刻；最长久的错误的结束；人性的顶点；《查拉图斯特拉》引言）

哲学理性的巨大失误在于：

1. 对意识荒唐的过高估计，即把意识转化为"精神""灵魂"、某种感觉、思想和希望的东西的统一体、实体。

2.把精神看作原因，特别是在一切出现目的性、秩序和协调性的地方。

3.把意识看作最高的可实现的形式，看作至高无上的存在类型，看作上帝。

4.凡是在有结果的地方，都采用意志。

5.把"真正的世界"看作精神的世界，看作通过意识的事实根据可以接近的世界。

6.凡是在根本上而言有知识的地方，知识就被唯一地看作是意识的功能。

得出的结果是：

每一次发展都在于在形成意识方面的发展，而每一次衰退都在于形成了无意识。（——形成无意识被认为是退回到了欲望和感觉——被认为变成了动物……）

人们通过辩证法研究现实，即"真正的存在"，而通过本能、感觉、机能使自己远离"真正的存在"。

把人归结为精神就意味着把人变成上帝，即精神、意志、善三者的统一体，一切善都必定产生于精神，必定是某种意识的事实；任何趋于更善的发展都只能是某种在形成意识方面的发展。

没有比错把结果当作原因更加隐秘地为害的谬误了，我将其称作理性的根本性讹误。这一谬误还是人类最持久的习惯之一，我们甚至在"宗教"和"道德"的名义下崇拜它。每一条来自宗教和道德的原理都含有这一谬误，牧师和道德立法者开了这一理性谬误的先河。

举个例子。大家都知道科纳罗的名著，为了一种长寿而幸福的生活，也是一种美德的生活，他在这本书中推荐节食。很少有书得到人们如此广泛的阅读，甚至现在，英国每年都要销售几千册。我不怀疑，几乎没有任何书（除了《圣经》）像这个好意的古怪东西一样，造成了如此多的损害，缩短了如此多的生命。这是为什么？因为科纳罗错把结果当作原因。这个可敬的意大利人认为他的节食是他长寿的原因，然而，长寿的先决条件——为了减缓新陈代谢，才是他精细地进行节食的原因。他不会随意地多吃或少吃，他的节俭和"自由意志"毫无关系——当他吃得比较多时就会生病。但是，凡是新陈代谢快的人，都适量地吃，而且有必要适量地吃。我们时代的学者，精神上消耗很快，按照科纳罗的节食方法，只会把自己的身体搞垮。——相信我，我已经试过了。

有个最一般的公式，它是每一种宗教和道德建立的基础，这一公式是："做这件事和那件事，克制这件事和那件事——那么，你就会幸福！而如果你不这样……"每一种道德、每一种宗教都建立在这一命令之上，我把它称作理性的原罪，称作不灭的非理性。用我的话来说，这一公式就被转变为它的反面——我的"一切价值的重估"这一观点的第一个例子。一个令人钦佩的人、一个"幸福的人"，一定会本能地进行某种行为，同时避免别的行为，在他体内带有这些推动力，它们决定着他与世界及他人的关系。这表现在一个公式中：他的美德是他的幸福的结果。

长寿、育有许多子孙——这些不是美德的报酬,情况是这样,美德本身是新陈代谢(它特别产生长寿、育有许多子孙——简言之,产生科纳罗的美德)速度减缓的结果。

宗教和道德说:"一个民族或一个社会是因放纵和奢侈而遭到毁灭的。"我的已经被重估的理性说:当一个民族在生理上退化时,当它临近毁灭时,接着,其结果就是放纵和奢侈(也就是,渴望更加强烈和更加频繁的刺激,这一刺激必定会唤起一个被耗尽的自然,以继续利用)。这个年轻人很容易变得苍白和虚弱,他的朋友说:那是因为这种或那种疾病。我说:他有病,他不能抵抗疾病,这应归于他先在的已经枯竭了的生命和遗传的筋疲力尽。报纸的读者说:这个政党由于犯了这样一个错误而毁了自己。我的更高的政治学这样说:犯了如此错误的政党已经走到了其终点,它已经失去了自己本能方面的把握。一切意义上的一切错误都是某种本能退化的结果,是意志崩溃的结果:人们几乎可以把坏的东西等同于一切错误的东西。所有善的东西都是本能的——因此是容易的、必要的、不被禁止的。努力苦干是缺点:上帝一向不同于英雄。(用我的话来说:轻松做事是上帝的第一属性。)

我们是不虔诚、不信神的人,是的!——而且,我们没有从无信仰中虚构某种信仰、目的、往往会殉道而获得解脱的人的那种痛苦和激情,因为,我们已经被熬干,从而冷漠地对待这些东西,因为,我们明白,世界上的一切事都不是神性地发生的,更不是根据理性、善和人性的标准发生的;我们清楚,我们生活于其中的这个世界是非道德的、非神性的、非人性的——而我们却在太长的时间中崇敬地对这个世界进行了解释。这个世界不值得我们相信；而且，我们已经撕破了最后由叔本华所编织的安慰的蜘蛛网。整个历史的意义恰好在于，它看透了自己处于无意义状态，因此而厌倦自己。叔本华以至高无上的敬意所尊重的东西不是别的，恰恰就是这种对人的生存的厌倦，这种想去除欲望的意志，对自己的意愿、幸福、主体性的摧毁，他把这些叫作道德，宣扬这些都是无私的行为——他认为，他维护了艺术的价值，因为他希望在艺术所产生的中立状态中清楚地看出，需要那些彻底的解脱和对厌恶的补偿。

　　——然而，在非道德的世界图景这一点上，我们的确是悲观主义者吗？不是，因为我们不相信道德——我们认为，人们过高地评价了仁慈、同情、合法性，而它们的反面却遭到贬斥，在这两方面，即在夸大和贬斥中，在道德理想和标准的设置过程中，蕴藏着对人类的巨大危害。我们也要记住其好的成果，即，在规定、道德解剖、良心谴责上的尽善尽美已经把人的伪善提升到了最大限度，把人变得有教养了。

　　宗教原本和道德没有任何关系，然而，犹太教的两个分支却是在本质上具有道德性的两种宗教，它们设置了人们应该怎样生活的规范，同时用奖赏和惩罚使人们服从自己的要求。

　　假设真理是个女人——接下来会发生什么？没有理由怀疑所有作为独断论者的哲学家在女人方面都是非常外行的吗？迄今为止，他们通常用以研究真理的令人讨厌的严肃认真，笨拙的突出炫耀，这对于赢得女人的心来说，是一种使人感到麻烦和非常不恰当的方法吗？可以肯定的是，她不允许自己被赢得——而今天，每一种独断论都没精打采而气馁地保持站立，如果说独断论确实站立着的话！因为有一些嘲笑者，他们声称独断论已经倒下，所有的独断论都躺在地上——更有甚者，说所有的独断论都处于垂死状态。

严肃地说，虽然一切哲学的独断的风格过去常常是庄严而确定的，然而有充分的理由说它们可能只是一种高贵的幼稚和外行。也许时间即将到来，这时，哲学的独断将会被人们反复地认识到，它过去常常是多么地不足以为由独断论者建立的、如此崇高而绝对的哲学家们的大厦提供奠基石：任何从远古时代流传下来的盛行的迷信，如总是以主体和自我迷信的形式无休止地作怪的灵魂迷信，一些可能是玩弄字眼，即一种通过语法进行的教唆，或者是一种非常狭隘的、非常主观的、非常人性的、太过人性的事实的鲁莽概括。

我们希望，独断论者的哲学只是一种穿越千年的承诺——正如存在于更早时代的占星术，当时，为了适应它，可能滥用了比迄今为止任何真正的科学都要多的工作、金钱、敏锐和耐心，我们把亚洲和埃及建筑的雄伟样式归功于占星术及其"超凡的"断言。看起来好像是这样，一切伟大的事物为了以永恒的要求把自己铭刻在人类的心里，最初都不得不戴着怪异而令人恐惧的面具控制人类，例如，亚洲的吠陀学说和欧洲的柏拉图主义。

让我们不要对此感到讨厌，虽然迄今为止最糟糕的、最持久的、最危险的谬误是独断论者的错误——也就是说，柏拉图对纯粹精神和善的虚构——必定会得到承认。但既然独断论被克服了，既然欧洲在这一噩梦之后重新自由地呼吸，而且至少能享有一种更健康的——睡眠，那么，我们——任务是觉醒本身——就是受到反对这一错误的斗争所鼓励的所有力量的继承者。可以肯定，当人们像柏拉图那样谈到精神和善的时候，意味着使真理倒立过来，并且否定作为一切生命的基本条件的前景。的确，作为一个医生，人们可能会问：柏拉图怎么会感染古代最美丽的肿瘤这样一种疾病呢？终究是邪恶的苏格拉底使他腐化的吗？苏格拉底终究是青年的腐化者吗？他应该受到毒酒的惩罚吗？

但是，反对柏拉图的斗争，或者，说得更清楚一点而且为了"人民"，就是反对基督教教会一千年来压迫的斗争——因为基督教就是为了"人民"的柏拉图主义——已经在欧洲产生了一种前所未有的巨大的精神紧张，用这样一张绷紧了的弓，我们现在就能射向最遥远的目标。可以肯定，欧洲人感受到了这种危急和痛苦的紧张，已经两次企图以壮观的风格放松这张弓——一次是通过耶稣会的教义，另一次则是通过民主启蒙运动，这一运动借助于出版和读报的自由，的确使得精神不再如此轻易地感受到自身的"危机"。（德国人已经发明了火药——大家应该重视这一点！——而且接下来，他们弥补了这一点：他们发明了新闻舆论。）但是我们这些既不是耶稣会会员，又不是民主主义者，甚至也不是十足的德国人的人，我们这些优良的欧洲人和自由的、非常自由的精神——我们仍然感觉得到紧张，精神的所有危机和弓的所有紧张。或许还有箭，还有任务，还有——谁知道？——目标。

　　对于生命，一切时代中最智慧的人都得出了同样的结论：它是没有益处的。在任何时候和任何地方，人们都从他们嘴里听到同样的声音——一种充满怀疑、充满悲哀、充满对生命的厌倦和抵制的声音。连苏格拉底临死时也说："生存——那意味着长时间生病：我欠拯救者阿斯克莱匹乌斯一只公鸡。"连苏格拉底也厌倦了生命。这证明了什么？这指示着什么？以前，人们应该会说（哦，人们已经说过了，而且说得很响亮，是我们的悲观主义先说的！）："在这里，至少有些东西一定是真的！智者们的共识一定向我们指出了真理。"今天，我们还会这样说吗？我们可以这样说吗？"在这里，至少有些东西是病态的。"我们反驳道。这些一切时代中最智慧的人——他们将首先受到严密的审查。或许他们都站不稳了？老了？步履蹒跚了？颓废了？智慧出现在人间，可能就像一只被腐尸的少许味道吸引而来的乌鸦？

　　恰好在伟大的智者遭到有学问的和没有学问的偏见的最强烈反对的情况下，他们是衰退的典型这个不敬的想法第一次浮现在我的头脑中。我认识到，苏格拉底和柏拉图是衰退的征兆，是希腊解体的工具，是假希腊人，是反希腊人，智者们的共识——我越来越清楚地认识到这一点——丝毫没有证明他们在取得一致意见的问题上是正确的；更确切地说，这表明，他们这些最智慧的人本身共同具有某一生理学特性，并由于这一点而对生命采取了同样的否定态度——而且不得不采取这一态度。判断，生命价值的判断，不管赞成还是反对，最终都决不会是真的。它们仅仅作为征兆才有价值，才值得思考；就其本身而言，这样的判断是愚蠢的。人们必须伸出自己的手，试着去掌握这一惊人的奥妙，生命的价值是不可能被估价的。生命的价值不能由活着的人估价，因为他们是有着利害关系的一方，甚至是争夺的标的，而不是不偏不倚的法官；生命的价值也不能由死了的人估价，原因有所不同。对于哲学家来说，反对评价生命是别人对他提出的一项异议，一个与他的智慧相关的问号，即一种不智。怎么了？所有这些伟大的智者，难道他们不光是颓废者，而且根本就是不智慧的吗？还是让我们回到苏格拉底的问题上来。

　　就出身来说，苏格拉底属于最低层的社会等级：苏格拉底是平民。我们被告知，也能在他的雕塑中看到，他长得多么丑陋。但是，丑陋（其本身就是一个异议）在希腊人中几乎就是一个反证。苏格拉底到底是不是希腊人呢？丑陋经常是某种发展的表现，这种发展是杂交而成的，但却以某种方式受到阻碍。或者它表现为逐步下降的发展。人类学的犯罪学家告诉我们，典型的罪犯是丑陋的：其外表令人恐怖，灵魂也令人恐怖。但罪犯是一个颓废者。苏格拉底是一个典型的罪犯吗？至少这一点和那个如此冒犯了苏格拉底的朋友的相面先生的著名判断是一致的，这个外国人对着苏格拉底的脸，告诉他，他是个怪胎——他内心怀有一切最坏的恶习和欲念。而苏格拉底只是回答："您了解我，先生！"

不仅已经承认的本能的放纵和混乱，而且逻辑能力的过度发展和受到阻碍的讽刺特征，都表明了苏格拉底的颓废。我们也不应该忘记那些耳朵的幻觉，它被给予了宗教的解释，比如"苏格拉底的守护神"。关于苏格拉底的一切都是夸张而滑稽的，是一幅讽刺画；同时，关于他的一切是隐蔽的、不可告人的、秘密的。我想了解苏格拉底把几种东西相等同的思想，即理性＝美德＝幸福这一和早期希腊人的天性相对立的最古怪的等式，究竟源于他什么样的个人特性。

由于苏格拉底，希腊人的趣味转向对逻辑争论的偏爱，这到底是怎么回事？首先，一种高贵的趣味受到抑制，平民随同雄辩术一起上升到最高地位。在苏格拉底之前，论证式的谈话技巧在上等阶层中被否弃，它被看作是不良习惯，是有损声誉的。年轻人被警告要防范这一行为。而且，人们在动机上所表现出来的如此种种也遭到怀疑。就像坦率的人一样，真正的东西没有必要这样直白地解释自己。必须首先得到证明的东西是几乎没有价值的。凡是在权威仍然属于优良习俗组成部分的地方，在人们不是进行解释而是下达命令的地方，逻辑学家就是某种丑角，人们嘲笑他，不会严肃对待他。苏格拉底是一个其本身受到人们严肃对待的人，这到底是怎么回事？

只有当没有其他的手段时，人们才选择逻辑争论。人们知道会因逻辑争论而引起别人对自己的怀疑，逻辑争论

哲人咖啡厅

不大具有说服力。没有什么东西比逻辑争论者的影响更易于取消了，每次集会都会变成空话的经验就证明了这一点。逻辑争论对那些不再有其他武器的人而言只是一种自卫。人们必须坚持强调自己已经拥有逻辑争论的权利，否则它就是没有用处的。犹太人喜欢为某个原因而与人争论，雷纳德这只老狐狸同样如此，怎么？苏格拉底也是这样吗？

苏格拉底的讽刺是一种反叛的表现吗？是平民仇恨的表现吗？他会像一个被压迫者一样欣赏自己在演绎推理的刀戳中表现出来的残暴吗？他是在向他所蛊惑的高贵听众进行报复吗？作为逻辑学家，他手中握有一把无情的工具；凭借着它，他就能够成为暴君；他使得那些被他征服的人妥协。逻辑学家留给他的对手这样一个证明，即证明自己不是白痴，他激怒对手，同时又压制对手。逻辑学家使得对手的才智无能为力。怎么？在苏格拉底那里，逻辑论证只是一种报复的方式吗？

我已经解释了苏格拉底怎么会令人厌恶、如何能够抵制，因此就更加有必要解释他如何能够蛊惑人。他发现了一种新的论战是一个方面，对于雅典贵族圈子而言，他成为这种论战的第一个剑术教练。他通过引起希腊人的竞争冲动进行蛊惑——他给小伙子们和少年之间的角斗引进一个变种。苏格拉底是一个真正的好色之徒。

但是，苏格拉底猜测到了甚至更多东西。他看穿了那些高贵的雅典人，他明白自身的情况，即他的癖性，不再是例外。同样的堕落正悄悄地向四处发展：古老的雅典正趋于终结。而苏格拉底明白，世界需要他——需要他的方

法，需要他的治疗，需要他自我保存的个人技巧。无论
在什么地方，本能都处于无秩序的状态；无论在什么地
方，人们看到的都是无节制：灵魂中的畸形是常见的危险。
"冲动想扮演暴君的角色；人们必须创造一个更强大的反
暴君。"当相面先生对苏格拉底说出他是什么样的人，即
邪恶欲望的渊薮时，这个伟大的讽刺大师透露出关于他性
格的另一个关键情况。"你说得完全对，"他说，"而且我
要掌控这一切。"苏格拉底如何成为自己的掌控者呢？他
的事例实质上只是某种极端的事例，只是接着成为一种时
尚的最突出的事例：不再有人掌控自己，本能转而反对自
身。他蛊惑人心，成为一个极端的事例，他的引起人们恐
惧的丑陋向所有能够看到的人表明了这一点；当然，他更
多的是作为答案、解答、对这一疾病的明显治疗而蛊惑人
心。

当人们发现有必要把理性转变成为一个暴君（正如苏
格拉底所做的那样）的时候，一定是别的事物威胁着要扮
演暴君角色带来了相当大的危险。当时，人们把理性作为
拯救者，苏格拉底和他的"病人们"在成为理性的这方面
别无选择：它是必要的，它是最后的办法。希腊思想用以
将自身投射于理性之上的那种狂热暴露出一种令人绝望的
情况；有某种危险，只有一种选择：要么毁灭，要么——
荒谬地成为有理性的。自柏拉图以来的希腊哲学家们的道
德主义病态地受到条件的制约，他们对逻辑争论的看重也
是如此。理性＝美德＝幸福，这仅仅意味着人们必须效法
苏格拉底，从而以永恒的白昼即理性的白昼去反击阴暗的

哲人咖啡厅

欲望。无论如何，人们必须能干、清醒、聪明，任何向本能、向潜意识的妥协都会导向堕落。

我已经解释了苏格拉底如何蛊惑他的听众：他就好像是一个医生，一个拯救者。是否有必要继续解释他在"绝对理性"的信仰方面的错误呢？就哲学家和道德家而言，如果他们相信他们正在通过和堕落进行斗争而使自己从堕落中摆脱出来，那么，这只是一种自我欺骗。从堕落中摆脱出来超越于他们的力量之外：他们选择作为一种手段、作为拯救措施的东西本身只是堕落的另一种表现，他们改变了堕落的形式，但却没有摆脱堕落本身。苏格拉底是一个误解，任何进步的道德，包括基督教，都是一个误解……最炫目的白昼、绝对理性、生命、冷静、谨慎、抵御本能、反对本能——所有这一切都是一种疾病，仅仅是一种疾病，而决不是回归到"美德""健康"、幸福的途径。必须和本能进行斗争——这是堕落的解释。只要生命在上升，幸福就等于本能。

这个所有自我欺骗者中最出色的人，他自己理解这一点吗？这就是他最后在勇于面对死亡的智慧中对自己所说的吗？……苏格拉底希望死去，不是雅典人，而是他本人选择了毒药，他迫使雅典人给他判刑……"苏格拉底不是医生，"他静静地自言自语道，"在这里，只有死亡才是医生……苏格拉底本人只是病了很长一段时间。"

希腊人观看自然的方式一定完全不同于我们，因为，正如我们忍不住要承认的那样，在蓝色和绿色方面，他们是相当色盲的，认为蓝色是较深的棕色，而绿色是黄色。

哲人咖啡厅

因此，举个例子，他们用同一个词描述黑色头发的颜色、矢车菊的颜色以及南部海水的颜色，另外，他们还准确地用同一个表达描述青翠的植物的颜色、人类皮肤的颜色、蜜的颜色、黄色葡萄干的颜色，因而得出以下结论，即，他们最伟大的画家仅仅用黑色、白色、红色和黄色再现自己生活于其中的世界。因此，自然在他们看来一定是多么地不同，和人类的关系又是多么地更加密切啊！因为，在他们眼里，人类的色彩同样是自然中占据主导地位的色彩，而自然就漂浮（正如它应该漂浮的那样）在人类色彩的天空（蓝色和绿色比任何别的东西都更会使自然非人化）。正视这种缺陷形成了希腊人快乐嬉戏的能力，这种能力使希腊人具有以下特征，即把自然现象看作神和半神半人——也就是说，看作人的样子。

　　然而，假设这只是作为一种比喻为另一个假定服务的。任何思想者都会用比实际存在的色彩更少的色彩去描绘自己周围的世界和事物，而他对一些独特的颜色却看不见。这一点比纯粹的缺陷更甚。由于更加切近和简单化，他认为自己在事物中看到了色彩的和谐，这种色彩拥有强大的魅力，还可以大大地丰富自然。也许，实际上，正是以这种方式，人们首先学会了在观察人的生存中获取快乐，由于在展现给人们的一切事物中，人最初的生存处于一种或两种色彩中，因而是和谐的。更形象地说，在他们能够传递更多的色彩之前，只运用这么几种色彩。甚至现在，某些人还试图摆脱局部的色盲，以便可以获得一种更丰富的视觉和辨别功能，在寻找这一功能的过程中，他们不仅发

哲人咖啡厅

现了新的快乐，而且也被迫失去并放弃了自己以往的一些
快乐。

正是人们用以安慰自己的手段将极端忧郁的特征烙印
在生活上，在这一特征中，现在我们相信，人类最恶劣的
疾病产生于和疾病的斗争，显而易见的治疗方法最终带来
的是比它想要通过其作用去除的疾病更恶劣的状况。由于
自己的无知，人们过去常常相信，那些麻木和兴奋的手
段（它们好像会立刻起作用），即所谓的"安慰剂"，是真
正的治愈良药，他们甚至没有看到，他们经常不得不为自
己暂时的轻松而付出健康上总体的彻底的恶化，而病人不
得不受到麻醉剂副作用的折磨，接着受到没有麻醉剂的折
磨，随后又受到不安、消沉、神经紧张和生病的折磨。此
外，疾病已经发展到一定程度的人决不会康复——那些受
到好像是应得的普遍信仰和崇拜的精神医生要对此负责。

理论和实践——一种有很大影响的区分，就像真的有
一种追求知识的动机，它和无用的有害的问题无关，盲目
地追求着真理；接下来，又从中分离出了整个实践兴趣的
世界。

我试图证明，另一方面，什么样的本能一直活跃在
所有这些纯粹的理论家背后——他们是如何在自己本能的
魔力下一直命中注定要追求某种对他们来说——对他们来
说，而且只是对他们来说——是"真理"的东西。不同体
系之间的冲突，包括认识论上的怀疑之间的冲突，是一种
非常确定的本能（活力、衰弱、等级、种族等形式）之间
的冲突。

哲人咖啡厅

所谓的追求知识的欲望可以追溯到占有和征服的欲望，因此，感觉、记忆、本能等都是作为这一欲望的某种结果发展出来的。要尽快简化现象、经济，积累知识的获取（也就是积累可占有和可控制的世界）。

道德是这样一门古怪的学问，因为它处于最高的实践等级，结果，一旦道德的主张必须被加以回答，纯知识以及科学完善的重要性就立刻被抛弃了。道德说：我需要许多回答——理由、论据；良心不安可能随后出现，也可能根本就不出现。

"人们应该如何行动？"——如果人们认为自己和一种已经"行动了"无数千年的极其先进的种类有关，在其中，一切都变成本能、应急手段、无意识性、宿命论，那么，这一道德问题的迫切性一定看起来很荒谬。

"人们应该如何行动？"——道德一直都是一种误解：实际上，命中注定要以这种或那种方式行动的人种想通过把自己的准则宣布为宇宙的准则而证明自己是合理的。

"人们应该如何行动？"不是原因而是结果。道德紧随其后，最后，理想出现。

——另一方面，道德上自责的出现（换句话说：变得对人们由以行动的价值有意识）暴露了一定程度的病态；强大的时代和民族并不反思自己的权利，不反思自己行动所依照的原则，也不反思自己的本能和理性。"变得有意识"是真正的道德即行动中本能的可靠性即将消亡的标志。——每当一个崭新的意识世界被创造出来时，道德家们就是损害、贫穷、混乱的标志。——具有强烈本能的人羞于把责任条理化，总的来说，在他们之中，人们发现了辩证法和可知性的怀疑派对手。——美德遭到了"目的"的驳斥。

论题：道德家们的出现属于道德即将趋于终结的时代。

论题：道德家将道德本能分裂开来，然而，他在很大程度上又可能认为自己是它们的重建者。

论题：真正驱使道德家的东西不是道德本能，而是转化为道德公式的颓废本能——（当本能变得不确定时，他就把它看作腐化）。

论题：想通过道德家支配强大种族和时代的本能性道德的颓废本能是：

1. 弱者和卑贱者的本能；

2. 不寻常者、孤独者、被抛弃者的本能，崇高的和心胸狭隘的失败者的本能；

3. 那些习惯于受苦的人的本能，他们需要一种对自身状况的高贵解释，因而必须尽可能地少了解生理学。

和自由思想者相比，自由行动者处在某种不利的情况下，因为很明显，人们遭受到来自行动的结果造成的痛苦比来自思想的结果造成的痛苦要多。然而，如果我们还记得，两者都寻求各自的满足，在动机方面没有区别，而自由思想者是在对被禁止的事物进行思考和表达中找到满足的；但是，在结果方面，如果不是从最肤浅的和最粗俗的外在现象判断，即不是像每一个人判断的那样，问题则是由对自由思想者的反对而决定的。人们诬蔑所有那些已经用自己的行动打破某些习俗的人，通常把他们叫作罪犯，

哲人咖啡厅

我们必须对大量的诬蔑进行弥补。迄今为止，每一个已经颠覆了得到认可的道德行为规范的人，最初都总是被看作恶人，但是后来，当人们发现不可能重建行为规范的时候，他们就逐渐习惯于变革，称号就被缓慢地改变了。历史几乎是单单论述这些后来被认为是善人的恶人。

我们这些过着沉思性生活的人，请不要忘记，沉思的结果给过着行动性生活的人带来的是什么样的灾难和不幸——简言之，如果我们在过着行动性生活的人面前太过吹嘘我们的善行，他们会跟我们算什么样的账呢？第一，他们会给我们看所谓宗教型的人，这些人在喜欢沉思冥想的人之中占绝大多数，因而代表了其中最常见的类型。他们在任何时候按照使得过着行动性生活的人生活困难这样一种态度做事，试图使他们厌恶生活，如果可能的话，要使他们的天空黯淡无光，让太阳消失，把怀疑的阴影投射在快乐之上，使希望贬值，使灵活的手瘫痪——他们对这一切手段都很熟悉，就像他们熟悉为不幸的时刻和感觉提供安慰、帮助、祝福和恩赐。第二，他们会给我们看艺术家，一种过着沉思性生活的人，他们比宗教分子要少，但仍然经常会遇到。他们这种人通常令人不堪忍受、反复无常、嫉妒、极端、爱争论，然而，这一定是由于他们的工作充满快乐和激情而引起的结果。第三，还有哲学家，他们把宗教和哲学两者的特性结合在一起，而且，还把第三种因素即辩证法和喜欢论战结合进来。他们和宗教型的人即艺术家一样，是邪恶的肇始者，另外，他们用自己对辩证法的激情使得许多追随者萎靡不振，虽然他们的人数一

哲
人
咖
啡
厅

直都很少。第四，思想家和科学工作者。他们几乎从不力求影响别人，而是满足于默默地坚持自己的常规。因此，他们没有造成嫉妒和不满，而是经常作为挖苦和嘲弄的对象，他们为过行动性生活的人生活得更容易提供了服务，但这并不是他们所希望的。最后，他们以变得对一切人有利而结束。如果，由于这一有用性，许多注定要过行动性生活的人正沿着朝向科学的路满头大汗地费力前进，而这样做的时候并没有精神痛苦和责备，那么，这不是思想家和科学工作者的过错，这是"自讨苦吃"。

在一切使人得以提升的方式中，人的牺牲有时候是最能提升人的方式。也许，可以产生这样一种强大的思想，即自我牺牲的人类的思想，让它压倒一切别的渴望，因此而证明这个胜利者甚至高于最大的胜利者。但是，人类应该对什么做出牺牲呢？我们已经断定，如果这样一种思想的星座出现在地平线上，那么，真理的知识就是和这样一个自然的牺牲相称的唯一的巨大目标——因为对它来说，任何牺牲都不过分。同时，被看作一个整体的人类能够在鼓励知识进步方面走多远这个问题还从来没有得到阐述，而在对知识的哪方面渴求能够推动人类因他眼中所期望的智慧之光而牺牲自己这个问题更没有得到阐述。也许，当我们为了知识的进步，能够和其他星球的居民进行交流时，当在千万年中，智慧将会从一个星球传播到另一个星球时，对知识的热情就可能上升到这样一个令人眩晕的高度。

凡是在"纯粹精神"的原则盛行的地方，它的过剩就会导致神经力量的破坏，它教导道，应该鄙视、忽略或折磨肉体，而且，由于人的冲动，他自己应该受到折磨和鄙视。"纯粹精神"引起了忧郁、紧张和沮丧，而且它还觉得，人们知道自己不幸的原因以及如何摆脱不幸。"原因一定存在于肉体中！因为肉体发育得太健壮了！"——这就是他们的结论，然而，事实是，由于肉体的极度痛苦，它一次又一次地向这种永无休止的嘲弄提出了抗议。最后，一种普遍的长期的高度精神紧张利用了纯粹精神的那些善良表现，它们学会了仅仅在迷狂状态和精神错乱的初步症状中认识快乐，当把迷狂看作是生命的最高目标和据以谴责世间一切事物的标准时，其系统就达到了顶点。

如果"灵魂"是一种具有吸引力的、神秘的思想，那么，哲学家们难以和这种思想分开就具有合理性——现在，哲学家们认识到，要把它放在一个适当的位置之上，这样，它就变得更加具有吸引力，也更加神秘。所有的有机生命在最久远和最切近的过去进行发展赖以恢复生机、变得有血有肉的是肉体。肉体就像一条无边无际、无声无息的河一样，流经并穿越灵魂，奔流而去。因为，肉体是比陈旧的"灵魂"更为惊人的思想。不管是什么时候，相信肉体都要强过相信我们最真实的财产和最可靠的存在物——简单地说，相信我们的身体胜过相信精神（或者被称作"灵魂"，或者不被称为灵魂，而是像目前学校所讲的那样被称作主体）。还从来没有出现过这样的人，他们一转念，就觉得自己的胃是和自己所不同的、有点神圣的东西。然而，人类的历史却充分证明人具有这样的嗜好和鉴赏，即他们认为自己的思想是"上天赋予的"，自己的判断是"从上帝那里来的"，而自己的本能是暗昧不明的行为。如今，特别是艺术家，当人们问到他们杰作是如何产生的以及用以形成最佳的构思的方法，问到他们进行创造的思想源泉是什么时，这些人常常感到很迷惘，惶恐不安，犹豫不决。因为，当别人问到这种问题的时候，他们看起来有点像孩子一样地羞涩，他们甚至不敢说："这是我的灵感，出于我的手的创造。"——但是相反，即使是那些出于自己的逻辑推论及崇敬感而把自己的肉体看作幻觉（而且还是被战胜了的、不可怀疑的幻觉）的哲学家和教士们，也必须承认这个令人不快的事实，即肉体没有消失。因为，无论是在圣保罗那里，还是在吠檀多哲学那里，人们都能够发现意想不到的证据。然而，信仰的力量究竟指的是什么？什么也不是！所以，热烈的信仰可能归根结底只是一种愚蠢透顶的信仰！——这是应该思考的问题——

　　总而言之，如果认为对肉体的信仰仅仅是一种推理的结果，也就是说，是一种错误的推理——就像唯心主义者说的那样，如果信仰是这一推理的前提，那么，这不是在怀疑灵魂本身的可信度吗？如果多、空间、时间和运动（无论信仰肉体的前提是什么）都是谬误，那么，这到底会对精神激起什么样的怀疑呢？因为，这些前提的产生是由灵魂造成的。别再说了，总之，对肉体的信仰永远都强过对灵魂的信仰。一切想破坏前一种信仰的人，就等于彻底地破坏了对灵魂这一权威的信仰！

　　我发现，要使冲动的强烈程度得以减轻，最多有六种在根本上不同的方法。

　　第一，我们可以避免使冲动得到满足的情况，通过使它在长时间和不断延长的时间中得不到满足来加以削弱和抑制。

　　第二，在使我们的欲望得到满足方面，我们可以在自己身上采用一种严格的规定。通过控制冲动，并将它的衰退和增长限制在固定的时期，我们就可以获得不再受冲动干扰的间歇期；通过以这种方式着手，我们也许就能转入第一种方法。

　　第三，我们可以故意使自己沉迷于对冲动放纵的、毫无节制的满足，其目的在于，我们可以变得对此感到厌恶，并借助于这种厌恶获得对冲动的控制：当然，其条件是，我们不能模仿某个骑手，他把马骑到累死，并且在这样做的时候还摔折了自己的脖子。不幸的是，运用第三种方法的结果通常都是这样。

　　第四，有一种智力的技巧，主要是把满足冲动的思想和某种痛苦的思想如此紧密地联系在一起，结果，在稍微实施之后，满足的思想本身就被觉得是一种非常痛苦的东西。例如，当基督徒使自己习惯于把肉欲的享受过程看作堕落存在及其鄙视的原因；或者把通过谋杀而复仇看作是在地狱中永恒受罚的原因；或者甚至仅仅想到，如果他偷了一笔钱，就会收到来自他最尊重的那些人的蔑视；或者假设人们由于想到亲戚和朋友的悲伤和自责而经常抑制住自杀的强烈愿望，并因此而成功地在生命的边缘使自己平稳下来：在进行了一些实践之后，这些思想就像原因和结果一样相继出现在他的头脑中。在这种例子中，可以谈及

哲人咖啡厅

拜伦勋爵和拿破仑，在他们身上，人类的骄傲对高于理性
之总体态度和命令的特殊激情的优势感到厌恶和生气。由
此产生了对渴望并达到激情进行压制的习惯和快乐，可谓
咬牙切齿。"我不愿成为任何欲望的奴隶"，拜伦在他的日
记中写道。

　　第五，我们可以通过给自己一项特别困难而又令人疲
惫的任务而使得自己的力量发生转移，或者通过故意顺应
于某种新的诱惑和消遣，以便因此而使我们的思想和体力
转入别的渠道。如果我们暂时偏向另一种冲动，给它提供
许多满足的机会，并因此而向它提供力量的消耗者，否则
这种力量就会被专横的冲动所霸占，也许，少数人能够通
过同意给予他们的其他已知激情以鼓励和许可，从而克制
某种渴望进行统治的特别激情，以便让那些激情可以吞下
暴君希望独自享用的食物。

　　第六，那些能够承受削弱和抑制自己的整个生理和心
理的机体，并且认为这样做具有合理性的人，当然也能达
到削弱某种强烈本能的目标。例如，那些像禁欲主义者一
样使自己的肉欲处于饥饿状态，同时也使自己的活力处于
饥饿状态，而且还经常摧残着自己的理性的人。

　　总之，避免让冲动得到满足的机会，给冲动制定规则，
对冲动产生厌烦和憎恶，把冲动和某种痛苦的思想（如耻
辱、厌恶、伤害自尊的思想）联系在一起，接着转移自己
的力量，最后变得衰弱而且筋疲力尽，这就是控制冲动的
六种方法。但是，和渴求的激情进行斗争的愿望超出了我
们的力量之外，运用我们所采用的方法以及运用这种方法

可能取得的成功也同样是我们力所不能及的。在整个这一过程中，我们的理智只不过是另一种和它相抗衡的冲动的盲目工具，不管是渴望安宁的冲动，还是害怕耻辱和其他坏结果的冲动，还是爱的冲动。当"我们"因此认为是在抱怨冲动的激情时，这归根结底不过是在抱怨另一种冲动的冲动，也就是说，关于引起我们强烈痛苦的认识，预先假定这样的前提，即存在着另一种同样强烈的或更强烈的冲动，一场斗争即将发生，我们的理智必须参与其中。

当客观性的仰慕者还是个孩子的时候，他就在自己成长的过程中，观察到自己的父母和周围熟人身上的各种各样的强烈感情，这些感情只有些许细微的洞察力和对理智的合理性的倾向，他因此而把自己最优秀的能力和最宝贵的时间都用于模仿这些感情，当他到了具有判断力的年龄的时候，他自身注意到，他所遇到的每件事物和每个人，都在自己身上激发起或同情、或厌恶、或羡慕、或蔑视的感情。在这种他无力摆脱的经验的支配下，他仰慕情感的中立或者"客观性"，把它们看作是一件卓越的事，看作是和天才或者某种非常罕见的道德有关的事情，他不能相信，即使是他的中立，也不过是教育和习惯的产物而已。

人类通常的错误结论是这样的：一件事物存在着，由此得出，它有存在的权利。在这里，有一个从生活能力到适用性、从适用性到合理性的推理。因此：如果一种观念带来快乐，那么，它就是真正的观念；如果它的结果是善的，那么，它本身就是善的和真的。在这里，结果在有用的意义上被赋予有益的、善的属性，而原因也因此被赋予

哲人咖啡厅

同样的善的属性，但在这里，是在逻辑上有效的意义上。这些话颠倒过来应该这样理解：如果一件事不能被完成，或者不能坚持下去，那么，它就是错误的；如果一个观念引起痛苦或者令人紧张，那么，它就是虚假的。非常了解这种推理模式的缺陷而又不得不因为这种结果而受苦的自由精神经常会对这种诱惑做出让步，得出完全相反的结论，总的来说，这些结论自然还是虚假的：如果一件事不能被完成，那么，它就是善的；如果一个观念令人苦恼和不安，那么，它就是真的。

在那些迫使思想家处于绝望状态的事情中，有一件是这样一个认识，即不合逻辑对人类来说是必要的、许多善的东西都来自非逻辑这一事实。这种认识如此牢固地扎根于激情、艺术、宗教之中，通常也扎根于一切给予生命以价值的东西之中，以致如果不因此而绝望地损害那些美丽的事物，这种认识就不能撤销。只有那些实在是太天真的人才会相信，人的天性能够被转换成纯粹逻辑的；但是，如果存在着接近这一目标的方面，那么，在这个过程中，多少事物将不必丧失！甚至最理性的人也经常有对天性的需求，即对所有事物都持非逻辑的基本态度的需求。

（三）反基督

1

现在有必要宣布，我们认为谁恰恰是我们的敌人，我们的敌人就是神学家和所有那些血管里流着一些神学血液的人——这就是我们的整个哲学。

人们本来应该正视身边的危险，更准确地说，人们原本应该直接经历这种危险，并且几乎死于这种危险，从而认识到不应该轻视这种危险（对我来说，我们的博物学家和生理学家的被提出而尚未证实的自由思想就是一个笑话——因为他们上述之事没有激情，他们没有遭受痛苦）。这种毒害比大多数人所想的要深远得多，因为，在所有把自己看作"理想主义者"的人们中间，在所有由于更高的出发点而要求一种权利（即提升于现实之上并怀疑地看待危险之物的权利）的人们中间，我发现了神学家的这种傲慢习惯。像牧师一样，理想主义者把各种崇高的概念都攥在自己手里（而且还不只是在他手里！）；他以善意的轻蔑发动这些概念反对"理解""理智""荣誉""幸福生活""科学"；他认为这些东西和自己不相配，是有害的、诱惑的力量，"精神"就像一种纯粹的自在之物一样翱翔于这种力量之上——就像善良、贞节、贫穷，总之就是神圣，它们对生命造成的损害并不比一切可以想象得到的恐怖和罪恶更多。纯粹的精神是一种纯粹的谎言。

只要牧师——那种职业的生命的否定者、诽谤者和毒害者——被认为是一种更高级的人，那么，就不可能回答"什么是真理？"这一问题。当那些很明显是在为纯粹虚无进行辩护的人被误解为纯粹虚无的代表时，真理就已经被头脚倒置了。

2

我向这种神学的本能开战：我在一切地方都发现神学
本能的踪迹。凡是血管中有着神学血液的人，都会对一切
事物采取歪曲和不敬的态度。源于这种神学本能的情感性
的东西被称作"宗教信仰"，换句话说，彻底闭上自己的
眼睛，以避免承受不可救药的虚假景象的痛苦。对所有事
物的这一虚假景象，人们树立起一种道德、善及神圣的观
念，他们把良知建立在虚假的景象之上，他们争论道，一
旦这种景象以"上帝""拯救"和"永恒"使自己成为神
圣不可侵犯的，就再也没有比这种景象更有价值的了。我
在所有的方面都发现了这种神学的本能，因为它是世界上
所发现的最广泛最隐秘的虚假。凡是神学家看作真实的东
西就一定是虚假的，由此，你几乎可以拥有一种真理的标
准。他深刻的自我保护本能反对以任何方式获得尊重或者
甚至是得到陈述的真理。凡是在人们感受到神学家影响的
地方，概念"真的"和"假的"就被迫交换位置，一直在
对生命造成最大伤害的东西在那里被称作是"真的"，而
凡是使得生命得到提升、强化、赞许，为生命进行辩护，
使生命获得成功的东西，在那里都被称作是"假的"。当
神学家们借助于帝王们的（或者人民的）"良心"伸手获
取强力时，对这一基本的问题——产生终结的意志，即虚
无主义的意志行使那种强力——从来没有怀疑过。

哲
人
咖
啡
厅

3

当我说神学的血液毁灭了哲学时，我立刻就在德国人中得到理解。新教徒的牧师是德国哲学的祖先；新教的本质就是其原罪说。新教的定义：是基督教的半身不遂——也是理性的半身不遂……人们只需要说出"图宾根神学院"这个词，就可以认识到德国哲学到底是什么——是神学的一种巧妙形式。斯瓦本人是德国最善于说谎的人，他们天真无邪地说着谎话。为什么德国的整个学术界——其中四分之三是由牧师和教师的儿子组成的——都对康德的出现感到喜悦？为什么德国人坚信，随着康德会出现一种更好的转变，而这种坚信仍然在回响？德国学者的神学本能使他们清楚地看到，恰恰是什么变得重新可能。一条通往古老理想的秘密阶梯保持开放着；由于一种巧妙而狡诈的怀疑主义，"真正世界"的概念和作为世界本质的道德的概念（它们是曾经存在过的两种最严重的错误！），如果不能再次得到实际的证明，那么，至少是再也不能反驳的。理性和理性的特权不会走那么远的。人们已经从现实中创造出了"现象"；一个绝对虚假的世界，即存在的世界，已经被转化为现实。康德的成功只不过是一种神学的成功；他就像路德和莱布尼兹一样，对德国的正直来说，不过是又一个障碍，已经远远不可靠了。

4

现在，我要指责作为道德家的康德。美德一定是我们的编造，它一定是源于我们个人的需要和防御。在一切别的情况下，道德都是危险的源泉。不属于我们生命的东西会威胁我们的生命，完全扎根于对"美德"概念的尊重之中——正如康德那样——的美德是有害的。"美德"、"责任"、"追求自身目的的善"、基于客观性或普遍有效性观念的善——这些都是虚幻的，在它们之中，人们发现的仅仅是腐朽的表现，生命最后崩溃的表现，哥尼斯堡的中国精神的表现。最深刻的自我保存规律和发展规律所需要的则完全相反，也就是，每个人都寻找他自己的美德，寻找他自己的绝对命令。当一个国家把自己的责任和责任的一般概念相混淆时，它就崩溃了。没有什么东西比"客观"责任、抽象的莫洛赫神前的祭品造成的灾难更彻底和深刻。——没有人认为康德的绝对命令对生命有危险，要想一想这个问题！只有神学家的本能才把康德的绝对命令置于保护之下！由生命的本能所激发起的行动，由和它相伴随的许多快乐证明，这是一个正当的行动，而虚无主义（其内心深处是基督教教条）则把快乐看作反对这一行动的根据。什么会比没有内心的需求，没有任何深刻的主观愿望，没有快乐的工作、思考和感受更快地摧毁人呢？正如纯粹自动的责任那样更快地摧毁人呢？这就是颓废的原因，也是愚蠢行为的原因……康德变成了白痴。——而这样一个人竟是歌德的同时代人！这个有害的蜘蛛网的编织者被看作是德国哲学家——直到今天还是这样！我不允许自己说我把德国人看作什么……难道康德没有在法国革命中看到国家从无组织的形式转变到有组织的形式吗？难道

哲
人
咖
啡
厅

他没有问过自己，是否有一件个别的事件，这件事除了能够按照人身上的道德功能假设，以便以其为基础而被解释为"人类趋于善的倾向"之外，而且能够被一劳永逸地这样解释之外，就再没有别的依据了？康德的回答是："那就是革命。"在一切事物和任何方面都犯错的本能、对天性进行反叛的本能，把德国的堕落看作哲学——这就是康德！

5

我把少数怀疑论者置于哲学史上正派的人这一边，而其余的人对理智的正直没有丝毫概念。所有这些伟大的热心家和奇才，他们的表现就像女人一样——他们把"美丽的情感"看作论据，把"起伏的胸脯"看作神圣灵感的风箱，把坚信看作真理的标准。最后，康德以"德国人"的天真无辜试图给予这种讹误、这种理智意识的缺乏一种科学性，其手段是通过"实践理性"。他特意发明了一种理性，用于可望不会受到理性干扰的场合——也就是说，用于道德、"你应该"这种崇高的命令被听取的场合。当人们回想起，在所有人之中，哲学家只不过是从过去的牧师发展而来的时候，那么，牧师的遗传，即自我欺骗就不再是值得注意的了。当一个人感觉到自己有一项神圣的使命，即要鼓舞、拯救或解放人类的时候——当一个人感觉到自己心中的神圣火花，并相信自己就是超自然命令的代言人的时候——当这样一种内在的使命激发着他，那么，很自然，他就应该站在判断的所有完全合乎理性的标准之外。

哲人咖啡厅

他感觉到他自己被这一使命神圣化，感觉到自己就是一种更高级的行动者！牧师和哲学有什么关系！他远远高居于哲学之上！——直到今天，牧师一直统治着！——他一直决定着"真"和"不真"的意义！

6

我们不要低估这一事实：我们自己，我们这些自由的灵魂，已经是一种"对所有价值的重估"了，是一种和过去的一切"真"和"不真"概念相对抗的战争与胜利的看得见的宣言书。最有价值的直觉最后才能获得，其中最有价值的是那些确定着秩序的直觉。一切秩序，当今科学精神的一切原则，都是几千年最深刻的鄙视的靶子；如果有人倾向于它们，那么，他就会被从"正派"人的群体中排除——他会作为"上帝的敌人"、真理的嘲笑者、"中魔者"而消逝。作为一个科学之人，他具有卑贱者的属性。

我们一直都遭受到对我们加以反对的人类的可怜蠢行——他们关于真理应该是什么、真理应该服务于什么的每个观念——他们的每个"你应该"都被发动起来反对我们。我们的目标、我们的方法、我们平静、谨慎、怀疑的态度——在他们看来，一切看起来都是绝对有损荣誉的、可鄙的。——回顾过去，人们几乎可以理性地问自己，难道不是一种美学的观念把人们如此长久地保持在盲目之中吗？他们向真理要求的是如画的效果，向博学者要求的是一种对自己感官的强烈感染力。突出和他们的审美力长久对抗的正是我们的谦虚。他们很好地认识到了这一点，这

哲
人
咖
啡
厅

些上帝的火鸡！

7

我们还有一些没有学到的东西。我们已经在任何方面都变得更谦虚。我们不再认为人是从"精神""上帝的头脑"中来的；我们把人回溯到动物之中。我们认为人是动物之中最强大的，因为，人是最诡诈的；由此而产生的结果之一就是人的智力。另一方面，我们防止自己自高自大，这种情绪甚至现在还想维护自己，即认为人是有机体进化过程中的又一个伟大思想。实际上，人绝不是创造物的顶峰，因为，除了人之外，还有许多其他动物，它们都处于相似的发展阶段。……甚至当我们说这些话的时候，我们已经把人说得有点过头了，因为，相对来说，人是所有动物中最拙劣最病态的，而且，他已经极其危险地偏离了自己的本能——不过，由于所有这些东西，可以肯定的是，人仍然是最有意思的动物！

说到较低级的动物，是笛卡尔最先以真正令人钦佩的勇敢把它们描绘为机器；于是，我们的整个生理学都趋向于证明这个学说的真理性。此外，像笛卡尔做的那样，把人排除到一边是不合理的，因为，恰恰是在我们把人看作机器的范围内，我们对现在人的了解是有限的。过去，我们把被称作"自由意志"的东西赋予人，把他看作某种较高等级存在的后裔；现在，我们甚至接受了这种源于人的意志，因为这个术语不再描述我们能理解的任何东西。现在，"意志"这个陈旧的词语仅仅暗示着一种结果，一种个别的反应，这不可避免地会产生一系列在一定程度上不一致、不和谐的刺激——就是说，意志不再"起作用"，也不再"活动"。

以前，人们认为，人的意识及"精神"为他的高贵出身和神性提供了证据。想使自己表现得完美，人被建议像乌龟一样把自己的感性缩回去，不和世俗的东西打交道，去除自己必死性的缠绕——接下来，就只留下他的重要部分，即"纯粹精神"。在这里，我们又想出了更好的东西：对我们来说，意识或者"精神"表现为有机体相对不完美的象征，表现为一种尝试、一次摸索、一个误解，表现为毫无必要地耗尽了精力的痛苦——我们并不认为，只要一些事情被有意识地做了，就能做得完美。"纯粹精神"是一件纯粹的蠢行，因为它降低了神经系统和感性即所谓的"有死者的躯壳"，而其余的都是错误思想——这就是一切！

8

在基督教的统治下，不管是道德还是宗教，都和现实没有任何关联之处。基督教表现了纯粹想象的原因（"上帝""灵魂""自我""精神""自由意志"——或者甚至"不自由"），同时表现了纯粹想象的结果（"罪""拯救""恩典""惩罚""罪的赦免"）。表现想象物（"上帝""精神""灵魂"）之间的交往，表现一种想象中自然的历史（这种历史是以人类为中心的；是对自然原因概念的彻底否定），表现一种想象的心理学（对自我的错误理解、对令人愉快的和令人不愉快的一般情感的错误说明——例如，借助于宗教—道德的胡话如"忏悔""良心的剧痛""魔鬼的诱惑""上帝的出现"之类象征—语言，对交感神经状态进行错误解释），表现一种想象的宇宙目的论（"上帝之国""最后的审判""永恒的生命"）。——这个纯粹虚构的世界——对它极其不利的是——不同于梦想世界；后者至少反映了现实，而前者则伪造现实，贬低并否定现实。一旦"自然"概念受到"上帝"概念的反对，"自然的"这个词就必然呈现出"可憎的"意义——整个虚构的世界源于对自然世界（现实世界！）的憎恨，不过是现实存在中强烈不安的表现。

这就说明了一切。唯有谁才有超越现实而过自己生活的理由呢？在现实的统治下遭受痛苦的人。然而，要遭受现实的痛苦，人们就一定是一个拙劣的现实物……痛苦居于快乐之上而占据优势，这是这种虚构的道德和宗教的原因，但是，这样一种优势也为颓废提供了处方……

9

对基督教上帝概念的批判不可避免地导向同样的结论。——一个依旧相信自己的民族会紧紧地抓住自己的上帝。在上帝身上，这个民族崇尚那些使自己幸存下来的条件，崇尚自己的美德——它把自己本身的快乐、自己的力量感归为一种存在，人们应该对这种存在表示感谢。富有的人会散尽自己的财富，骄傲的人需要一个他们能够为之做出牺牲的上帝……在这些范围内，宗教就是一种感恩的方式。人对自己的生存充满感激，要达到这个目的，他就需要一个上帝。——这样一个上帝必须能够既产生恩惠又产生伤害；它必须能够扮演朋友或仇敌——他为自己所做的善而惊叹，也为自己所做的恶而惊叹。但是，对这样一个上帝进行违背整个本性的阉割，使他完全成为一个善的上帝，是和人类的意愿相对立的。人类非常需要一个善的上帝，这正如他同样需要一个恶的上帝；人类不必为了自己的生存而仅仅感谢宽容和人道主义。

一个根本不知道生气、报复、嫉妒、蔑视、狡猾、暴力的上帝，一个从来没有体验过胜利和破坏的狂喜激情的上帝，其价值何在呢？没有人会理解这样一个上帝，那么，人们为什么会需要他呢？——真的，当一个民族处于下坡路时，当它感觉到自己对未来的信任、自己对自由的希望从自身滑落时，当它开始把服从看作首要的必需品、把服从的美德看作自我保存的手段时，那时，它就必须彻底更新自己的上帝了。那时，上帝就变成一个伪君子，怯懦而忸怩；他劝告人们保持"灵魂的平静"，不再仇恨，要宽厚，不仅要"爱"朋友，也要"爱"敌人。他不停地说教着；他潜入一切个人的美德之中；他变成了一切人的上帝；他变成了一个普通的平民、一个四海为家的人。以往，他代表着一个民族，体现了一个民族的力量，体现了一个民族精神中所有积极进取的东西和对强力的渴望；而现在，他只不过是个善的上帝。事实是，对于上帝们来说，没有其他的选择余地，也就是说，或者他们是强力意志，在这种情况下，他们是民族的上帝；或者他们无能于强力，在

哲
人
咖
啡
厅

这种情况下，他们不得不是善的。

10

凡是在强力意志开始衰弱的地方，不管是以什么形式，总是伴随着生理上的衰弱，即颓废。被剪除了男子气概的美德和激情的颓废的上帝，必然转化为在生理上退化者的上帝，转化为弱者的上帝。当然，他们不会把自己叫作弱者，他们把自己叫作"有德之人"。

人们不需要这样的暗示，以此而象征在历史上存在着对善的和恶的上帝进行双重虚构变得可能的时刻。促使卑贱者把自己的上帝归结为"善本身"的同一个本能也促使他们从作为自己的支配者的上帝那里排除了一切善的品质；他们通过使恶的上帝成为恶魔而报复自己的主人。——善的上帝，以及像上帝一样的恶魔，两者都是颓废的早产儿。

我们怎么会如此容忍基督教的天真，以至于接受了他们的以下学说：从"以色列的上帝"（一个民族的上帝）到基督教的上帝（一切善的精髓）的演化应该被描绘为进步？——但是，即使是勒南也是这么做的。就好像勒南有权利成为天真的人！对方竟然直视着人们。当一切必然会提升生命的东西，当一切强大的、勇敢的、能干的、自豪的东西从上帝的概念中被消除的时候，当上帝逐渐下降到疲倦者的拐杖、溺水者的救命稻草这一水平时，当上帝（等同于杰出者）表现为穷人的上帝、罪人的上帝、病人的上帝时，当"拯救者"或"救赎者"的属性保持为神的这样一种必要的属性时——这样一种蜕变的意义何在呢？上帝的这样一种降低暗示着什么呢？

——的确，"上帝之国"因此而扩大了。过去，他只有自己的民众，只有他的"选"民。但是，从此以后，他像他的民众一样，已经漫游到外国的领土，他不再安静地定居在某个地方，最后，他感觉任何地方都是家，成为伟大的四海为家的人——直到现在，他拥有"绝大多数人"的支持，拥有一半世界的支持。但是，这个"绝大多数人"的上帝、这个众神之中的民主主义者，还没有成为骄傲的异教徒的上帝，相反，他依旧是一个犹太人，依旧是某个角落的上帝，是一切黑暗的隐蔽处和裂缝中的上帝，是世界的一切嘈杂地区的上帝！

他的人间王国现在是，也永远是一个犯罪团伙的王国，一个病弱者的王国，某一人种的王国。而他自己则是如此的苍白，如此的虚弱，如此的颓废。甚至苍白者中最苍白者也能制服他——这个形而上学先生，这些没有血色的思想者。他们长久以来一直在自己周围编织着自己的网，以至于最后他被催眠了，并开始编织自己，变成另一个形而上学家。此后，他又一次回到自己的古老业务，从他最内在斯宾诺莎之类的存在中编织世界；此后，他以更消瘦、更苍白的面貌出现——变成了"理念"，变成了"纯粹精神"，变成了"绝对"，变成了"自在之物"……上帝垮台了，因为他变成了"自在之物"。

哲
人
咖
啡
厅

（四）非历史性的快乐

观察一下正从你身后轻轻擦过的牧群。它们不知道什么是昨天，也不知道什么是今天。它们四处跳跃、吃食、休息、消化、再跳跃，就这样从早到晚，日复一日，它们的喜欢和厌恶紧紧地系在瞬间的柱子上，只有片刻的爱和恨，因此，既不会感到悲哀，也不会感到厌烦。对于人来说，亲身体验到这一点是很难的，因为，他自吹自擂说他们人类比兽类更优越，同时却嫉妒地看着它的幸福。他仅仅希望像兽类那样活着，既不感到厌烦，也不会处于痛苦之中，然而，他想要这样却毫无效果，因为他压根就不愿意实现像动物那样的生活。有一天，人类要求兽类回答："你为什么不和我谈谈你的幸福，而只是盯着我看呢？"兽类也想回答，并且说："之所以这样，是因为我总是立即就忘记了我想说什么。"但是，到它要说的时候，它已经忘记了这个回答，从而保持沉默，结果，人类再次陷入迷惑不解之中。

而且，人类对自己不能学会忘记而总是紧紧守着过去的事物也感到迷惑不解。不管他跑得多远、多快，这锁链总是如影相随。这是件非常令人惊异的事：时刻，它突然之间还在那里活动，突然之间其活动又消逝，之前是虚无，之后也是虚无，然而又像幽灵一样回来，搅扰着后面每一个时刻的平静。书页不断地从时间的卷轴上脱落，掉出来，飞走——但是，突然又飞回人类的怀中。因为人类说"我记得"，然后羡慕兽类，因为兽类立刻就会忘记，看着每一个时刻真正地消逝，沉入云雾和夜晚之中，并永远绝迹。

因此，兽类非历史地生活着，因为它就像一个没有留下任何零头小数的数字一样升入现在中，它不知道如何演戏，不会隐藏任何东西，而是确切而毫无保留地按照它的本来面目出现在每一个时刻中。因此，兽类是无比坦诚的。相反，人类承受着过去这一巨大的而且不断增长着的重负，这一重负把他推倒，或者将他压弯。这使得他的状况很困难，就像有一个看不见的、黑暗的重负，他甚至可以为了外表而否认它，在和自己伙伴的谈话中否认它，以激起他们的羡慕，那真是让他感到太幸福了。因此，看到轻轻走过的牧群，或者看到某些更熟悉的，如那些还没有要否认的过去，而只是在过去和未来的篱笆间极度快乐的盲目中玩耍着的孩子，就会打动他，就像想起了失去的天堂。然而，孩子的这种游戏一定会被打乱。很快，他就会被从自己的遗忘中召唤出来。因为他学会了理解"过去是"这一表达，这一口令以其挣扎、痛苦、厌烦淹没了人类，以提醒人类，从根本上来看，自己的生存状态是什么———一种决不会完成的过去时。如果死亡最终带来了对遗忘的渴望，那么，它不过是因此而破坏了现在的生存，并因此将自己的印记打在这样一种认识之上，即生存只不过是在过去还没有被中断的一种活着，是为了自我否定、自我破坏、自我反驳而存在的某种东西。

如果幸福，或者———在某种意义或其他意义上———伸手够取新的幸福就是使活着的人紧紧抓住生命不放并把他们向前推入生命之中，那么，也许没有比犬儒学派更正当的哲学家了。因为兽类的幸福，就像彻底的犬儒学派的幸福一样，是犬儒主义正确性的生动证明。最小的幸福——但愿它没有被打断而是产生幸福——较之所谓的最大幸福，无可比拟地是更大的幸福，而所谓最大的幸福仅仅是作为像心情似的一个插曲（正如它原本就应该是的那样）而出现的，是作为仅仅处于厌烦、贪婪和被剥夺之间的巨大中断而出现的。然而，不管是最小的还是最大的好运，幸福都以同样的方式变成幸福，即通过遗忘，或者更学术的风格表达这个问题，通过能力，因为，只要幸福继续着，就要非历史地感受事物。

那些不能使自己在时刻的顶峰上降落、忘记来自过去的一切的人，那些不能像胜利女神一样站在非凡的尖端却不眩晕不害怕的人，就绝不会知道幸福是什么。更糟糕的是，他决不会做任何事去使得别人幸福。想象一下最极端的例子，一个根本没有遗忘能力的人，一个必然处处看到生成变化的人就是如此。这样的人不再相信自己的存在，不再相信自己，他看到处于运动之中的一切事物彼此都在流逝，他在这条生成的河流中迷失了自己。就像赫拉克利特的真正学生一样，他最后几乎再也不敢举起自己的手指。遗忘是一切行为的属性，正如光明和黑暗都是一切有机物生命的属性。想要完全而且仅仅历史地感受的人就像被迫不睡觉的人一样，或者，就像从反刍到不断重复的反刍这样继续自己的生活的兽类一样。由于这个原因，就像兽类表现得那样，几乎没有记忆地活着是可能的，实际上

哲人咖啡厅

是说，幸福地活着是可能的；然而，一般来说，没有遗忘地活着是完全不可能的。或者，就我的论题更清晰地解释一下我自己：存在着一定程度的失眠、反刍、历史感，由此，生活就会受到损害，最终被摧毁，不管是个人，还是民族，还是文化，都是如此。

为了断定历史的程度，并由此断定一种分界线，在这一分界线上，如果过去不会变成现在的掘墓者，那么就必须遗忘过去，我们不得不精确地知道个人、民族或文化的可塑力量有多大。我指的是由于自身而以一种不同的方式生长的力量、重组并融合过去的陌生东西的力量、治愈伤痛的力量、补偿损失的力量、按照事物本身重建其破碎形式的力量。有这样一些人，他们具有如此弱小的力量，以至于正如受到非常细小的抓伤出血一样，仅仅由于一次痛苦的经历、一点轻微的疼痛了，经常甚至是一件些许的不公正，他们就无可救药地流血致死。另一方面，又有这样一些人，生活中最狂暴最恐怖的意外，甚至他们自己的邪恶行为都对他们伤害如此之小，以至于在这些经历之中或之后不久，他们就以一种平静的心态把这一事件看作合理的幸福状态。

一个人的内在本性所具有的根越强壮，他就越能从过去夺取或有力地吸收某些东西。如果想象有最有力最强大的人，那么，我们就会在他那里认识到，对于他来说，根本就不应该有一个界限，在它之外，历史感会作为一个有害的监督者发挥作用。这种人会把过去的一切（不管是处于和自身相同的状态之中，还是处于最异己的状态之中）

利用、吸收并且像它应该的那样转化为新生力量。这样的人知道如何去忘记他所不能征服的东西。他再也不待在那里。视野完全被关闭，没有什么东西能够回想起在它之外还有人类、激情、命令和目的。这是一条一般性的法则：只有在某一范围内，每一个有生命的东西才都能变得健康、强壮而且多产。如果他不能在自己周围划定一个范围，同时又太过自我而不能把异己的东西包容于自己的视野之中，那么，他就会变得衰弱，苍白或疲倦，最后早早地死去。愉快、良知、喜悦行为、相信即将来临的东西——这一切（就个人而言是如此，就民族而言也一样）都依赖于以下事实：有一条分界线把看得见的光明和没有被照亮的黑暗划分开，我们知道在适当的时刻忘记，也知道如何在适当的时刻记起，我们以强烈的本能感觉到自己必须历史地感受的时刻，也感觉到必须非历史地感受的时刻。这是要邀请读者来思考的一条特殊法则：对于单个人、民族和文化的健康而言，非历史的和历史的都同样重要。

在这一点上，人人都提出这样的见解，即，人的历史知识和感觉可能是非常有限的，他的视野被关闭着，就像阿尔卑斯峡谷中居民的视野一样，在每个判断中，他都可能记录下一个不公正，在每次经历中，都记录下一个错误，他是第一次犯这样的错误，然而，尽管有各种不公正和错误，他依然以不可战胜的健康和活力挺立在那里，而且眼里充满了快乐，而紧挨着他的更具判断力、更博学的人却变得不适、崩溃，因为他视野的界线总是不安地四处移动，因为他不能使自己蜿蜒地走出自己更弯曲的公正和真理之网，走向强烈的意愿和渴望。相反，我们看看兽类，它们完全是非历史的，几乎就生活在一种狭窄视域的中间，然而却过着某种幸福的生活，至少没有厌倦和伪装。因此，我们将不得不认为，这种能够在一定程度上非历史地感受的能力更重要，也更根本，在一定范围内，它为某些正当的、健康的、伟大的、真正人性的事物设置了一个基础，在此基础上，这些事物一般都能够首先成长。这种非历史的东西就像一直笼罩着的气氛，在其中，生命只产生其本身，只随着这种气氛的破坏而重新消失。

事实是，在进行思考、反思、比较、分立、组合的人类借以首先限制那种非历史的感觉的过程中，一束明亮的闪烁的光芒穿透周围的迷雾这一过程出现了，只有在那时，通过把过去用作活着的正在从已经发生的事情中进行创造的历史这一能力，人才首先成为人。但是，在过量的历史中，人类再次停下来，没有非历史的掩护，他绝不会开始，也绝不敢开始。人类不用先进入非历史的迷蒙尘雾中就能行动，这一行为是从哪里产生的？或者，把这些生动的描述放在一边，抓住一个例子来说明：我们想象一个男人，一种追求女性或追求伟大思想的强烈激情震撼着他，并牵引着他向前走。对于他来说，他的世界被改变了多少啊！当他回头看身后的事物时，他感觉什么也看不到；当他听旁边的事物时，他听到的是一种单调的没有意义的陌生的声音。他通常知道，他还从来没有觉察到如此真实的、感觉如此切近的、有色彩的、回响着的、被照亮的东西，就好像他正在同时用所有的感官进行理解。他判断有价值的

哲人咖啡厅

一切都被改变和贬低了。对于如此多的东西，他再也不能做出评价，因为他几乎不再能感觉到它。他问自己，长时间以来，自己是不是一直在被那些陌生的字眼和陌生的思想愚弄。他的记忆不知疲倦地绕着圈转，但却太虚弱、太疲乏而一步也不能从这个圈中跳出来，对此，他感到惊讶。这是最不公平的世界状况，它狭隘，不感谢过去，对经过的东西视而不见，对警告充耳不闻，是夜晚和遗忘之死海中的一个小小的漩涡，然而，这种状况——非历史的、彻底反历史的——不仅是不公正行为的诞生地，而且更多的是一切公正行为的诞生地。如果不预先在那种非历史的状态中渴望并努力寻求，那么，没有一个艺术家会完成画，没有一个战场上的元帅会取得胜利，也没有一个人会获得自由。根据歌德所说的，由于行动型的人总是没有道德心，因此，他也总是没有知识。为了做一件事情，他会忘记大多数事情，他对待他身后的东西是不公正的，他认为只有一件东西是对的，即，只有现在即将产生的东西才是对的。因此，每个行动型的人都无限热爱自己的行为，超过了它应该受到的爱，最好的行为就是在这样一种过度的爱中产生的，以至于即使它们的价值在其他方面极其伟大，也一定得不到这样的爱。

　　如果一个人能够在许多事例中看到这种非历史空气（一切伟大的历史事件都在这种空气中产生，并在其中呼吸）的踪迹，那么，这样的人或许就能够作为一个有知识的人把自己提升到一种超历史的立场，以这种方式，尼布尔曾经描述了一种历史研究的可能结果，他说："至少在一种情况下，被清晰而彻底地掌握的历史是有用的，人们知道以下事实，即他们的眼睛看待事物的方式以及他们迫使所有人看待事物的方式都是偶然获得的（而这一点，即使是我们人类中最伟大最高贵的灵魂也不知道），我说迫使，是因为他们的意识特别强烈。那些通过许多例子都不能准确地断定、认识并掌握以上事实的人，被具有特定形态的、展示出最高形式的热情奉献的强者的表现打垮了。"

我们可以把这样一种立场称作超历史的，是因为采取这样一种态度的人并没有觉得继续活着并参与历史有更多的诱惑。因为他原本应该认识到，一切事件发生的唯一条件就是行动者精神中的盲目和不公正。从此以后，他本人就从过分严肃地对待历史这一疾病中得到治愈。但是，在这个过程中，他应该学会——对于一切人和一切经历来说，不管是希腊人还是土耳其人，不管是一世纪还是十九世纪的某个时刻，都应该学会——切身回答怎样引导自己的生活以及为什么引导自己的生活这个问题。任何人，问问他熟悉的人是否想重新经历过去的十年或二十年，他就会很容易地看到，哪个熟人已经预先被灌输了那种超历史的观点。因为他们可能会回答："不！"但是，他们将与众不同地列举事实以支持那个"不！"他们中的一些人可能带有"而接下来的二十年会更好"这种自信的希望。他们就是大卫·休谟嘲笑地谈到的一些人：

> 希望从生活的糟粕中获取，
> 第一次精力充沛的奔跑不能给予的东西。

哲人咖啡厅

　　我们将把这些人叫作历史的人。对过去的扫视把他们推入未来，点燃他们的精神，以使他们在更长的时间里继续生活，激起人们的希望，即公正仍然还会出现，希望就在他们正走向的那座山的后面。这些历史的人们相信，生存的意义在其前进的过程中将变得日益发光。因此，他们回顾过去的目的只不过是要通过考虑先前的进程而认识现在，并更强烈地渴望未来。尽管有整个自身的历史，他们却根本不理解如何非历史地思考和行动，不理解他们对历史的关心如何立足于生活，而不是为单纯的知识而服务。

　　但是，我们已经听到过其最初回答的那个问题能够以一种不同的方式重新加以回答，也就是说，再次以"不！"而且是以具有一种不同基础的"不！"加以回答。这种否定来自超历史的人，他没有在那一进程中看到愈合，对他们来说，世界在每个时刻都是更加完满的，都达到了自己的目标。新的十年应该教给人们的是过去的十年一直不能教给人们的东西！

　　现在，这种说法的意义是幸福、忍受、美德，还是悔恨，在这个问题上，超历史的人们还没有取得一致意见。但是，和一切思考过去的历史方式相反，他们确实在以下原则上取得了一致同意：过去和现在是一个整体，是相同的，就是说，过去和现在处于自身永远同一的各种多样性中，作为到处出现的不变的类型，它们是一幅具有不变价值和永恒同一意义的静止画面。正如几百种不同的语言都和人们具有代表性永恒的相同需要相符合一样，因而正如

那些理解这些需要的人不可能从所有的语言中都学到某种
新东西一样，超历史的思想者从内心为自己阐明了民族和
个人的一切历史，就像一个具有超人洞察力的人一样猜测
着不同象形文字的最初意义，甚至逐渐变得对防止那些不
断新发现的一系列手写符号继续涌现出来感到厌倦。因为，
在无止境地过度地发生的事件中，他最终怎么会不达到饱
和、超饱和，以及，是的，甚至深恶痛绝呢？结果，甚至
最勇敢的人最终也可能准备和吉亚科莫·莱奥帕蒂一起发
自内心地说：那些值得你努力奋斗的东西都不存在，尘
世不知一叹。痛苦和无聊就是我们的存在，世界就是排泄
物——此外无他。让你自己平静下来吧。

　　但是，让我们把超历史的人留给他们的反感和智慧吧。
今天，我们宁愿由于缺乏智慧而在内心变得快乐，作为行
动型的进取的人、作为尊重历史进程的人为自己创造幸福
的日子。假设我们对这种历史事物的评价只是一种西方的
偏见，但愿我们从这种偏见中至少向前移动，而不是保持
在原地不动，但愿我们总是恰恰更好地学会为了生活而研
究历史！因为我们将快乐地承认，超历史的人比我们拥有
更多的智慧，就是说，只要我们确信，我们比他们拥有更
多的生活，我们就乐于这样承认。因为这样，我们在智慧
方面的缺乏无论如何都比他们的智慧更有前途。而且，为
了消除对生活和智慧之间这种反差的意义的最细微的怀
疑，我将以一种根据超出人类记忆所及的时间而很好地建
立起来的方法加强自己的论点：我将马上建立几个论题。

　　一种被单纯地彻底地加以认识并被分解为认识对象的

历史现象，对于已经认识它的人来说是僵死的。在其中，人们觉察到了欺骗、不公正、视而不见的痛苦，一般来说对那一现象以及与此同时在他觉察到自己的历史力量的过程中的整个世俗的黑暗视野。对于作为认知者的他来说，这种力量现在已经变得毫无力量，但也许这还不是把他作为一个生活着的人来说的。

历史，被想象为纯粹的知识，曾经变得至高无上，对于人类而言，本该是一种生活的终结和最终的指望。只有当历史的文化被一种更高的力量所支配和引导，而不是自我支配和引导的时候，它才随着自身带来一种强有力的新的生活之流，例如，一种发展着的文化，某种有着未来前景的健康的东西。

在历史立足于为生活服务的范围内，它也因此而立足于为一种非历史的力量和意志服务，以这种从属的地位，决不能（也绝不应该能）变成纯粹的像数学之类的科学。然而，在什么程度上生活要求历史的服务这个问题，一般来说是最重要的问题之一，和一个人、一个民族或一种文化的健康有关。因为，由于一定程度上的历史的过量，生活崩溃了，退化了。而且，历史本身也由于这一衰落而退化。

（五）恶名昭彰的话

一切对生命价值和尊严的信仰都建立在污浊的思想之上，它只有通过对一般生命和人类苦难的同情在个人身上发展得非常微弱这样的事实才是可能的。甚至那些难得的超越于自身之外进行思考的人也没有深思一般生命，而是仅仅深思了一般生命中有限的部分。如果人们了解如何将自己的注意力主要转向特例——我指的是极具天赋和丰富精神的人——如果人们把这些人的产生看作整个世界发展的目标，并对其作用深感喜悦，那么，人们可能就会相信生命的价值，因为他们因此而忽视了其他人——所以，他们错误地进行了思考。当人们把自己的注意力转向整个人类，而且只考虑人类身上的一种冲动，即不太自私自利的冲动，并宽恕人类其他方面的冲动时，那么，他们就可以重新对一般人怀有希望，并在一定范围内相信生命的价值，所以，这种情况下也是通过思想的错误发生的。然而，假设有人以这种或那种方式表现，以这样的行为，他就是人们之中的一个特例。现在，大多数人都忍受着生活，而没有任何重大的不满和怨言，并因此相信生活的价值，但是，原因恰恰在于每个人都只是利己主义和自我肯定的，而不像那些特例一样能从自身中走出来；一切特别私密的东西都是感觉不到的，或者最大看起来只是一个微弱的阴影。所以，对那些普通的、过着日常生活的人（这样的人认为自己比世界更重要）而言，生命的价值只能建立在这一基础之上。他所患的想象力的极大缺乏是他不能考虑其他人感情的原因，所以，也几乎不可能体谅他人的命运和痛苦。另一方面，那些真正能够体谅他人的人一定会对生命的价值感到绝望；如果他会在自身中成功地理解和感受人类的一般观念，那么，他就会和对生活的诅咒一起崩溃；

因为人类作为一个整体没有目标，因此，考虑到其整个进程，人类在自身中找不到安慰和支持，而找到的只有绝望。如果，在他所做的一切中，考虑到了人类最终的漫无目标，那么，他自己的活动在他看来就具有破坏性的特征。但是，感觉到自我和人类（不仅仅是作为个人）一样遭到破坏，如同我们看到唯一的自然之花被破坏掉一样，这是一种超越于一切其他感情之上感情。但是，谁能够做到这一点呢？确实只有诗人，诗人们总是知道如何安慰自己。

一切对生命价值的判断都是不合逻辑地展开的，因此是错误的。判断不正确的原因在于，首先，提出材料的方式是非常不完善的；其次，从材料中得出结论的方式；再次，材料的每一个不同的成分又是无效认识的结果，而且也具有必然性。比如说，对某一个体的切身认识，不管他站得离我们多近，都不可能是完善的，结果，我们在逻辑上可以拥有对他进行完整评价的正当性，而一切评价都是轻率的，而且一定是轻率的；最后，我们用以衡量的标准，即我们的本性，并不具有固定不变的特征，——我们有情绪波动，然而，为了正确地估计凡是和我们有关的任何事物，我们又必须把自己看作一个固定的标准。由此，也许会得出的结论是，如果人们不进行评价、没有好恶就能生活的话，那么，我们根本就不应该做判断！因为所有的厌恶都和某种评价相关，所有的爱好也和某种评价相关。没有渴望某种有利事物、避免某种有害事物的情感而趋于或者远离某种事物的冲动、没有任何对目标价值进行有意识评价的冲动在人身上是不存在的。我们从一开始就是不合逻辑的，因此，我们就是不公正的存在物，而且我们能够认识到这一点。这是人类最大最神秘的冲突之一。

难道我们的哲学不会因此而变成悲剧吗？难道真理不会变得对生命和进步怀有敌意吗？一个问题似乎重重地压在我们的舌头上，然而对于是否让人们听到自己的声音却犹豫不决：人们是否能够有意识地停留在虚假中？或者，假设人们被迫这样做，难道不是宁可去死吗？因为，不再有任何"应该"；道德，在它具有某种"应该"或"必须"的范围内，已经受到我们思想模式的摧残，就像宗教所受到的摧残一样。知识只能让快乐和痛苦、有益和有害作为动机而存在，但是，这些动机又如何与真理的意义取得一致呢？它们也包含着错误（因为，正如人们已经说得那样，实际上，好恶及其完全错误的决定规定着我们的快乐和痛苦）。整个人类的生活都深陷于虚假之中，个人不能把它从这口井中拉上来，因而对他的整个过去并不感到深深的厌恶，没有发现他现在的动机——比如说，对荣誉的动机——是反复无常的，也不抵制轻蔑和鄙视那些有助于未来幸福的激情。仅仅保留着一种唯一的思维方式，这种思维方式由此而带来绝望，这种绝望是一种个人的体验，是一种理论的结果，是一种解体、崩溃、自我毁灭的哲学，这是真的吗？我相信，人的性情决定着知识的后效，我可以设想另一种后效，这种后效就像人们描述的那样，可能存在于某些特性之中，由此，将会产生一种比目前的生活更简单、更能摆脱情感束缚的生活，结果，由于过去承袭下来的习惯，出于强烈渴望的陈旧动机最初的确仍然具有

哲人咖啡厅

影响力，但是，在用于净化的知识的作用下，它们会逐渐变得越来越微弱。一个人将最终生活在人们中间，就像具有天性一样具有自我，没有赞美，没有责备，也没有忧虑，对许多他过去害怕的东西大饱眼福，就像那是一出表演。人应该从强调自己不仅是自然，而且超越于自然这一思想中解脱出来，不再感到这一思想的激励。当然，就像人们已经谈论的那样，对于这一点来说，一种好的性情应该是必要的，一种平静的、温和的、当然也是快乐的心灵，一种不必总是提防着怨恨和突然爆发，也不应该在自己的言谈中表达抱怨和出乎意料的脾气的性格（那些长期被拴住的老狗和人所具有的出了名的让人烦恼的特性），都应该是必要的。相反，那些已经如此深远地摆脱了生活的一般束缚，以至于只是为了更好的知识而继续生活的人，一定能够毫不嫉妒、毫不后悔地宣布放弃许多东西，放弃几乎一切对其他人来说确实很宝贵的东西，他必须把这看作完全够了而且是最值得拥有的状况，自由、无畏地翱翔于人类、习俗、法律和对事物的传统评价之上。他心甘情愿地传达着对这种状况的喜悦，也许他只能传达这些——可以肯定的是，其中有更多的匮乏和丧失。不过，如果要求从他那里得到更多的东西，那么，他就会友好地摇摇头，指向他的兄弟——自由的实干家，也许还毫不隐瞒些许的嘲弄，因为谈到"自由"，这是一种非常独特的情况。

那些不时发生在群体中的不幸事件，诸如突发的风暴，糟糕的收成，或者瘟疫，使得群体的成员们怀疑做了冒犯习俗的事，要么就是必须创造新的习俗以满足某种神秘的力量和精神。然而，这种怀疑和推理使得某种探究巧妙地逃避进了真正的自然的原因之中，并且把这种神秘的原因看作是理所当然的。这是世代相传的人类理解力堕落的一个根源，而另一个根源是这一连串事件的结果，因为，人们从同样的原则出发，对于某种行为的真正的自然的结果的关注远远少于对超自然的结果（所谓的神的惩罚和宽恕）的关注。例如，有这样的命令，一定的沐浴应该在一定的时间进行，而进行沐浴不是为了清洁，而是因为命令要求这样做。我们被教育的不是要避免肮脏的真正结果，而只是假设的因忽视沐浴而引起的上帝的不快。在迷信的恐惧的压力下，人们开始猜想，这些沐浴具有比它们看起来的样子更大的重要性，他们把精神的追加的意义归于沐浴，而逐渐失去了现实感和现实的快乐，最后，现实被认为"仅仅在符号的范围内"具有价值。因此，在习俗道德影响之下的人变得首先鄙视原因，接着鄙视结果，然后鄙视现实，而且把他所有的更高的感情（敬畏、崇高、骄傲、感谢、爱）编织成一个假想的世界，即所谓的更高的世界。甚至今天，我们还能看到它的结果：不管是在什么地方，不管是以什么方式，当人的感情被激发起来时，那个假想的世界就显现出来。悲哀的是，我们不得不假定这个世界，但是目前，科学工作者必须以怀疑的眼光去看待一切更高的感情，在很大程度上，这样的感情和幻想及放纵的言行掺杂在一起。不是它们在本质上而且永远有必要受到怀疑，而是毫无疑问，在期待着人类逐步净化的一切过程中，更高的感情的净化是其中最缓慢的过程之一。

哲人咖啡厅

除掉那些令人厌倦的陈腐的用语及乐观主义和悲观主义吧！因为，运用这些词语的场合变得日渐减少，只有那些喋喋不休的人仍旧觉得它们是绝对必要的。因为，全世界的任何人都有一个上帝要加以捍卫，如果这个上帝本身就是善和完美，一定创造了最好的世界，如果不是这样，为什么人们都希望成为乐观主义者？——然而，什么样的思想者仍然需要假设一个上帝呢？但是，如果人们没有兴趣对上帝的倡导者（神学家或者用神学来进行思辨的哲学家）感到生气，也没有兴趣积极地辩护相反的观点，即邪恶占主导地位，痛苦大于欢乐，世界是一件粗制滥造的作品，是对生命仇视的表现。但是现在，除了神学家，谁还会担心神学家呢？除了整个神学理论及其争论之外，很清楚，这个世界不好也不坏（更不必说这个世界是最好的或最坏的了），术语"好"或"坏"只有相对于人而言的意义，实际上，甚至在这里，以他们通常所运用的方式，或许还得不到证实；不管怎样，我们必须摆脱对世界进行中伤和赞美这两种观念。

由于人们不再相信，上帝通常会指引世界的命运，也不相信，虽然在人类的道路上显然有各种曲折，上帝还是会引领着人类辉煌地上路，因此，人们必须亲自为自己设置包含了整个世界的一般性的目标。过去的道德，特别是康德的道德，要求从个人那里得到所有人都期望的行为——这是一件令人愉快的天真的事情，仿佛每个人当即就知道什么样的行为对整个人类有利，所以，也知道哪种行为一般来说是可取的；这是一种类似自由贸易理论的学说，想当然地认为普遍的和谐本身一定是按照内在的改善天性产生的。也许，对人类需求的未来预期将会表明，所有的人都采取相似的行动是绝不可取的，在对一般性目标的关注中，对人类的整个部分来说，不得不设置的任务宁可是特殊的，或许在一定条件下甚至是邪恶的。不管怎样，如果人类不想被这样一种有意识的普遍的规则毁灭自己，就必须预先找到一种优于迄今为止已经达到的关于文化环境的知识，作为一般性目标的科学标准。下个世纪伟大人物的巨大使命就在于此。

我们由于道德而遭受痛苦，后来听说这种痛苦建立在某种错误的基础之上，这使得我们感到气愤。因为其中还有一种独特的安慰，也就是说，由于我们所受的痛苦，我们认识到一种比任何别的世界都"更加深刻的世界"，而且和没有痛苦地生活着并因此而没有这种崇高感相比，我们更愿意通过这样做而遭受痛苦，并且感觉到自己超越于现实之上（以这一方式，通过感觉到我们进一步接近于那个"更加深刻的世界"）。因此，正是骄傲以及惯常的满足骄傲的方式反对这种对道德的全新解释。那么，我们必须运用什么力量来消除这一障碍呢？用更大的骄傲？用一种新的骄傲？

否认道德有两种意义。第一，否认道德意味着否定人们自称是促使他们采取行动的道德动机，这相当于说道德仅仅是由话语和形式构成的，是粗俗的和巧妙的欺骗（特别是自我欺骗）的一部分，而欺骗是人类的特征，也许特别是那些赞颂自己的美德的人的特征。第二，否认道德意味着，我们否定道德判断建立在真理的基础之上。否认道德在这样一个事实上得到承认，即，实际上，这些判断才是行动的动机，而且，在这方面，作为促使人们采取行动的一切道德判断的基础是完全错误的。这就是我的观点，而且，我完全不会承认，在非常多的情况下，和前面的观点相一致的巧妙的怀疑——也就是本着拉罗斯福克的精神——也是正当的，而且在任何情况下都具有非常普遍的效用。因此，我就像否认炼丹术一样否认道德，也就是说，我否认其假说；但是，我不否认一直存在着炼丹家，他们相信这些假说，并把自己的行动建立在这些假说之上。我也否认不道德——不是否认无数的人们认为不道德的事情，而是否认任何他们之所以应该感觉如此的真正理由。当然，我不应该否认——除非我是个傻瓜——应该避免和抵制许多被称作不道德的行为，同样，应该履行和鼓励许多被称作道德的行为；但是，我坚持认为，在这两种情况下，这些行为应该出于除了直到现在还流行的动机之外的动机而得到履行。我们必须重新学习，以便最后（也许为时已晚）我们能够做得更多：重新感觉。

在个人渴望自身幸福的范围内，我们不应该给他任何通向幸福道路的认识和建议，因为个人的幸福产生于任何人都不知道的特殊法则，而外在的建议只会抑制和阻碍渴望幸福的个人。那些被称作道德的认识，实际上是和个人正相反对的，而且没有通过任何方式促进个人的幸福。这些认识和"人类的幸福与福利"之间的关系同样微不足道，因为把一种确切的思想和这些语词关联起来是非常不可能

哲
人
咖
啡
厅

的，而把它们用作道德追求的黑暗海洋上的指路明灯就更不可能了。认为道德比不道德更有利于理性的发展，这是一种偏见。假设在每一种有意识的东西（即动物、人类等等）的发展中，无意识的目标是它的"最大幸福"，这是错误的；相反，在我们发展的每个阶段，都有一种特别的无与伦比的幸福可以实现，它既不高也不低，而是一种完全与众不同的幸福。发展不是以幸福为自己的目标，它的目标仅仅是发展，此外无他。只有当人类有一个普遍承认的目标时，我们才能提出这样做或者那样做的建议，而目前还没有这样的目标。由此可见，不应该把道德的要求带进和人类的任何关系之中，这只会是幼稚的、不合理的。向人类推荐一种目标则完全是另外一回事，这个目标是某种由我们的意志和乐趣所决定的东西。如果人类大致同意接受这样一个目标，那么，他们也就有可能把一种道德法则强加在自己身上，而这一法则归根结底是由他们的自由意志制定的。然而，直到现在，道德法则还不得不被置于我们的自由意志之上，严格地说，人们不希望自己制定这一法则，而是希望从某个地方接受它，发现它，或者让自己接受这种来自某个地方的法则的命令。

哲人咖啡厅

五、末人和超人

（一）善人——最有害的人种

一个具有美德的人是较卑贱人种中的成员，其原因在于，这样的人不是一个"有个性的人"，而是根据一种被永恒确立起来的人的模式而生活，并按照这一模式获得自己的价值。他没有自己的独立价值，也就是说，他和别人相类似，他有自己的同类，他不应该是独特的……

当我们考虑善人的特征时，为什么这些特征会让我们感到轻松呢？因为我们不必进行斗争，因为善人不会把怀疑、小心、专注和严厉强加给我们，于是，我们的懒惰、热心、疏忽悠哉游哉地存在着。这就是我们的轻松感，这种轻松感是我们以自身为根据投射出来的，同时把它归结为善人的特征和价值所在。

实际上，善人是最有害的人种：

A.善人编造出完全不存在的行为，如利他主义的、高尚的行为；编造出完全不存在的能力，如"灵魂""精神""自由意志"；编造出完全不存在的东西，如"神""上帝""天使"；编造出完全不存在的事物秩序，如世界的具有赏和罚的道德秩序——这种秩序消除了自然因果规律。

哲人咖啡厅

B. 根据以上的编造，善人贬低了以下事物的价值：

1）利己主义的独特行为；

2）肉体；

3）真正有价值的人和真正有价值的欲望；

4）偶然性中的知识——他阻碍从偶然性中学习，阻碍观察和科学，阻碍知识所引起的生命的一切发展……

Ⅰ. 缺少怀疑精神

崇敬；顺从上帝的意志，表示对上帝的虔诚；"善良""乐于助人"——这一点要足够……转而庄重地对待更高级的东西——在这里，人们不应该太过认真地对待低级的东西，如肉体以及肉体的安逸；责任，即，人们对自己的行为负有责任——而且，人们应该把一切都交给上帝。

我非常认真地问：通过这些，我所描述的不是善人吗？难道说，人们认为这不是值得向往的人吗？这不正是人们所希望的吗？难道人们希望自己的孩子成为别的样子吗？

Ⅱ. 让我们看看，善人们在自己身上弄出了什么东西：1. 一种形而上学；2. 一种心理学；3. 一种政治学；4. 一种生活态度和教育态度；5. 一种真理的形态。

我的原则是，善人是最有害的一种人。人们回应道："不过只有少数善人而已！"——幸亏如此！人们还会说："根本就不存在绝对的善人！"——这样更好！然而，我从头到尾一直坚持一种观点，即，一个人不管在多大程度上是善的，他都是有害的。

人们为什么在二十岁之后才会认真对待生命的首要问

题？原因在于他们在以往习以为常的事物中发现了某些困惑不解的东西吗？

缺少怀疑精神；具有惰性，害怕思考；主观上希望相一致，在事物中找不到可以发现问题的任何理由；认为善良、乐于助人的手是最珍贵的东西——因此，人们应该有这种修养；顺从——认为一切都在好人手中……在解释上进行杜撰，这种解释经常是想找回上帝这种"善"；相信"灵魂得救"，总的来说，就是相信，道德的东西完全不同于尘世的肉体的一切问题，也就是说，人们认为，非常认真地看待肉体和肉体的舒适是卑劣的、低级的……崇敬传统，认为，否定传统或者即使是仅仅批评传统的东西都是不虔诚的。

善人的本性：第一，是虚弱者，他希望一切人都非常虚弱；第二，是狭隘者，他希望一切人都头脑狭隘；第三，是畜群，是没有自身权利的动物，他希望一切人都是畜群。

看哪！这种人就是最有害的人种。

对于一切强有力的人和某种保持着天性的人而言，热爱和憎恨、感谢和复仇、和气和生气、正面和反面，这些行为都是相互依赖的。为善的价值在于同时知道作恶；人是邪恶的；因为，如果不是这样，人就不知道为善。不认可这一双重性的那种弊病以及知觉状态的反本性——它教导道，单面性是更高级的东西——源于什么呢？关于道德的偏瘫者即善良人的观念又来自哪里呢？……源于以下要求：要断然抛弃那些敌视人的、危害人的、会发怒的、要报复的本能……这种非本性的东西和人（上帝、灵魂、人类）既是纯粹的善又是纯粹的恶这一双重性观念不一致。前者的一切力量、目的和状况都是正面的；而后者的一切力量、目的和状况都是反面的。——这种评价方式自认为是"理想主义的"；它没有怀疑过，人们已经在"善"的概念中设置了一种最高的目的性。如果这种评价方式达到了它的顶峰，那么，它就会尽可能去虚构一种状态，于是，所有的邪恶都不复存在，只有善良的人才是真实存在的。所以，它当然会认为，对立的善良和邪恶相互联系这一观点是有缺陷的；从反面考虑，应该消灭邪恶，保留善良，善良有存在的权利，而根本不允许邪恶存在……但是，为什么会这样呢？

在所有的时代，特别是在基督教盛行的时代，为了把人降低到这种片面的、"善良的人"的层次上，人们耗费了许多力气。即使是在今天，仍然有许多和教会相关而且压抑自己欲望的人，他们的思想和彻底的"善良"，或者"上帝的意志"，或者"灵魂的拯救"这类目标是一致的。对人的基本要求是，不做邪恶之事，不伤害人，没有伤害别人的想法。实现这些基本要求的途径在于，彻底消除可能存在的一切敌意，消除所有的报复性本能，消除像慢性病一样的所谓的"灵魂安宁"。

驯化一种特殊人种所运用的思维方式是以一个可笑的前提为出发点的，即它认为善良和邪恶实际上是完全对立的（不是对真实性加以解释的附加的价值观念），它说服人们做善事，它要求善良彻底地排斥邪恶，把邪恶作为敌人——实际上，由此，它同时也否定了生命，因为，生命的本能既有积极的方面，又有消极的方面。它不理解这一思想。因为相反，它渴望回到生命的完整性、一致性和力量。最后，当它内心的自由散漫倾向以及相互矛盾的价值推动力之间的冲突结束时，它自己虚构了一种拯救世界的蓝图。——直到今天，这种要求善良的愿望作为一种更加危险的思想状态和更盛行的心理学问，是最大的灾难。由于这种内心有诸多矛盾的人、这种受到束缚的人、这种心口不一的伪善者发展了起来，所以，要培养这样的人，将他们引向神圣，适当的途径只能是成为一个心口不一的伪善者，只有成为心口不一的伪善者，才能转变为神圣者。

　　但是，即使是在这种情况下，这样的生命仍然一直保持着合理性的姿态——这样的生命（实际上，生命应该理解为正面和反面的统一）竭力证实战争是邪恶的，不愿意伤害人，不愿意否定，其作用何在！实际上，还是要打仗！人们根本不可能做任何别的事！似乎否定邪恶的善良人自身就希望这样，他置身于道德这种倾向中，但却从来没有停止作战，从来没有停止敌视人，从来没有停止进行否定和做反面的事。比如说，基督徒就厌恶"罪恶"！——但是，在他们看来，一切不具有"罪恶"因素的东西是什么呢？实际上，正因为他们相信善良和邪恶是道德上对立的东西，他们才把世界看作是一个厌恶价值而且永远都在争斗的混乱的世界。"善人"认为自己被恶人包围着，一直遭到恶人的攻击，这样，他希望自己的目光更加敏锐，在自己的胡思乱想中寻找邪恶的东西。于是，由于把本能看作邪恶的东西，把人看作堕落的东西，把善看作一种恩惠（是人所做不到的），无疑，他自身也由此而走向死亡。总而言之，他否定了生命，他知道，作为最高价值的善会斥责生命……于是，他自己的关于善良和邪恶的观点就是一种应该被否定的东西。不过，人们并没有拒斥这种疾病。所以，人们虚构出另一种生命……

由于人类以生命为手段去设定生命的准则，由于人类不是以增强和耗尽生命为目的，而是以消除所有别的生命形式为目的而设置标准，简单地说，就是以批判和消除生命为目的，从而利用这些达到完美的、独特的生命手段，所以，他们总是重复过去的错误。就是说，人类以手段本身为目的，极端热爱手段，而且忘记了作为手段的手段，结果，现在，人们感到手段就是目的，是目的的标准……换句话说，有一种特殊的人，他们把自己的生存状况看作采取的合法状况，看作"真理""善""完美"。由于他们天生专断，他们把信仰的形式看作一种本性，也就是说，这种人没有认识到自己这种人的局限性，没有认识到他们和别的人相比具有相对性。如果他们变得宽容，承认平等权，而且放弃了当主人的愿望，那么，似乎至少有一种人（民族、种族）已经无路可走——

为了和一切以恐惧感为基础的现象进行斗争，进攻者需要一种勇敢的、冷酷的甚至无耻的信念……如果人们认识到，几千年来，人类仅仅是把谬误神化为真理，人类自己甚至将一切对谬误的责难烙上了思想不纯的印记，那么，他们就必须极其遗憾地承认，要主张进攻是合理的，大量的不道德是不可缺少的……如果这些非道德论者一直扮演着"真理殉道者"的角色，那么，应该宽恕他们。因为，真理是某种欲望的东西，这种欲望不是渴求真理，而是排除真理，是叛逆性的怀疑主义，是冒险的快乐，非道德论者正是出于这种欲望加以否定的。还有一种情况，即对个性的厌恶使非道德论者陷入疑问之中，他们和疑问进行斗争的原因在于，他们要维护反对个性的权利。不过，这首先是一种复仇心理，它有益于科学——是被压迫者的复仇，因为，他们一直以来都遭到占有统治地位的真理的逼迫甚至压制……

真理是一种科学方法。精通并极力主张这一方法的人把真理看作战争的工具——也就是看作毁灭性的武器……为了表达对自己对手的敬意，他们要求根据冒犯者的方式制定方案。——因为他们以如同自己的对手那样绝对的方式吹嘘真理这一概念——他们变成狂热信奉真理的人，至少在态度上是这样，因为没有任何别的值得认真对待的态度。其次，其余的还有迫害、激动和被迫害者的不安。——于是，敌对增加了，从而前提被削弱，这一结果保持在科学的土壤中。最后，他们想运用和自己的对手同样可笑的方式维护理性的重要性……"信念""信仰"、殉道的自豪感——对于认识来说，所有这些字眼都处于极其不恰当的情形之中。最终，真理的反对者重新主动地接受了一系列断定真理的主观方式，也就是采用态度、献身、崇高的决心等——这样，就推迟了非科学方法的统治期限。作为殉道者，他们损害了自己的事业。

善人是对劳动进行奉承的人。在对劳动的赞扬和对

"劳动福音"的无休止的谈论中，我发现一种隐秘的动机，即对一切个别事物的恐惧，这正如我在对公共利益的客观行动所做的赞美中所发现的动机一样。因为，当看到劳动时——也就是说，当看到从早到晚严苛的苦干时——我们就感觉到，劳动是最好的警察，也就是说，劳动对每一个人都加以控制，并有效地阻止了理性、贪婪、独立欲望的发展。因为，劳动耗尽了精神力量的绝大部分，使精神力量从反思、沉思、梦想、关注、爱和恨中退出；它在劳动者的眼前晃动着不重要的目标，而且经常很容易提供给劳动者一种满足。因此，一个不断地进行劳动的社会恰恰享受有更大的安全，而现在，正是安全被尊崇为至高无上的神。——而现在，是恐怖中的恐怖！变得危险的正是"劳动者"自己，整个世界挤满了"危险的个体"，而他们后面还跟着危险中的危险——真正的个体。

我们再次来看善人的有害性：

A. 从心理上来说，善人是颓废者，或者说是畜群；

B. 作为牺牲了真理和未来的寄生虫，善人是绝对有害的；

C. 善人表现出马基雅维利主义，如他们围绕权力进行斗争，他们具有引诱的手段，他们在屈服方面表现出聪明，比如说，向教士屈服，向强者屈服；

D. 善人是"女性化"的，"善"是最巧妙的奴隶式的狡猾，在给予和接受时处处都会有所顾虑；

E. 从生理学上来看善人，他们是什么时候在家庭和民众中产生的呢？他们是和神经病产生的；

哲人咖啡厅

产生于某种对立的形态中：真正的善、高尚、伟大的精神产生于富有，产生于仁慈——它们不是为了获取而给予，——它们不希望因其本身的善而提升自己。

"责任"这一概念是某种屈服、软弱的结果，是为了不必再索取和挑剔。

畜群的衰弱产生了一种道德，它和颓废者的道德非常相似——二者步调相互一致，组成联盟……强大的颓废宗教一直都依靠畜群的拥护……原本，畜群身上什么缺陷也没有，其力量是无法预计的；然而，由于它不会引领自己，所以，需要一个"牧人"作为指导者——对于这一点，教士们非常清楚……"国民"赤裸裸的，毫不掩饰，不受"良心的指引"。教士们使畜群有了什么缺陷？

善人的颓废天性表现在：

1）惰性，善人不想再使自己发生变化，也不想再学习，他是"杰出者"，不变地栖息着……

2）不会反抗，比如说，由于赞同，——他屈服（"宽大""容忍"……对一切他都加以谅解），"平安归于他所喜悦的人"。

3）他受到一切痛苦和沮丧的诱惑——因此，他喜欢"帮忙"，他生性就是强者的反叛者。

4）他需要绝妙的麻醉剂——如"理想""伟人""英雄"，他游荡于这些麻醉剂周围……

5）软弱，表现在畏惧激情和强烈的欲望，表现在畏惧积极和消极：由于不想居心不良，他是友好的——由于他不想偏袒，他是友好的——

6）衰弱，也许在必须抗争的一切地方，遭受到一些欲望，但他却不想看到（这被称作"善良"）。

7）受到一切严重颓废者的诱骗，实际上，从根本上而言，"十字架"、"爱"、"牺牲"、纯洁，都是彻底危害生命的观念和东西——还包括用理想进行大规模的杜撰。

8）知识分子的坏习惯

——仇恨真理，因为真理不会带来"任何美好的情感"；

——仇恨真诚者。

为了人类而做出牺牲的善人具有维护自我的本能，从这一点来看，从根本上说，他已经违背了政治，从别的一切通常的角度来看，这是某种探求、冒险和不满足。

他拒绝那些不首先将他考虑进去的目标和任务。作为"最高等"的人，他自大而不安分，他不但要参加所有讨论，还要对一切都予以评价。他认为，和那些有"缺陷"的人们相比，自己更优秀，因为，这些"缺陷"是强大的本能——其优秀还包括对"缺陷"感到羞愧的勇气。

善人就是寄生虫。他乞求生命的付出。善人是现实的道听途说者，是生命强大的本能欲望的敌人，是追求渺小幸福的伊壁鸠鲁的信徒，他否定那种伟大的幸福，因为他认为这种幸福是不道德的。

——由于善人没有丝毫益处，还经常铸成大错，产生欺骗，因此，他扰乱了一切现实生活，而且，借助于现实生活要表现对更高东西的追求，他毒化了现实生活。

——善人在自以为是的自高自大中，他不学习，也不改变自己，而是偏袒自己，甚至还引起非常大的不幸。

的确，这些人让我很不愉快，在他们看来，本能是一种病态，是一种错误的、无耻的东西。正是这些人使我们误入歧途，使我们也觉得，人的本能和爱好是邪恶的，对自己和他人的本性极度的不公正行为，正是受到人的本能和爱好迷惑的结果！

本来，轻松自在地、不受约束地听由天性是理所当然的，然而，人们不会这么做，原因就在于害怕那个"想当然"的"邪恶本能"！所以，在人们之中，很少能够看到那种认为自己的本能并不可耻，而是四处任意翱翔的勇敢的、高贵的品质。

我们这些天生的自由之鸟啊，无论飞到哪里，自由和光明都和我们在一起！

（二）道德是什么人的意志

从苏格拉底开始的欧洲历史有一个共同点，即要努力把道德的价值提升到统治地位，居于所有别的价值之上，从而，道德不但是生活的支配者和审判者，还应该是：1.一种认识；2.一种技巧；3.国家和团体事业的支配者和审判者。"变得更善"是唯一的任务，别的一切都是服务于这一任务的手段（或者是和对这一任务的扰乱、妨碍和威胁进行斗争，进而和对这一任务的毁灭进行斗争……）——相似的发展趋势也出现在中国。印度也有这样的情况。

哲
人
咖
啡
厅

　　道德价值的强力意志指的是什么呢？它在世界上的发展是史无前例的。

　　答案是：……在它后面隐藏着三种强力：1. 畜群对抗强者和独立者的本能；2. 受苦者和失败者对抗成功者的本能；3. 平庸者对抗优秀者的本能。这一发展有着极大的优势，因为数不清的野蛮、欺骗、不公助长掺杂于这种发展之中（因为，迄今为止，道德和生命的基本本能进行斗争的这一历史本身是世界上最大的不道德……）。

　　道德——你们认为它会在什么地方找到自己最危险的也是最阴险的倡导者呢？……有一个教养不好的人，他没有能够欣赏这一点的足够勇气，但却恰恰有足够的教育去认清这一点，他厌烦、憎恶而且鄙视自己，由于继承了一些钱，他甚至失去了最后的一点轻松自在，失去了"对工作的祷告"，失去了在"日常劳动"中的忘我，这样一个人，他从根本上就对自己的生存感到羞愧——他可能也怀有一些小小的坏毛病，另一方面，他不能通过读一些自己无权阅读的书，或者通过和超出自己领悟范围的之外的思想团体进行联系，从而阻止自己变得越来越骄纵和烦躁。这样一个人，他已经被彻底地毒化了——因为，对于那些教养不好的人来说，以这种方式，其精神变成了毒物，教育变成了毒物，财产变成了毒物，孤独变成了毒物——最终在一种习惯性的报复状态中，在报复的愿望中完蛋……

　　你们认为，他发现什么东西有必要，而且是绝对有必要在他自己眼中产生某种优越于精英人物的假象，而且至少在他的想象中获得某种实现报复后的快乐呢？这种东西

哲
人
咖
啡
厅

准是道德，你可以在这一点上打赌，这种东西准是自以为是的道德词汇，准是对公正、智慧、神圣、美德这些称号的粉饰，准是实行禁欲主义（——禁欲主义多么彻底地隐藏了人们所缺乏的东西啊！……），准是伪装成审慎的沉默、和蔼可亲、温和，以及其他一切可以称作理想主义伪装的东西（在其中，不可救药的妄自菲薄者和不可救药的自命不凡者招摇过市）。

不要误解我，我的意思是，在精神的这种天生的敌人之中，偶然会产生一些非常少的、普通人所尊崇的人，人们称之为圣人和贤人；那些道德怪物就来自这种人之中，他们产生嘈杂之声，他们创造历史——圣奥古斯丁就是其中之一。对精神的恐惧、对精神的报复——这些具有推动力的邪恶已经多么频繁地成为美德的根源啊！甚至这些具有推动力的邪恶就是美德！——另外，由哲学家们在世界各地所创造的某一获得他人信任的问题，甚至是哲学家们拥有智慧的要求（是所有要求中最疯狂最无耻的）——到目前为止，在印度和希腊，难道它不是一直都首先是一种掩饰吗？也许经常由于教育学的目的而选择一种掩饰，它把许多谎言神圣化，人们亲切地关注那些仍然处于生成、成长过程中的人，亲切地关注门徒，门徒们必须经常借助于对某个人的信仰（借助于某种错误）保护自己……

然而，因为哲学家已经变得疲惫、衰老、冰凉、僵硬，因此，这经常是一种哲学家拯救自己的一种掩饰，就像预感到死亡即将来临，就像动物们在死亡之前所具有的思虑——它们会自己走开，安静下来，选择独居，藏在洞

哲人咖啡厅

中，变得智慧起来……什么？智慧就是哲学家隐藏在其背后的一种掩饰——精神吗？

一切关于道德的论述都是作为非凡的东西被考虑的，也被看作是令人费解的难题。道德现象如同谜语一样，让我难以解释。或许，现在我得到了答案。因为，对我而言，周围人的幸福应该比我本人的幸福更重要，这说明了什么呢？我周围的人应该以和我相反的方式去评价自己的幸福吗？也就是说，为什么他认为我的幸福应该居于前列呢？哲学家所考虑的这个"现成的""你应该如何如何"指的又是什么呢？

这种几乎狂热的思想——认为人们为了别人而采取的行动应该比为了自己所采取的行动更高尚些，大家都按照这一原则行动，永远都如此（也就是说，认为人们应该不考虑自己的幸福，而是完全考虑别人的幸福，以此为出发点而行动）——有着自己的重要性。因为，具有共同看法的大众的本能是评价的基础，个别人没有什么价值，他们的集合才具有非常高的价值。条件是，他们要组成一个具有共同的情感和良知的团体。这也就是让眼睛盯着特定方向的事情，即满足视觉上的欲望，这使得人们不注意自己。

我的观点是，缺乏目的，这些目的必须是别人！我们看见广泛的欲望，也就是让一切个体都做牺牲品，做工具。你去大街上走一走，看看是否到处都是奴隶！他们的方向在哪里？其目的是什么？

激情和欲望在不同程度上唤起了一切民族和阶层的生存条件（——至少在一定范围内指出了这些民族和阶层在

尽可能长的时间内占上风的条件），这一条件就是要求一切民族和阶层成为"有道德的"人。

一切民族和阶层都要改变自己的本性，锻造自己的意愿和精神，以忘掉过去。

也就是说，不再表现出差异性。

也就是说，他们应该尽可能在欲求上表现得相同——更准确地说，欲求应该毁灭……

道德的意志看起来就是符合于这一意志的那种人的专横，这种意志凌驾于其他人之上。因为，道德意志对统治者的征战或整肃有好处（或者考虑的是让统治者不再害怕，或者是为了使人们服从统治者的支配）。"废除奴隶制"——这是向"人的尊严"的所谓献祭，其实是要毁灭一个特殊的人种（——埋葬这种人的价值与幸福）。

人们认为，包含在一个敌对民族（或阶层）之中的强力是极其不道德的，因为，这种强力会伤害我们（——因此，它的"德性"会遭到中伤，会被更改名称）。

我们把这种强力看作是和人及民众相敌对的，就好像这种民族对我们造成了伤害；然而，在这个民族看来，我们恰恰是它所希望的人，因为，我们是能够让其他人从中获得利益的人。

"善良"的要求（这种要求幼稚地相信自己精通于"什么是符合善良的"这一公式）是一种虚伪，在这一要求的伪装下，某种人企图获得统治权的欲望得到了彻底的肯定。更准确地说，"善良"是一种完全肯定的本能，即畜群本能。——"人人平等"内含着日益将人和人相等同的趋势。

哲人咖啡厅

善良是从邪恶的道德出发所关注的"利己主义"。（其秘诀是，把巨大的强烈欲望、争夺权力和贪婪作为美德的上司。）

无论各种中介者和渴望者能够提供什么，将会要求什么，他们都一定会固守同样的性格和同样的价值观念。原因在于，世界上的各种交往和交换都是在强夺美德，而且，几乎是在抢购美德。

同样，国家及各种以官员和士兵为特征的统治也是这样；同样，以信仰和热爱的态度进行工作的科学也是这样。——传教事业也是这样。

——也就是说，这些方面要强制实行邪恶的道德，因为，借助于这种道德，它们就可以获取好处；为了让道德取胜，就必须谴责不道德——但是，依靠什么"权利"达到这一点呢？根本不是依靠某种权利，而是依靠保存自我的本能。同样一个阶层，在不道德有利可图的地方，也会利用不道德。

在虚弱中所做的一切都会失败。道德：什么也没做。仅仅存在着这样的困难，即不是做出反应的力量，而恰恰是延缓行动的力量，才是所有在虚弱的影响下产生的东西中最病态的，因为，人们决不会比他们根本不应该做出反应的时候更快更盲目地做出反应。

坚强的天性通过推迟和搁置一切反应来表现自身，就像软弱以不情愿的对抗活动、"行为"的突然性和不可避免性为特征一样，坚强的天性以在一定程度上没有反应为特征。——意志是软弱的——而避免愚蠢行为的药方应该

哲人咖啡厅

有坚强的意志，应该是什么也不做。——矛盾。——一种自我毁灭，保存的本能妥协了。——弱者伤害自己。——这是颓废的象征。

实际上，我们发现了大量对于将会导致行不通的做法的思考，就什么也不做比做一点更有利而言，本能走对路了。

宗教团体、孤独的哲学家、苦行僧的一切做法，都是由正确的价值标准激发起来的，某种人不可能比通过尽可能地阻止自己行动使自己更多地受益。

宽慰的手段是：绝对的服从，机器般的活动，回避要求立刻做出决定和采取行动的人和事。

总的来说，生病的人和虚弱的人有着更多的同情心，从而也就更"善良"。生病的人和虚弱的人有着更多的精神，从而也就更变化无常、更具多重性、更不受约束——也就是更阴险。可以说，正是在生病的人身上产生了阴险。（一种病态的早熟就出现在佝偻病人、腺病患者和肺病患者身上。）人们把精神看作一种财富，所以，一些民族（犹太、法国、中国）中的反犹太主义者不能宽恕连犹太人也有"精神"以及金钱。（反犹太主义者是"败类"的代名词。）

生病的人和虚弱的人有一种奇特的魔力，他们比健康的人更有趣，比如说，傻瓜和圣徒就是两种非常有趣的人……和"天才"非常相似，那些闻名的"冒险家和犯人"和所有最健康的人，这些人的生活有时却表现为病态的——巨大的感情活动，对强力的热情、喜爱和仇恨，都

哲人咖啡厅

伴随着强烈的不安。谈到颓废，这种情绪表现在一切没有过早夭折的人身上——也就是说，大家都可以按照经验体验到自身的颓废本性——人的差不多一半生命都是颓废的。

最后，谈谈女人！人类的这一半是虚弱的、一向病态的、易变的、反复无常的——女人需要一种强力，以便依附于这种强力；女人需要一种弱者的宗教，宗教将软弱、爱和顺从美化为神圣的——或者，更准确地说，女人会使强者变得软弱——一旦女人能够征服强者，她就成为统治者。在历史上，女人和颓废者即教士一起谋划，反对"当权者""强者"男子汉。由于崇拜孝心、同情和爱，女人极力争取自己的孩子——由此，母亲就令人信服地体现着利他主义。

最后，在文明持续增长的同时，必然会造成病弱者的增加，造成神经功能—精神病患者及刑事犯罪人员的增加。从而，也出现了一个中间类型——艺术家，由于意志薄弱及畏惧社会的心理，他们和刑事犯罪人员有所区别，同时，他们还没有到住精神病院的地步，他们把自己的触角好奇地伸进那两种病弱者之中。也就是说，现代艺术家、画家、音乐家，特别是为自己的体裁而生活的小说家，这些独特的文化产物，他们应用了并非本真意义上的"自然主义"这个词语……疯子、犯人及"自然主义者"的不断增加象征着不断发展和向前飞驰的文化——就是说，废物、劣质品、残渣占据了主导地位。——倒退控制着整个步伐！

最后，社会沉渣泛起，这是变革的结果，也是倡导权利平等、迷信"人人平等"的结果。所有的颓废本能（憎恨、不满、毁灭欲、无政府主义、虚无主义等）的代表，包括奴隶的本能，长久以来居于下层者的懦弱、懒散和平庸的本能，这些本能融入到一切阶层的血液之中。经过两代或三代之后，人们就辨认不出某个种族了——因为，一切都被平庸化了。由此产生了一个结果，即对筛选、特权、权力和安全感、严厉实施、残忍等一般性本能的反对，以致甚至是特权者自己也在事实上屈服于这种本能了——也就是说，那些想攫取权力的人，就必须巴结平庸者，和平庸者一起工作，就必须拉拢平庸者——特别是拉拢那些所谓的"天才们"，因为他们是某些情感的首创者，这些情感被人们用来激发大众——在这些情感中，对受苦者、卑微者、被鄙视者、受迫害者的同情和尊重的声音压倒了所有其他声音（典型的例子是维克多·雨果和理查·瓦格纳）——平庸者的出现标志着旧价值的兴起。

我们的文明体现出在阶层和态度方面发生了强烈变化，这导致一些人在关注点上的改变。因为，这些人对消除这种病态发展所引起的巨大危险是非常重要的，他们好像也把这一点作为自己的使命——他们处于各种因素变化无常而又相互混合的状态中，成为真正的静观者、缓慢的同化者、保持者和相对稳定者。在这种情况下，平庸者必然成为关注的重点。平庸者和偏见者的联合统治（在大多数情况下，这二者都联盟）使平庸性得到加强。对那些独特的人而言，这产生的是一个新的敌人——或者说产生了一种新的诱惑。如果独特者不能适应平庸者，不唱赞歌以谄媚"被夺去继承权的人",那么,他们就会被称作"平庸"的人、"世故"的人。他们明白,平庸性也是闪光的东西——而且,甚至只有他们自己才有金钱和黄金(——即有一切闪光的东西……)……旧道德再次获得了胜利,从此,这个衰老的理想世界就成为一个为天才进行美言的领域……由此得出的结论是,平庸性成就了灵魂、智慧和天才——它让人感到轻松,实际上它是在诱惑。

结论。高度发展的文化只能植基于辽阔的土地上,植基于强大而稳固的平庸性上。科学服务于这种平庸,它的研究受到平庸性的支配——即使是艺术,在这一点上也和科学相同。科学不能期待更好的东西,因为,科学本身是中等阶层的一种研究活动——也就是说,科学受到独特者的排斥,贵族不具有科学的天性,无政府主义也不具有科学的天性。于是,为了维持自己的存在,中等阶层就借助于商业,特别是借助于金融业,因为大金融家的本性反对所有极端的东西——所以,在我们这个危险的、不稳定的欧洲,犹太人经常会成为最谨慎稳妥的力量。他们既不需要变革,也不需要社会主义和军国主义。如果当犹太人需要抓住权力,并需要利用权力的时候,要借助于革命团体,那么,这也只是他们谨慎稳妥的结果,和谨慎稳妥并不矛盾。他们需要经常唤醒自己对其他极端言行的恐惧感——其方法是表现出自己手里握有的东西。不过,他们的天性本身则是不可改变的谨慎稳妥——而且"平庸"……他们完全明白,在有权力的一切地方,都应该表现得强有力。而且,这种权力的执行总是表现在同一个方面。大家都知

哲人咖啡厅

道，表达平庸的美好词语是"自由"。

信念。——如果人们认为价值的彻底胜利是反生物学的，那么，这种假设是可笑的。因为，人们需要按照对生命的好处去解释这种胜利，为了保存"人"这一种类，即使是让弱者和失败者占上风也在所不惜。难道人不能以其他方式生存吗？——这是个难题。

对于保存种类而言，提升种类是一种不幸吗？为什么呢？

历史的经验表明，强大的人种会相互破坏而走向消亡。因为，战争、权力欲、冒险等几个因素的存在是短暂的，但要付出很高的代价；热烈的激情是一种挥霍——不再有力量可以花费，因为过分紧张导致了精神障碍；生存所付出的代价太大，简言之，——它们之间相互破坏而走向消亡；这时，就会出现极度缓和松弛的时代，一切伟大的时代都要付出代价……于是，强者变得比平庸者和弱者更软弱，更缺乏意志力，更可笑。

这些都是过度张扬的种族。"长久不变"本身可能的确没有什么价值。因为，人们可能宁愿这些种族生存得更短暂，但却更有价值。——其余的东西是要证明，这样，可能会达到一种比短暂生存更丰富的价值成果；也就是说，人作为力量的集合体，如果事情顺利的话，他就能得到用以支配他人的更多份额的力量……我们面对着一个经济学问题。

（三）表演者的问题

长久以来，表演者的问题一直使我感到不安。不管是在过去，还是在现在，我都不能确认，是否人们能够根据这一问题搞清楚"艺术家"这个危险的概念。直到今天，人们还是以一种不可宽恕的"仁慈"心对这个概念加以研究。

下面的各种情况可能还不只是表演者本人的问题：心安理得的假扮；伪装成一种突然爆发的强力，丢开、淹没并窒息自己的"个性"；诚恳地进入某种角色，戴上假面具，也就是说，希望是伪造的；各种过度的适应能力不能在最便利最有限的功利中得到自我满足……

也许，在下层群众的家庭中也已经训练出了上述各种本能，这种训练并不难。在各种压力和强迫下，这些家庭必须依附于别人，必须为自己的生活而苦苦挣扎，为了适应新的环境，必须不止一次地调整自己，总是扮演各种角色，逐渐培养出跟随形势改变方向的能力，变成善于"藏猫猫"游戏的有技巧的能手。在动物领域，人们把这种游戏叫作保护色，或者叫作适应能力，现在，这种技巧已经融入人类的血液中。最后，这种世世代代流传下来的适应能力变得肆虐专横，它成为一种本能，并统率着其他本能，从而产生出表演者和"艺术家"（最初是戏弄者、撒谎者、骗子、滑稽演员、像吉尔·布拉斯一样典型的仆人，对于这些角色来说，他们是艺术家的先驱，甚至是"专家"的

哲
人
咖
啡
厅

先驱）。

在上层社会中，由于相似的压力，也产生出相似的人，比如有外交手腕的人。不同之处在于，他们那种表演者的本能基本上受其他本能的支配。我相信，一切时代杰出的、有外交手腕的人都能够毫不费力地成为杰出的表演者，只要"随意"，他就能做到这一点。

谈到犹太人，它的确是一个非常能够适应技巧的民族，按照这种思路，人们能够在他们身上发现世界史上训练表演者的演练，这可以说是真正的"孵育"表演者的地方。实际上，现在的人们总是会遇到这种问题，即，现在，有哪个杰出的表演者不是犹太人呢？犹太人还是天生的作家，他们受益于表演者这种才能，这样，就在欧洲的新闻领域中占据优势，展现自己的雄心。从本质上看，作家其实就是表演者，他们扮演着"专家""能手"的角色。

最后，探讨一下女人。想想女人的整个历史，她们不是应该首先成为表演者吗？人们听见医生说，如果对女人施催眠术，那么，男人们就会爱上她们，接着，男人们又会受到她们的"催眠"！结果会怎么样呢？结果是，"她们献身"了。的确，是她们献身……女人，如此富有艺术气质的女人啊……

在那些因为其美德而得到颂扬的古人中，看起来似乎应该是这样，有许多人是在自我表演，特别是希腊人，他们天生就是演员，一定一直在完全无意识地进行表演，而我们看不到任何他们不应该这样做的理由。另外，人人都在力求用自己的美德超越别人的美德，那么，如果只是为了表演，他们为什么不可以运用一切技巧去卖弄自己的美德，特别是在他们相互之间进行卖弄！一种美德，如果人们不能展示，而且不知道如何展示其本身，那它还有什么用！——基督教结束了这些美德表演者的生涯，取而代之的是，基督教发明了对罪的令人厌恶的卖弄和炫耀，它使得世界进入到一种虚假的负罪状态之中（甚至直到今天，在正统的基督徒中，负罪还被看作是至善）。

一般而言，和别人交往的技能如同接受其宴请、吃自己有所怀疑的食物的技能。只有当你非常饥饿地吃东西时，一切才会比较简单（就像米菲斯特说的那样，"社交让人觉得难以对付"）。然而，当人们渴望非常饥饿的时刻时，这一时刻却不出现！唉，爱别人实在不是一件容易的事！

首要的原则在于，如同遭遇一场偶然事故一样，你应该竭尽全力，勇敢地去解决，应该为自己而感到自豪，抑制自己的厌恶感。第二个原则在于，以赞美的方法使别人的心情"变好"，使他自我陶醉；或者，掌握他的一个优秀的或"有趣的"个性特征，引导他，由此而表现出你的美德，赢得别人。第三个原则在于，使自己入睡。两眼盯着和自己交往的人，就像盯着一个玻璃按钮，直到再也感受不到快乐和厌恶，从而无意识地安安静静地睡去。这种态度就像夫妻关系和家庭的通常诊治手段，非常见效，不可缺少，但却没有给予科学的正式名称。它通常被叫作——忍耐。

我们也和"人类"交往，我们也朴素地穿着服装，人们由此而认识我们，尊重我们，寻找我们，接下来，我们出现在团体之中，也就是出现在那些不想承认这一点的被伪装起来的人们中间，我们也做一切精明地伪装起来的人们所做的事情，为了回应不关心我们"着装"的每一个古怪的人，我们礼貌地将其拒之门外。

而且，当开始和人们交往或者在人们之中穿行时，还有其他的方式和花招，比如说，装作幽灵——如果有人想很快摆脱他们并使得他们害怕，那么，这一点是完全可取的。举例来说，有人伸出手抓我们，但却没有抓到；或者，我们穿过一扇紧闭的门；或者，所有的灯都被熄灭；或者，在我们死亡之后，这一切都是令人恐怖的。最后一个例子是杰出的人死后的花招。（"你们在想什么？"他们中曾经有人不耐烦地问道，"如果我们不知道自己会变成什么，那么，我们就愿意忍受环绕着我们的坟墓的荒凉、寒冷和死寂，忍受这整个隐蔽的、秘密的、沉默的、未被发现的孤独，我们把它叫作生命，但或许同样也可以叫作死亡——只有在死后，我们才会进入自己的生命，变得活跃，哦，变得非常活跃，我们这些死后的人啊！"）

注意！当人们根据人多么擅长于克服困难、毫不动摇、借助于周围事物征服对手这一点去看待人时，他们不可能给予人足够的尊重；反之，当人们从人的欲望这一点出发去看待人时，人又成为非常荒谬的野蛮禽兽……似乎人要想重新获得自己强有力的男子汉美德，就需要有胆怯、懒散、软弱、巴结、谦卑等性格这样一个残废的方面，那么，看看人类的愿望和"理想"吧！具有愿望的人们从自己的永恒珍品、从自身的行为中给自己换上了新的面孔，即让自己处于虚无、可笑、无价值、天真的东西中。在这样一个有着许多主意和手段的动物身上，其精神的匮乏和虚弱令人感到惊讶。可以说，人类为了承担自己在实现一切现实而紧急的任务时所要付出的代价，"理想"就是报复人类的一种惩罚。假使现实性停止或者消失不见了，这时就会出现幻想、疲倦、虚弱，因此，所谓的"理想"就是幻想、疲倦、虚弱的一种形式……假使最强有力的人和最软弱无力的人都遇到这种情况，然而这并没有什么不同之处，也就是说，他们会加以神化，把劳动、奋斗、热情、竭尽全力、反抗的停止加以神化，总而言之，就是把"现实性"的停止加以神化……把停止对奋斗、努力的认识加以神化。

天真无邪是他们对这种愚蠢的理想状态的叫法。

幸福是懒散的理想状态。

爱是不想再有任何敌人的畜群的理想状态。

这样一来，人们就将所有贬低并损害人类的事物都吹捧为理想了。

把关注的目标转向畜群，而不是转向个体，这是根本的错误！实际上，畜群只不过是手段！但是，现在，人们企图把畜群理解为个体，并给予畜群比个体还要高的一种地位，没有比这更深的误解了！！！认为培养畜群的同情是我们天性中更有价值的方面，也是一种深刻的误解！

（四）超人的诞生

现在，奴隶理想已经发展到了顶峰，变成"社会"的最高价值准则。应该树立榜样给予社会一种普遍的即纯哲学的价值。为了反对社会，我主张贵族统治学说。

一个心中对自由保持担忧和顾虑的社会，原本应该有一种独特感，而且应该具有支配自身的强力，而这种强力使社会表现出确定的特征，但是，强力和社会是相对抗的，所以，社会对强力不予理睬。

我放弃的强力越多，就越使自己降低去争取平等，我也就越深刻地陷入平庸的统治之中，最终被乌合之众支配。贵族统治的社会为了保持自己成员的高度自由，应该以惊人的张力为前提，这一状况是由和一切成员完全相反的欲望及要求统治的意志产生的……

如果你们确实想消除显而易见的对立和等级差别，那么，你们也将失去强烈的爱、崇高的信仰和情感本身。

伟大的使命和疑问就像命中注定的那样，不可避免地、缓慢地、大规模地靠近了。应该如何统治整个世界呢？对完整的"人"——不再是国家的公民，也不是某个种族——应该朝哪个方向进行驯化呢？

主要的手段是规范秩序的道德，借助于这种道德，人们就能使人朝着为具有创造力的、深刻的人所喜爱的方向发展。其前提条件是，这种最高等的大师的意志掌握着强力，而且，能够在很长的一段时间里以法律、宗教以及风俗的形式使自己的创造性意志得以执行。我认为，今天，或许还有将来的一段时间，想找到这种非常富有创造力、极其伟大的人是白费力气。因为，根本就没有这种人。直到人们体验到诸多失望之后，最终才逐渐认识到，根本就

哲
人
咖
啡
厅

没有这种人，而且开始明白，在世界上，现在被欧洲人直接称作"道德"的东西是最敌视这种人的产生的。因为，看起来好像没有其他道德，也不会有其他道德——前面谈到的那种奴隶道德极力追求一种满地绿色的像牧场一样的人间幸福，也就是生命的安全感、没有危险、愉快、安逸，而且，后来，"如果一切都相安无事"，他们还希望摆脱牧人和领头羊。这种道德有两种流传最广的学说，即"平等权"和"对所有苦难者的同情"——应该把痛苦本身彻底消除，从他们身上消除。这种"思想"一直都很流行，但是，这种风气破坏了"流行"的概念。然而，一切思考过迄今为止产生单调呆板之人的环境及其繁荣的发展形态的人，都认为，这一切都是在与上述相反的情况下发生的。他们认为，机械单调之人的处境非常危险，由于长期受到压制，要起而斗争，因此产生了某种创造和管理能力，他们的生存意志应该得到强化，直到成为积极的强力意志和强权意志；他们认为，危险、苛刻、暴力、艰难和内心的危险、权利不平等、掩饰、斯多葛主义、诱惑者的狡猾、各种戏法巫术——简言之，所有和奴隶所希望的相对立的东西，对于人的提升都是必要的。这种道德具有一种相反的意图，它向高处驯化人，而不是向与人为善、平庸方向进行驯化。它的目的在于驯化统治阶层（未来的世界主人）的道德，这种道德必须把自己和当前的习俗、法律规范加以联系，而且使用后者的语言、穿上后者的外衣。然而，要达到这一目的，就必须创造许多善变的、欺骗性的手段，而且，和完成那么重大的使命相比，和必须首先培

哲
人
咖
啡
厅

养一种崭新的人相比，一个人的自然寿命是难以承担的，在崭新的人类那里，上述的欲望即本能会持续许多年——这就是新人类的典范和高度。这一点是很清楚的，而这种思想的内容则是冗长的、不易表述的。要培养有着最高的精神和意志的人，即独特的强大的人种，就需要把价值颠倒过来，同时，为了达到这个目的，还要将他们蕴藏的许多受到谴责的本能慢慢地、小心地表现出来。思考过这个问题的人具有我们这种人的特性，是自由的人——当然，是具有迄今为止的新人类特性的"自由的人"。因为，也许，这些人希望的是相反的东西。我认为，具有这种特性的人首先是欧洲的悲观主义者、具有强烈感情的理想主义的诗人和思想家，由于他们对整个生存感到不满意，因而，一定也至少对当今的人感到不满意，这是合乎逻辑的。同样，一些急切地渴望获得成功的艺术家毫不犹豫地、明确地为争取更高层次的人的特殊待遇而斗争，为反对"奴隶"而斗争，同时借助于巧妙的具有吸引力的方式使优等人的所有奴隶本性和奴隶意识处于不活跃的状态。最后，还有一切批评家和历史学家——这三种人将一起勇敢地使成功着手的对旧世界的发现（这是新的哥伦布即德国精神的成就）进一步向前发展——我们一直都处于这个征服行动的开端。实际上，统治就世界的道德和今天的道德是有区别的，它是一种更驯服的道德。和今天的人相比，这种道德对古希腊人的感染和影响更强烈、更深刻——到现在为止，他们是空前绝后的"成功者"。但是，源于古典文化的吸引力会对成功者即强者和取得成就的人产生影响，甚至现

哲
人
咖
啡
厅

在，这种吸引力依旧是和所有的民主和基督教相反的一种吸引力。它最诱人、最富有成效，这一点就像文艺复兴时期的吸引力。

人们需要一种强有力到足以作为驯化者的角色而起作用的学说，也就是使强者进一步得到加强，同时，使厌世者麻痹和毁灭。

歼灭衰弱的种族。欧洲的衰弱。——革除奴性的盲从的评价。把统治世界作为产生更高级人类的途径。革除被称作"道德"的伪君子作风（在这方面，基督教是一种歇斯底里的诚实，奥古斯丁、班扬就是这样）。——废除广泛的选举权，即废除最低级的种类借以把自己的意志规定为最高级的种类遵守的法则的体制。——革除平庸和对它的认可。（片面的人，个人——人种；通过对立面的搭配，以争取丰富的天性，要达到这一目的，种族要混合。）——新的勇气——没有先天的真理（那些习惯于信仰的人追求这样的真理！），只有某种对应运而生的统治思想的自由服从，例如，把空间的特性作为时间的思想等等。

应该发展统治者的道德，在将来的某一天，这些道德会左右统治者的仁慈和同情心。伟大道德的教化者（认为敌人是不可原谅的）要增强创造者的欲望，而不再是努力获得理智！试着把这些人的特殊身份及强力地位和迄今为止道德高尚的人加以比较，把罗马的凯撒和基督教精神加以比较，就能明白。

高等的人和作为奴隶的人。如果没有半人，那么，我们就把过去的伟人看作半神，或者就是神。因为，宗教的出现证明，人类已经对人本身不感兴趣了（用哈姆雷特的话说，就是，"女人也不能使我感兴趣"），或者召集一群人，希望他们像议会一样发挥专制统治的作用。

专制是伟人的显著特点，因为伟人要使平庸者变得愚蠢。

伟人认识到自己具有统治国家民众的强力，认识到自己和国家民众或者一个时代有共同之处（这一认识是自由和意志的增强），它被误解为"利他主义"，这激发他去寻找联系的方式。从这一方式来看，所有的伟人都具有独创性，他们希望根据自己的设想构建强大的团体，他们也很高兴将各种杂乱无章的东西有序化，这使他们直面混乱。

对爱的误解。有奴隶般的爱，屈就的爱和谦卑的爱，这种爱既是理想化的爱，又是具有欺骗性的爱。有一种神圣的爱，它既鄙视自己所爱的东西，又深爱自己所爱的东西，既使自己所爱的东西发生了改变，又升华了自己所爱的东西。

关键在于获得那种极为强大的力量，借助于驯化和牺牲数以万计的下层人员去创造未来的人，而不会由于人们造成的巨大灾难而灭亡。

看起来，有一个概念是确定的，不会引起误解，这就是匮乏。它可能是后天造成的，也可能是先天遗传的——不管怎么样，它改变了事物的外貌和价值……

富有者由于他表现出和感觉到的盈实，不知不觉地把这种盈实赋予了事物，从而认为事物更丰富、更强大、更有希望——因为，富有者一定能够赠予；相反，匮乏者会贬低并丑化他所看到的一切——因为，匮乏者降低了价值，所以，他是有害的……

对于这一点，好像不可能有错误认识，但是，历史上却存在着一个可怕的事实，即，人们经常会混淆匮乏者和最富有者，而且，把最富有者混同为最有害者。

缺乏生命力的人即弱者会使生命变得更贫乏，而富有生命力的人即强者则使生命变得更丰富……

前者是后者的寄生虫，后者则是赠予者……

怎么会出现这种混淆呢？……

如果匮乏者以一种具有极强的活力和精力的面貌出现，如果衰减是爆发由于精神或神经紧张而发泄的原因，那么，人们就把匮乏者混同为富有者了……匮乏者引起敬畏……

对愚蠢者的崇拜一直都是对富有生命者即强者的崇拜。

狂热者、着魔者、热衷宗教者、一切与众不同者，都被看作强力的最高典范，被看作是卓越的。

这种引起敬畏的强大首先被看作是卓越的，于是，权威由此而找到了出发点，人们根据这一出发点进行解释、倾听、追求智慧……

由此出发，几乎广泛地产生一种力求"卓越"的意志，即使得精神、肉体和神经的典范衰减的意志，这是寻找通向这种更高存在之道路的一种尝试。

使自己生病、使自己疯狂，这是引起神经错乱的迹象——它意味着要变得更强大、更超人、更令人敬畏、更智慧——人们自认为这样就可以更富于强力，以使自己能够做出牺牲，因此，人们在有崇拜的一切地方寻找着能够做出牺牲的人。

这样，人们就把愚蠢者当作某种超人；这样，人们就相信，神经病患者和癫痫病患者身上都有某种令人敬畏的强力；因此，人们对兴奋的体验有误解……这种兴奋可以大大提升强力感。

所以，对这种强力进行的评价是幼稚的。

在最高强力层次上的一定是最兴奋者、最狂热者。

兴奋有两个起点，即，生命的极度盈实、大脑的营养不良状态。

因此，生理上的混淆是人们付出的最高代价。

婚姻制度顽固地支持这样一种信仰，爱虽然是一种激情，但它本身仍然能够持续，是的，它能够持久存在，毕生的爱可以被看作是一种普遍的规则。通过对于一种高贵信仰的坚持，虽然有那样频繁的、几乎习惯性的驳斥——因此而成为一种神圣的欺骗——婚姻已经把爱提升到了一个更高的层次。每一种承认激情、承认信仰激情的持续、承认对于这一持续的责任的制度——不顾激情自身的本质——都已经把激情提升到了一个更高的水平，因此而被这样一种激情俘获的人不会像以往那样认为自己在别人的评价中被降低了，或者由于这个原因而被卷入危险中，而是相反，他相信，不管在他自己看来，还是在他的同类看来，自己都得到了提升。让我们回想一下那些制度和习俗，它们从瞬间的热烈的挚爱中创造出永恒的忠贞，从瞬间的愤怒的满足中创造出永恒的复仇，从瞬间的绝望中创造出永恒的悲痛，从个别的草率的语词中创造出永恒的义务。许多伪善和谎言作为这样的转化结果而产生，但是每一次，以这样的不利条件为代价，也有一种提升人类的新的超人概念产生。

（五）未来的强者

当我以遥远时代的眼光深思当前的时代时，在现代人的身上，除了以"历史感"的名义流传的道德和疾病之外，我居然找不到任何值得注意的东西。

这个发现是历史上某种全新的、奇异的东西的开端。如果这颗种子被给予几个世纪或更多的时间，它就可能最终长成一棵令人惊讶的作物，这种作物具有同样令人惊讶的气味，它可能使得我们古老的世界更适于生活。生活于当代的我们不过才刚刚开始形成一个非常强大的未来情感的链条，一环套一环——我们几乎不知道自己在做什么。

在我们看来，这好像几乎就不是一个新的情感的问题，倒不如说是所有旧情感的减少；这种历史感依然是如此贫乏而冷漠；而许多人则像遭到霜打一样受到它的侵袭，从而表现得更贫乏、更冷漠。对其他人来说，它看起来就像悄悄逼近的古老时代的一个标志，而他们则把我们的星球看作一个忧郁的病人，这个病人想忘记自己当前的状况，因此而书写他年轻时候的历史。

这实际上是这种新感情的一个特点，任何设法把人类的历史完全感受为他自己的历史的人，都将普遍感觉到各种人的悲伤，这些人包括考虑自身健康的病人、被夺取了自己心爱人的恋人、理想毁灭了的殉道者、已经决出胜负的战争只使他受到创伤并失去朋友的迟暮英雄。

　　但是，如果人们承受着并能够承受得起各种巨大的悲伤，同时还成为在战斗爆发的第二天就迎接黎明和自己未来的英雄，成为一个其视野跨越了过去和未来几千年的人，成为过去的一切高贵精神的继承者——即具有责任感的继承者，是旧贵族中最高贵的，同时又是新贵族中一流的——没有一个时代曾经看见过或者梦想过这种类似的人；如果人们能够把所有这些——最陈旧的、最新的、损失、希望、征服，还有人性的胜利——都压在自己的精神上；如果人们最终能够把所有这些都归结在一种精神中，并且把它们集中在一种单一的情感中——这一定会产生一种幸福，就像晚上的太阳一样，不断地赐予自己无穷的财富，让它们流入大海之中，最丰富的情感就像太阳一样，即使是最贫穷的渔夫也在用金桨划船！那么，这种神圣的情感就应该被称作——人性。

　　不是要使得人类"更完善"，也不是要以任何形式向人们宣传道德，就好像要给出"道德本身"或某种理想型的人，而是要创造要求更强的人的条件，这些人为了自己的部分需要，因而想拥有一种使自己强大的道德（更清楚地说，一种肉体—精神的行为准则）！

　　不是要允许自己被蓝色的眼睛和喘息的胸膛所误导，因为灵魂的伟大在这一点上没有任何浪漫的东西。不幸的是，根本没有什么可爱的东西。

伟大的灵魂和伟大的精神是分不开的。因为伟大的灵魂包含独立，而在缺乏伟大的精神时，就不应该允许独立，这就会造成危害，尽管伟大的灵魂渴望做善事并实行"正义"。渺小的精神必须服从——因此不能拥有伟大。

就像伟大的时代一样，伟大的人就是储藏着巨大能量的炸药；从历史上和生理上来看，他们的前提条件永远是，长时间以来，已经为他们增加、储藏、积蓄、保存了许多东西——即已经很长时间没有爆发了。一旦大规模的张力变得太强烈，那么，最意想不到的刺激都足以把"天才"、"功绩"、伟大的命运召唤到世界。那么，天才和环境，或时代，或"时代精神"，或"民意"有什么关系！

以拿破仑为例。革命时期的法国，更重要的是，革命前的法国，本来可以产生和拿破仑相反的人，实际上，也确实产生了。因为拿破仑与众不同，是比当时法国即将灭亡的人更强大、更悠久、更古老的文明的后代，因此，他成为那里的主人，成为唯一的主人。伟人是必然的，而他们登台的那个时代则是偶然的；他们几乎总是成为他们时代的统治者，仅仅是因为他们更强大，因为他们更有资格，因为长时间以来为他们积累了许多东西。天才和他时代之间的关系就像强者和弱者之间的关系，或者老人和青年之间的关系，因此，相对而言，时代总是更幼小、更肤浅、更不成熟、更不可信、更幼稚。

在今天的法国，人们对这个问题进行完全不同的思考（在德国也是如此，但是并不重要），社会环境理论，实

哲人咖啡厅

际上是一种精神病患者的理论，已经变得神圣不可侵犯，而且几乎是科学的，甚至可以在生理学家之中找到拥护者——它发出恶臭，产生了可悲的影响。在英国也没有什么不同之处，而且，这不会使任何人感到痛苦。因为，要和天才及"伟人"达成协议，英国只有两条路，或者是按照巴克尔的民主方式，或者是按照卡莱尔的宗教方式。

出现在伟人和伟大时代那里的危险是异乎寻常的，在他们清醒的时候，会产生各种疲惫不堪、枯燥无味。伟人是一部戏剧的终场，伟大的时代（例如，文艺复兴时代）也是一部戏剧的终场。天才（创作方面和行动方面的天才）必然是一个过度张扬者，他将自己耗尽，这就是他的伟大！保存自我的本能被搁置起来，好像就应该如此，奔流的力量之不可抗拒的压力不允许他有任何此类的小心和谨慎。人们称之为"自我牺牲"，并称赞他的"英雄主义"，称赞他对自身幸福的淡漠，称赞他对某种理想、事业、祖国的奉献。毫无疑问，这都是误解。他奔流，他漫溢，他耗尽自己，他不宽恕自己——这是一种灾难性的、身不由己的死亡，不亚于河流淹没大地。不过，因为许多东西被归功于这种炸药，所以作为回报，也有许多东西被给予他们，比如说，给予他们一种更高尚的道德。毕竟，这是人类感激的一种方式，但是，他们误解了自己的恩人。

伟人，自然以伟大的方式创造和产生的这种人，是什么样的人呢？一、他赋予自己的所有行动以永恒一致的逻辑性（这种逻辑性由于太过繁杂而难以了解其要点，所以具有迷惑性），他能够根据自己生命的极高境界去锻造自己的意志力，他有一种鄙视和拒绝接受渺小的劣等事物的能力，即使这些事物中包含着世界上最美丽的、"最神圣的"东西。二、他更冷静、更严厉、更率直，也更不怕舆论；他没有和"尊重"以及受尊重相关的德性，也没有奴隶道德的任何特征；他如果不能做领头人，那就独自行走，不过，这时就会出现这样的情况，他会对路上遇见的东西低语。三、他不希望有"同情心"，而是希望有奴仆、傀儡；在和人们打交道的过程中，他总是打他们的主意。他不会透露自己的秘密，因为，他认为，做一个诚实的人很愚蠢；如果别人看穿了他的真面目，那么，他觉得这是很少见的。当他不是说心里话时，他就会戴上假面具。他宁肯说谎，而不愿意说实话。因为，说谎会消耗更多的精神和意志。他内心有一种孤独感，这种孤独感是赞赏和贬低都达不到的某种东西，是一种独特的正当性，但他不为自己辩护。

到目前为止，人类（有点像未来人类的萌芽）已经蕴含着一切把产生未来的人类看作目标的创造力。因为这些力量极其强大，因此，现在的人类就会受到折磨。他越想支配未来，就越会受到折磨。这是对苦难最深刻的认识。因为，在任何个人身上，都不停地流动着某种东西，即他们感到孤独，他们在树立自己最遥远目标的过程中，孤独是最强大的动力；另一方面，他们对自身幸福的追求是提高和调整创造力并避免彼此造成损害的手段。

有几分必然，也有几分偶然，它们处处都在为一种更强类型的人的产生实现着条件，我们现在能够理解而且有

哲
人
咖
啡
厅

意识地希望理解这一点,原因在于,我们能够创造这样一种提升得以可能的条件。

直到现在,"教育"才考虑到社会的需要,不是未来的可能需要,而是当前社会的需要。人们渴望为它创制"工具"。假设力量的储备更大,人们就能够想象有一些力量被留出来,这些力量不是为了服务于现实社会的需要,而是为了服务于未来的需要。

人们本来应该提出这样一种任务,对这一任务掌握得更多一些,在某种程度上,现代的社会形式正在受到如此强烈的改变,以至于在某个未来的时刻,它将不能只为了它自身的目的而存在,而是完全作为一种更强种族手中的工具而存在。

人类日趋增加的渺小恰恰是使人们想到培养一种更强种族的动力所在,这样的种族只会出现在渺小的人类处于衰弱状态,而且变得更衰弱(在意志、责任感、自信、为自己设定目标的能力方面)的地方。

手段应该是由历史传授给人们的:由于和现今一般兴趣相悖的对保存的兴趣而处于孤立状态,习惯于颠倒的评价,由于痛苦而产生的距离,一种对当今最受贬低的、最被禁忌的那些东西的自由愧疚。

欧洲人的雷同化是无法阻挡的伟大进程,人们甚至应该加速这一进程。产生某种分歧、距离和等级秩序的必然性是理所当然的,没有必要延缓这一进程。

这种雷同化的人种一旦产生,它就需要一种存在的正当理由:其存在是为了服务于一种更高的掌握了全部强力

哲人咖啡厅

的人种，这一人种立于以往的人种之上，而且仅仅通过这样做才能把自己提升到其任务。它不仅是其任务在于统治、具有控制力的人种，而且是有自己的生活范围、洋溢着对美、勇敢、文化、精神至高点态度的优点的人种；它还是准予自己享有一切奢华的做出断言的人种——它强大到足以不需要美德命令的专制，富有到足以不需要节俭和卖弄学问，它超越于善和恶之外，超越于为奇特的精选的植物准备的温室之外。

和动物相反，人类已经在自己身上发展出了许多相互冲突的欲望及冲动，借助于这些东西的统一体，人类就成为地球的主人。——在这个有着许多欲望的世界中，道德表达的是具有阶层限制的等级制，为的是使人不会因为相互冲突的欲望而灭亡。于是，起主导作用的欲望削弱和自己冲突的欲望，把它变成刺激主要的欲望进行活动的推动力。

也许，最高等级的人具有的欲望也最多，而且，相对来说持续的时间也比较长，地位也最高。实际上，在生活单调的人兴盛的地方，人们也会发现相对活跃的强烈本能（如，莎士比亚），不过，这种本能得到了控制。

花园和宫殿的意义（而且，在这一程度上，还有一切渴望财富的意义）在于从视野中排除杂乱和粗俗，并且为精神的高贵建立一个家园。无疑，大多数人相信，当那些美丽的、安宁的物体在自己身上运作时，他们将会达到更高的本性，从而可以立刻去意大利、去旅行，等等，进行一切阅读，去剧院看戏剧。他们想让别人塑造自己——这

哲人咖啡厅

就是他们的文化活动的意义。而强者、有力量者却想塑造，不再让任何事物对他们是陌生的。

所以，人们也投入到疯狂的本性中，不是要发现自己，而是要在其中遗失和忘却自己。"处于自身之外"是一切弱者和自我不满者的愿望。

只有出身的高贵，只有血统的高贵（在这里，我一直在谈论微不足道的词"来自于"或哥达年鉴[欧洲王室的谱系参考书]：常规评价的插入语）。当人们谈到"精神的贵族"，理由通常不是缺乏隐藏着的事物，正如众所周知的，它是雄心勃勃的犹太人喜爱的一个术语。因为精神不能独自产生高贵，相反，必须有一些使精神高贵的事物。那么，需要什么呢？血统。

人们拿自己的生命、健康和荣誉去冒险，这是强烈的精神和过剩的、丰盈的意志的结果：不是由于人喜欢这样，而是因为每一个巨大的危险都挑战着我们对自己力量和勇气的程度的好奇心。

我是为还不存在的人种而写的，也就是为"地球的主人"而写的。

宗教信仰作为慰藉和消遣是危险的，因为，人们相信自己有一种放松的权利。

在柏拉图的《泰阿泰德》篇中，这样写道："我们每个人都想成为在一切人之上的主人，如果可能的话，最好是一切神的主人。"这种看法一定还会出现。

英国人、美国人、俄国人……

从现在起，对于更广泛的统治形式（它们的样子还从来没有出现过）而言，将会有更有利的前提条件。甚至这也不是最重要的事情，超越国界的种族联合体这一产物的可能性已经确立起来，这一联合体的任务是培养一个主人种族，即未来的"地球的主人"——这是一种崭新的、了不起的优秀人物，他们基于最严厉的自我立法，在其中，人们将被迫忍受那些强力和大师—暴君的哲人的意志千万年之久——这是一种更高类型的人，由于在意志、知识、财富和影响方面的优势，他们把民主的欧洲用作自己掌握地球命运最柔韧、最灵活的工具，以便于他们作为"人类"本身之上的大师而起作用。足够了：政治将有一种非凡意义的时刻就要来了。

我认为，知道在卑贱的、下流的、龌龊的人之上存在着一些更高等的、更有前途的人种，从数量上看，他们非常稀少——因为，从本质上来说，所有出类拔萃的人都是非常稀少的。某些人属于这一类人的原因，并不在于他比低等的人更有天赋，或者品格更高尚，或者更勇敢，或者更讨人喜欢，而是因为他更冷酷无情、更有前途、更能表现自己的天性、目光更远大、更独断专行。因为他能够忍耐孤独、喜欢孤独、需要孤独，认为这才是幸福，才是自己独有的荣幸，才是生存的条件。因为，当他生活在乌云雷电、狂风暴雨中时，就像生活在充满阳光、雨露润泽、霜雪耀眼的世界一样，就像生活在源于天堂的东西中一样。如果他进行活动，那么，永远都是由上到下地进行活动的。抱有向上的野心不是我要做的事。——因为，我们比英雄、殉道者、卓越的人物以及极端主义者要镇静、忍耐、小心、清醒、沉着。

贵族阶层的举止表明，在他们这个群体的所有成员中，强力意识正不断地玩着自己使人神魂颠倒的游戏。因此，具有贵族习惯的人们，不管是男人还是女人，绝不会憔悴不堪地倒在椅子中；当其他所有人都使自己舒适的时候（比如在火车上），他们却防止舒服地向后靠；他们一口气在庭院站上几个小时也不会表现得疲惫；他们不会以一种舒适的方式布置自己的房间，而是按照会产生某种宏伟、壮观的东西的效果这样一种方式进行布置，就像这个房间是为更杰出、更高大的人提供的住所；他们对某种令人恼怒的言谈报之以高尚而安详的精神，就好像并没有被激怒，没有受到压制，没有受辱，也没有在毫无教养的风尚中感到喘不过气来。正如贵族能够保持这样一种印象，即他拥有出色的体力，这种体力决不会离开他，他同样希望，通过即使是在最困难的情况下，自己在性情上依然保持始终如一的平静和礼貌，由此而传达这样一种印象，即他的精神和灵魂能抵挡一切危险和意想不到的事。就激情而言，贵族的修养可能和骑手相似，或者以让自己高傲而暴烈的马按照西班牙风格小跑为乐（我们不得不回忆路易十四的时代），或者感觉到自己的马就像一股巨大的力量似地和自己一起飞奔而去，其速度达到了如此的程度，以至于马和骑手都几乎惊慌失措，但是，由于享受着这种快乐，他们依旧保持着非常清醒的头脑，在这两种情况下，这种贵族的修养都散发着力量，而如果它的习惯经常要求的只是表现出力量感，那么，真正的优越感就仍然会不断地保持增强，它是这种表现在那些不是贵族的人身上产生印象的结果。贵族修养的这种无可置疑的幸福，建立在优越感的基础之上，它现在正开始上升到更高的水平，因为现在，由于自由精神，从今以后，对于那些在贵族阶层出生和长大的人来说，进入知识领域是允许的，并不可耻，在这个领域，他们可以比过去获得更多精神的献祭仪式，学到更高的骑士礼仪，在这个领域，他们可以向往取胜的智慧这种理想，还没有一个时代能够以像即将到来的时代一样善的良知在自己面前树立这种理想。最后，如果情形变得日益明显，参与政治越来越不光彩，那么，未来的贵族将从事什么职业呢？

哦，把我的思想强加在别人身上，这是多么强烈地违背我的本性啊！由于别人的思想战胜了我自己的思想，我内心的情绪和秘密发生了变化，对此，我是多么欢欣鼓舞啊！但是，当我被允许赠送我的精神财富，就像坐在自己的席位上、焦急地等待着某个需要安慰的不幸者的忏悔者，这时，我就一次又一次地享受到更大的满足，而且因为太高兴而不会谈到自己思想的所有痛苦，结果，快乐充满听者的手和心，苦恼的灵魂放松下来。忏悔者不仅不渴望声誉，他还不得不避开感激，因为它们都是强加于人的，对孤独和沉默缺乏尊重。而是要没有声名地活着，甚至受到些许嘲笑地活着，太鲜为人知而激不起嫉妒和仇视地活着；他有着不受狂热影响的头脑，有一把知识、一袋经验；他就像一个精神贫乏的医生，帮着这个或那个头脑被思想所困扰的人，不让这些人感觉到自己实际上在帮助他们，根本不希望他们以自己病人的身份出现，也不希望获得成功。以这样一种方式和他谈话，在一个简短的、几乎感觉不到的暗示或反对后，听者可能会自己发现什么是对的，然后骄傲地走开。他就像一个不重要的、知名度不高的小旅馆，不会拒绝任何需求者进入，但之后就被忘却了，遭到嘲笑。他没有任何超过别人的优势（既没有更好的食物，也没有更纯净的空气，也没有更令人愉快的思想），却总是在赠送、回报、传播，从而变得更穷。为了让许多人容易接近，不使任何人受辱，他们要知道如何做到谦虚。为了我们可以在他们的秘密通道上达到许多难以理解的灵魂，他们把许多不公正承担下来，怕过各种错误的缝隙和裂缝！他们永远具有某种爱，又具有某种自私和自我欣赏，具有强力，同时又缩头缩尾、放弃强力。他们始终沐浴在阳光和高雅的甜蜜中，又知道通向崇高的阶梯就在我们附近。——这将是一种生活，它才真正是长久活着的理由！

下定决心完成伟大事业并探索完成伟大事业的途径的人，一定是怀疑论者，这并不是说他一定要假装成怀疑论者。他的强大表现为不受任何信仰的影响，能够不受约束地观察。其生存方面的强烈激情、根据和强力，比他自身的激情、根据和强力更自由，也更重要——这种强烈的激情调动起（不仅仅是占有）他所有的智慧，使他变得毫不犹豫，使他具有追求一般手段（甚至是非凡手段）的勇气。这种激情给予他信念，它需要信仰，也运用信仰，但并不屈就信仰。这说明，只有这种激情才知道自己不受任何条件的限制。相反，需要信仰，需要某种绝对的肯定和否定，这是弱者的需要；一切弱者都是就其意志的软弱而言的；一切意志的弱者都是因为没有激情，没有绝对命令去进行指挥。坚持信仰的人和任何类型的"信徒"都一定是某种具有依赖性的人，也就是说，这种人不会把自身看作目的，甚至绝对不会本能地把自身看作目的——他们必然会作为工具而被毁灭……他们本能地把最高的荣誉赋予一种无私的道德；他们的一切，包括才智、经验、虚荣，都会导致他们相信这种无私的道德。而且，即使是信仰，也是无私的一种形式。

我们总是因为自己遭到误解、冤枉、误判、诋毁、误听和没有被听取而抱怨吗？这正是我们的命运——哦，还会持续很长时间！说得适度一点，会持续到1901年——也是我们的殊荣；如果我们希望的是与此不同的东西，那么，我们就不会充分地给予自己荣誉。我们遭到了错误的认识——因为我们自己一直在发展、一直在变化，我们蜕去自己的旧壳，每年春天都蜕去自己的皮，我们继续变得更年轻、更充满前途、更高、更强，我们把自己的根更有力地植入深处——即植入邪恶——同时，我们更深情、更坦荡地拥抱天空，更加如饥似渴地用我们所有的枝叶吸收着天空的光芒。我们就像树一样生长——这很难理解，正如生命的一切很难理解一样——我们不是只生长在一个地方，而是到处生长，不是朝着一个方向，而是同时向上、向外、向里、向下；我们的能量同时在树干、树枝和树根之中起作用，我们不再自由地只做一件特定的事，也不再自由地仅仅成为一个特定的东西。

哲人咖啡厅

　　这就是我们的命运，正如我先前说过的；我们向着高处生长，即使这可能是我们的厄运——因为我们居住得离闪电更近了——是的，我们并不因此而降低对它尊重，它仍然是我们不希望别人分享的、不希望公之于众的东西——这种厄运是崇高的，是我们的厄运。

　　我们这些新的、无名的、难以理解的人，我们这些迄今为止还没有得到证实的未来的早产儿——为了达到新的目标，我们也需要新的手段，即新的健康，比以往的任何健康都更强、更成熟、更坚韧、更勇猛、更快乐。

　　凡是具有渴望体验整个一系列价值和迄今迫切需要得到之物、渴望绕着这一理想的"地中海"海岸航行的人，凡是想从自己亲身经历的更真实的冒险活动中了解理想的发现者和征服者如何感受的，以及艺术家、圣徒、立法者、哲人、学者、敬神者、预言家、以老式的风格卓尔不群者如何感受的人，都需要一种超越于别的一切事物之上的东西，即，伟大的健康——他们不仅要拥有这种健康，还不断地获得这种健康，而且必须获得这种健康，因为他们一次又一次放弃健康，而且一定会放弃健康！

　　而现在，当我们长久地以这种态度在自己的路上走过后，我们这些具有理想的阿尔戈英雄（与其说他们明智，或许不如说他们更勇敢），经常遭受船只失事和损害的痛苦，但是，再说一次，我们却比人们所许可的更健康，极度的健康，再次获得了健康——在我看来，这似乎是一种报酬，我们现在面临着一个至今还未发现的领域，从来没有人考察过它的界限，它是某种超越于迄今为止的理想的一切方面和角落之外的世界，这个世界是如此富于美丽、奇异、可疑、恐怖和神圣，以至于我们无法消除对它的好奇心以及拥有它的渴望——哎，现在，再也没有什么东西能够使我们心满意足了！在这样的展望之后，怀着对自己良知和科学的强烈渴望，我们如何还会对当今的人感到满意呢？当我们看着他最有价值的目标和希望时，我们发现很难保持严肃，或许，我们甚至不想再看，这太糟糕了，但却是不可避免的。

还有一种理想在我们面前反复出现，这是一种奇怪的、诱人的、危险的理想，我们不希望让任何人相信它，因为我们不乐意给予任何人追求它的权利，只有那些天真地玩乐的人才具有这种理想，即他们不是存心地，而是由于过剩的力量和充沛的精力才玩乐，他们有着迄今为止一切被称作神圣的、有益的、不可冒犯的、极美的东西；对于他们来说，那些被人们理所当然地接受为自己的价值标准的至高无上的东西，意味着危险、腐朽、卑贱，或者至少只是一种消遣、盲目和暂时忘记自己；这种理想属于一种人，其超人的幸福和恩惠经常表现为没有人性，例如，当它面对迄今为止一切世间的严肃、一切庄重的姿态、话语、腔调、眼神、道德和使命时，就像这是他们最具体的东西，是无意识做出的拙劣模仿——但是，尽管如此，也许正是由于这种理想，伟大的严肃性才真正开始存在，真正的问题才被第一次提出，灵魂的命运才发生变化，时针才向前移动，悲剧才开始。

哲人咖啡厅

（六）反基督者

1

让我们彼此直视对方。我们是极北族人——我们知道得很清楚，我们所处的地方多么遥远。"不管是通过陆地，还是通过水域，你都找不到通向极北族人的道路"：古希腊诗人品达在他那个时代就对我们知道得很清楚。在超越了北方、冰雪、死亡的那一边——是我们的生命、我们的幸福。

我们已经发现了那种幸福，我们知道通向幸福的路，我们认识到了离开几千年迷宫的道路。还有谁找到这条道路了吗？——今天的人吗？——"我既不知道出去的路，也不知道进去的路；我就是一切'既不知道出去的路、也不知道进去的路'的东西的总和"——今天的人这样叹息着。

这就是使我们生病的现代性——我们厌恶懒散的和平、懦弱的妥协、现代对整个道德的肮脏的肯定和否定。对我们而言，因为"理解"一切而"原谅"一切的心灵的这种宽容和大度是一股西罗科风暴。我们宁愿生活在冰雪中，而不愿生活在现代的美德和其他这样的南方暖风中！

我们非常勇敢；我们既不饶恕自己，也不饶恕别人；但是，我们在很长时间中一直在寻找指导我们勇气的东西在哪里。我们变得消沉，他们把我们称作宿命论者。我们的命运——它是力量的饱满、紧张、积蓄。我们渴望闪电和伟大的功绩；我们尽可能地远离意志薄弱的幸福，远离"屈从"的幸福。

我们的天空有雷鸣，自然，正如我们的本性一样，变得阴沉——因为我们还没有找到路。我们的幸福的公式是：肯定、否定、直线、目标……

2

善是什么？——一切扩展了人身上的强力感、强力意志和强力本身的东西都是善。

恶是什么？——一切从虚弱中产生的东西都是恶。

幸福是什么？——幸福就是强力在增强的感觉，即，战胜了某种障碍的感觉。

不是要满意，而更多的是要强力；不是无论付出多大代价都要和平，而是无论如何都要战争；不是要德性，而是要能力（文艺复兴意义上的德性，就是 virtu，是免于道德腐蚀的德性）。

弱者和失败者应该毁灭，这是社会的首要法则。而且，我们应该加速他们的毁灭。

比一切邪恶更有害的东西是什么？——是对弱者和失败者的事实上的同情——是基督教……

3

在这里，我所提出的问题不是在生物的序列中（人处于末梢）什么将取代人类，而是应该培养什么样的人种，应该希望什么样的人种，把他们作为最有价值的、最有生命尊严的人种，作为未来最稳固的保证。

这一更有价值的人种在过去就非常频繁地出现过，但却总是作为一个快乐的偶然事件出现的，是作为一种例外出现的，而从来没有作为人们特别希望的东西出现过。人类恰恰最害怕这种人，它几乎是迄今为止人类最令人恐惧的东西——由于那种恐惧，人们一直期望、培养和达到相反的人种。如驯养的动物、放牧的动物、病态的人面兽心的人——如基督徒就是这种人……

4

人类并不像现在所理解的进步一样，确实并不代表一种向着更好、更强、更高水平的演化。这种"进步"只不过是一种现代的观念，进一步说，是一种错误的观念。今天的欧洲人在其最根本的价值方面变得远远低于文艺复兴时期的欧洲人；演化中的发展并不一定意味着提升、增进、加强。

的确，在世界的不同区域及完全不同的文化下的孤立的、个别的情况中，它取得了成功，在这些情况中，更高级的人种当然展示过自己；和众多的人类相比，这一人种可能就表现为一种超人。伟大成功的这种快乐鸣响一直都是可能的，而且仍将保持可能，也许终将到来。甚至整个人种、部落、民族有时也可能实现这种幸运的偶然事件。

哲人咖啡厅

5

我们不应该修饰和美化基督教，因为，它已经发起一场反对这种高级人种的殊死战争，它已经把这一人种的所有强烈本能都置于自己的禁令之下，它从这些本能中发展出了自己关于罪恶和罪恶的人本身的概念——把强者看作典型的恶棍，看作"人类中的被逐出者"。基督教一直都扮演着一切弱者、卑贱者、失败者的角色，它从对健全生命的一切自我保存本能的反对中创造出一种理想；通过把最高贵的理性价值描绘为罪恶的、骗人的、充满诱惑的东西，它甚至破坏了在理性方面最活跃的那些天性的能力。最可悲的例子是帕斯卡尔的堕落，他相信自己的理性已经被原罪破坏了，而实际上，他的理性是被基督教破坏的！

6

出现在我面前的是一种痛苦而悲惨的场面，因为我已经揭示了人类的"腐化"。我所说的"腐化"这个词至少不会受到一种怀疑，即怀疑它包含着一种对人类的道德的谴责。它是在没有任何道德意义的情况下使用的——我希望再次强调这一事实，这一点是如此之真实，以至于恰恰是在那些迄今为止一直对"美德"和"神圣"具有最强烈的渴望的地方，我所谈到的"腐化"对我而言是显而易见的。正如你们可能揣测的那样，我是在"颓废"的意义上理解"腐化"的，我的观点是，人类目前将自己的最高渴望确定于其上的一切价值都是颓废价值。

当一种动物、一个人种、一个个体失去自己的天性，当它们选择或者偏爱对自己有害的东西时，我就称之为腐化的。关于"更高尚的情操""人类的理想"的历史——
这可能是我必须记录下的东西——完全可以解释人类如此
退化的原因。生命本身对我来说表现为一种求生长的本能、
求生存的本能、求力量积累的本能、求强力的本能，凡是
在没有强力意志的时刻，就会有灾难。我的观点是，人类
的一切最高价值都已经被掏空了这种意志——因此，颓废
的价值、虚无主义的价值战胜了那些神圣的"名称"。

7

  基督教被称作关于同情的宗教。——同情反对一切增
强生命活力的令人兴奋的激情，也就是说，同情是一种压
抑的情绪。当一个人同情的时候，他就失去了力量。由于
同情，对痛苦所激发起的力量的阻碍就增加了上千倍。由
于同情，痛苦就被使得蔓延开来；在一定情况下，同情还
可能导致生命和生命能量的全部牺牲——这一损失和导致
其损失的原因的大小太不相称了（那萨列人基督之死的情
况就是如此）。这是关于同情的首要观点，然而，还有更
重要的观点。

  如果有人通过由同情所造成的反作用力的重要性来衡
量同情的效果，那么，同情作为对生命的威胁这一特点就
表现得更加清楚。同情阻碍着作为自然选择法则的整个进
化法则。同情保护一切应该毁灭的东西；它为支持那些被
生命所淘汰和谴责的人而斗争；通过维护如此之多的各种
失败者的生命，同情使生命本身呈现一种阴暗的、可疑的
面貌。

人类冒险把同情称作一种美德（而在一切上等的道德体系中，同情都表现为一种弱点）；然后更进一步，他们一直都把同情称作美德，把它看作其他一切美德的源泉和基础——但是，让我们永远记住，这一思想源于虚无主义哲学的立场，在它的盾牌上，铭刻着对生命的否定。在这一点上，叔本华是正确的：借助于同情，生命遭到了否定，并认为生命是应该被否定的——同情就是虚无主义的手段。让我再重复一遍：这种令人沮丧的、具有传染性的本能反对所有那些激发对生命的保存和提升的本能：同情扮演着保护悲惨者的角色，它是促进颓废的一种最主要的动因——同情说服人们走向灭绝。

当然，人们不会说"灭绝"，因为，他们会说"彼岸世界"，或"上帝"，或"真正的生活"，或涅槃、拯救、极乐。

当人们反思这种掩盖在崇高语言下面的倾向（毁灭生命的倾向）时，这种天真的矫饰（源于宗教—伦理的诡辩领域）就显得非常不天真了。叔本华敌视生命，这就是同情在他看来是一种美德的原因。

正如大家都知道的那样，亚里士多德在同情中看到一种令人作呕的、危险的思想状态，需要一种适当的泻药进行治疗，他认为悲剧就是那种泻药。生命的本能会促使我们寻求某种方法，用以刺破一切如此病态地、危险地积累起来的同情——正如表现在叔本华的情况中一样（哎，同时也表现在我们的整个文学颓废的情况中，从圣彼得堡到巴黎，从托尔斯泰到瓦格纳，都是如此）——以至于可以使同情爆炸并排出。

在所有我们的不健康的现代性中，没有比基督教的同情更不健康的东西了。在这里，要做医生，要冷酷无情，要挥舞着刀——所有这些都是我们的责任，所有这些都属于我们的人性，以此为标志，我们才成为哲学家，我们这些极北族人！

哲
人
咖
啡
厅

六、超人道德

（一）挑战理性

有一天，流浪者关上门，站在门后，哭着说："探求真理、本质、内在、道德心的兴趣和热情是多么令人厌恶啊！为什么这个悲哀又热情的推动者总是跟着我？我想歇一会儿，而它却不允许。很多事物都不能诱使我停在这儿！处处都有我的乐园，因此，不止一次地，我的心被撕碎，充满了无穷的辛酸！我必须让自己疲乏而伤痕累累的双脚向前迈进，我必须向前走，所以，当我不时地回头看那些无法挽留我的至善至美的事物时，难免有点忧怨——因为它们无法挽留我！"

我们内心之所以会兴高采烈地欣然同意行动，这根源于什么地方？——这是一直以来人们极其关注的问题。最古老的答案（也是我们仍然听到的答案）是这样，根源于上帝，上帝以这一方式使得我们认识到，他批准了我们的行动。在以往的时代，人们请教传神谕的人，他们这样做，是为了自己可以返回到由这种兴高采烈的欣然同意所强化的家园；如果向人们提出具有选择性的行动，每个人都会这样回答这个出现在自己身上的疑问："凡是产生兴高采烈的欣然同意这种感情的事，我就会做。"换句话说，他们不会选择最合乎理性的事情，而是选择某种设想，也就是使心灵充满勇气和希望这样的设想。兴高采烈的想法作为根据被看作是标准，而且被证明比理性更重要，因为人们迷信地把心情理解为承诺成功的上帝的行动，而且，上帝借助于这个根据，让他的理性表现为最高的理性。现在，当那些渴望强力的精明的人利用偏见的时候——而且至今还在这样做！让我们考虑一下这样一个偏见的后果。"引起了适当的心情！"——这样，你就能消除一切争论，并推翻任何异议。

1

　　追求真理的意志，仍将吸引我们去进行诸多冒险。迄今为止，所有的哲学家都尊敬地谈论过那个著名的真实性。这种追求真理的意志在我们面前设置了多少问题呀！多么奇怪、糟糕、可疑的问题呀！尽管这样，这已经有一段漫长的历史了——然而，看起来好像几乎还没有开始。我们最终变得多疑、失去耐心、不耐烦地走开，这有什么奇怪的吗？我们最终是否也应该从这个斯芬克斯那里学会提问题呢？真正把问题设置在我们这里的人是谁呢？在我们内心中，究竟是什么想要"真理"？

　　的确，我们曾长时间地停留在关于这个意志的原因问题上——直到我们最终完全停留在一个更基本的问题面前。我们询问过意志的价值问题。假设我们需要真理，为什么不宁可要非真理？还有不确定？甚至无知？真理的价值问题来到我们面前——或者是我们来到这个问题面前？

哲人咖啡厅

在这里，我们中有谁是俄狄浦斯呢？有谁是斯芬克斯呢？看起来好像这是一个问题和问号的会合。虽然这好像是几乎不可信的，最后，几乎在我们看来，就像迄今为止，问题甚至还从来没有被设置，就好像我们第一次看到它，用眼睛死死地盯着它，为它冒险。因为它确实包含着一种冒险，或许没有比这更大的冒险了。

2

"有些东西可能源于其对立面吗？例如，真理源于谬误？或者追求真理的意志源于追求欺骗的意志？或者无私的行为源于自私？或者，智者纯洁而明媚的凝视源于贪欲？这样的起源是不可能的；凡是梦想这一切的都是傻瓜，甚至更糟；拥有最高价值的东西一定有另一个独特的起源——它们不可能来源于这个空幻的、有诱惑力的、有欺骗性的、微不足道的处于谬见和贪欲的混杂状态的世界。恰恰相反，它们源于存在的怀抱，源于永恒，源于隐蔽的上帝，源于'物自体'——它们的基础一定在那里，而不在任何别的地方。"

判断的这种方式构成了典型的臆断和偏见，臆断和偏见暴露了一切时代形而上学家的真面目。这种价值判断在他们逻辑程序的背景中逐渐形成，由于这样的"信念"，他们为"知识"而烦恼，为最终被庄严地命名为"真理"的某种东西而烦恼。形而上学家们的基本信念是对对立价值的信仰。就连他们中最谨慎的人——即使他们对自己发誓"怀疑一切"，甚至也没有想到，恰恰在无疑是最最必然的边界处，人们可能会产生某种怀疑。

因为人们可能会怀疑，首先，从根本上说，是否存在着某种对立面；其次，形而上学家们在上面盖了自己印章的流行的价值判断和对立的价值是否多半只是对前景的估计，也许实际上只是从某个角落、从下面借用一种画家们所运用的表现方式得来的暂时性远景，就像井中青蛙的眼界一样。对于和可靠、诚实、无私相配的一切价值而言，有一点仍然是可能的：生命的更高、更基本的价值不得不被归结为欺骗、自私、贪婪。甚至还有一点也是可能的：构成善的被尊崇的事物的价值的东西，确切的是指，它们被暗中关联、束缚、卷入到这些恶劣的、貌似对立的东西——可能恰恰就是它们本质中的某种东西。可能！

但是，谁愿意关心如此危险的可能性呢？为了这一点，人们的确不得不等待着一种新型哲学家的到来，这样的哲学家有着某种莫名其妙的品位和爱好，这和我们迄今为止所知道的那些哲学家——不折不扣的危险"可能性"的哲学家不同而且正好相反。

十分认真地说，我看见这样的新型哲学家正在走上前来。

3

在哲学家们的纹路和手指间留意了足够长的时间之后，我对自己说：本能的活动一定还包含着绝大部分有意识的思维，甚至对于哲学的思维来说也是这样。在这一点上，我们不得不重新认识，就像人们不得不重新认识遗传和"先天"的东西。正如出生这一行为在遗传的整个进行

哲人咖啡厅

和过程中不值得考虑一样，在任何具有决定性的意义上而言，"意识"也不是本能的东西的对立面：哲学家的大部分有意识的思维都隐蔽地受到他自己本能的支配，并被迫进入某种确定的轨道。

在一切逻辑及其对活动的表面上的支配之后，也存在着价值判断，或者，更清楚地说，对某种确定类型的生命进行保存的生理要求。例如，确定的东西应该比不确定的东西更有价值，而纯粹的表象比"真理"的价值要更少——尽管这样的评估对我们来说相当重要，但它们可能只是纯粹的远景评估，是某种对于保存我们这样的存在而言必要的无知。也就是说，假设并非公正的人是"事物的尺度"。

4

某个判断的错误对我们而言并不一定是对某个判断所持的异议，在这方面，我们的新语言可能听起来最奇怪。问题是，它在多大程度上促进生命，服务于生命，保存人种，也许甚至培养人种。而我们基本上倾向于主张，最错误的判断（包括先天综合判断）对我们而言是最不可缺少的；如果不接受逻辑的虚构，不衡量和纯粹捏造的无条件的、自我同一的世界正相反对的现实，不通过数字对世界进行不断的歪曲，人类就不能生存——抛弃错误的判断就意味着抛弃生命和否定生命。把非真理看作生命的条件——这当然意味着以某种危险的方式抵制惯常的价值感，一种冒险这样做的哲学将通过某个特征把自己设置于

哲人咖啡厅

超越善和恶的彼岸。

5

引起人们半是怀疑半是嘲弄地看待一切哲学家的东西，不是人们反复地发现他们多么无知——他们多么经常、多么容易犯错误并走入歧途，简言之，不是他们的幼稚和天真，而是他们在自己的工作中不够诚实，虽然在很遥远地触及真实性问题时，他们说了许多品德高尚的话。他们都装腔作势，好像通过某种自我发展的客观的、抽象的、极度无私的逻辑争论（与任何级别的神秘主义相反，神秘主义更诚实、更愚钝——他们谈论"灵感"），他们已经发现并达到了自己的真实看法；而实质上，这是他们用自己探索事实的理性进行辩护的一种假设，一种预感，一种真正的"灵感"——最经常的是一种被过滤而变得抽象的心灵的渴望。他们都是憎恨概念名称的倡导者，而在极大程度上，他们也是他们命名为"真理"的偏见的狡猾代言人——但是，远远缺乏承认这一点（恰恰是这一点）和自己相关的良心的勇气，远远缺乏让这一点被知道的勇气的高品位，不管是警告敌人还是朋友，还是出于健康而嘲笑自己。

老康德既呆板又高雅的伪君子作风，是他用以引诱我们走上逻辑论证的旁门左道（导向他的"绝对命令"）——实际上引向堕落和诱惑——这一景象使我们微笑，因为我们是很难取悦的，而发现密切观察老道德家和道德传教士的狡猾诡计很好笑。或者考虑数学形式的欺骗，斯宾诺莎用它把自己的哲学——实际上是"他的智慧之爱",我们是很公正而断然地提出这句话的——包装在盔甲和面具中,目的是攻击最初进入任何敢于扫视凛然难犯的少女和雅典娜的凶徒心中的恐怖:病态的遁世者的这一假面具泄漏了多少个人的怯懦和弱点呀!

6

我已经逐渐清晰地认识到,一切伟大的哲学迄今为止一直是什么样的——也就是说,一种不自觉和无意识的传记及其作者的亲自忏悔;另外还有,一切哲学中道德的(或者非道德的)意图构成了生命的真正起源,从这里,整个植物都生长起来。

的确,如果人们愿意解释哲学家最荒谬的数学化的主张事实上是如何产生的,那么,首先问"所有这些(或者他)针对的是什么道德?"这一问题就总是好的(而且是智慧的)。根据这些,我不相信某种"知识的推动力"是哲学之父,而倒不如说,就像在别的地方一样,在这里,另一种推动力已经采用了作为一种纯粹工具的理解(和误解)。但是,凡是考虑人的基本推动力,以便看到令人鼓舞的神灵(或者恶魔和地下精灵),在多大程度上一直处于游戏状态的任何人都将会发现,所有这些都在某一个时刻推动着哲学——它们中任何单独的一个都非常想让自身代表存在的终极目标和所有其他推动力的正当统治者。因为每一个推动力都想成为统治者,而它就试图在这样的精神中进行哲学探讨。

哲
人
咖
啡
厅

　　肯定地说，在那些真正是科学之人的学者们中间，事物可能是不同的——"更好"，如果你希望——在那里，你可能会真正找到像知识的推动力这样的东西——某种小小的独立的钟表装置，一旦上紧发条，它就会精力充沛地持续工作，不需要来自学者的一切其他推动力的必要参与。因此，学者的真正"兴趣"通常放在别的地方，比如说，放在他的家庭方面，或者挣钱方面，或者政治方面。的确，他那点心思是放在科学的这一点上还是那一点上，"有前途的"青年工作者是把自己变成一个优秀的语言学家，还是真菌方面的专家或者化学家，这几乎就是一件完全不重要的事：他是变成这样还是那样并不表明他的性格特点。相反地，在哲学家那里，根本没有和个性无关的东西，首先，他的道德就直接或间接地证实了他是什么样的人——也就是说，他天性中最内在的推动力在相互关系中处于什么样的等级顺序。

7

　　哲学家们是多么恶毒呀！就我所知道的，没有比伊壁鸠鲁放任自己反对柏拉图和柏拉图主义者更恶毒的笑料了，他把他们叫作狄奥尼索科拉克斯。从字面上来看，这是某种前景意义，指"狄奥尼索斯的奉承者"，换句话说，就是暴君的随从和献媚者。但是，除此之外，他也想说："他们都是演员，在他们那里，没有未经伪装的真正的东西。"（因为狄奥尼索科拉克斯就是演员的一个流行的称呼。）而演员这一称呼事实上是伊壁鸠鲁针对柏拉图表现

哲
人
咖
啡
厅

出的恶毒，他对那种浮华的态度感到恼怒。柏拉图和他的弟子都很擅长这种表现方式，而伊壁鸠鲁在这方面却不擅长。他，这个来自萨摩斯岛、躲藏着坐在他雅典的小花园里写了三百本书的老教导者，谁了解？也许是出于反对柏拉图的愤怒和野心？

花了一百年的时间，希腊人才发现这个花园之神伊壁鸠鲁一直以来是个什么样的人——他们果真发现了吗？

8

在每一种哲学中都存在着一个时刻，哲学家的"信仰"在这个阶段表现出来——或者用一个古代圣迹剧的语言来说：

驴子走上前来，

高贵而强健。

9

你想"遵循自然"生活吗？哦，你们这些高贵的斯多亚学派，这是多么具有欺骗性的语言呀！设想一个如自然那样的人，极度浪费，极度冷漠，没有意图和考虑，没有仁慈和公正，多产而同时又荒凉和无常；设想作为强力的那种冷漠本身——你怎么能遵循这种冷漠而生活呢？难道生活不恰恰是想要成为不同于自然的东西吗？难道生活——评价、优选、不公正、受限制——不是想要成为不同的东西吗？假设，你们的命令"遵循自然生活"归根结底指的正是"遵循生活生活"，你们怎么能不那样做呢？

哲
人
咖
啡
厅

为什么要制定一个"你们自己是什么和必须是什么"的原则?

实际上,事情是完全不同的:当你们假装欣喜若狂地阅读你们从自然中得出的律法的准则时,你们想要的是相反的东西,你们这些古怪的演员和自欺者!你们的骄傲想要把你们的道德、你们的思想强加给自然——就是强加给自然——而且把它们并入自然中,你们要求自然成为"遵循斯多亚"的自然,你们希望一切存在都只按你们所设想的那样存在——作为一种对斯多亚主义的无限而永恒的赞颂。由于你们对真理的所有的爱,你们已经如此长久地、如此坚持不懈地、如此严格地用催眠术强迫自己以错误的方式——也就是斯多亚式地——去看待自然,你们不再能独特地看待自然。而某种极端的傲慢自大最终仍然以疯狂的希望激发你们,因为你们知道如何压制自己——斯多亚主义就是自我专制——也压制自然,让自然本身被压制:难道斯多亚不是自然的一个部分吗?

但是,这是一个古老的、永恒的故事:一旦某一种哲学开始相信它本身,那么,从前伴随着斯多亚发生的事同样也仍然在今天发生。哲学总是按照自己的想象创造世界,除此之外别无他法。哲学就是这种专横的推动力本身,最唯灵论的强力意志、"创造世界"的意志、寻求第一因的意志。

10

整个欧洲借以非难"真正的和表象的世界"这一问题

的渴望和敏锐——我甚至还可以说，机灵——使得人们思考并感到惊奇，任何除了"追求真理的意志"之外就听不到背景中任何东西的人，他一定没有生就一对灵敏的耳朵。在罕见而孤立的事例中，实际上可能是这样的情况：这样一种追求真理的意志，某种过度的和冒险的勇气，一种形而上学者想要持有某个无望的立场的野心，可能参与其中，而且最终甚至宁愿要一小撮"确定性"，而不愿要一整车美丽的可能性；实际上也可能有在道德上主张禁欲的狂热宗教徒，他们甚至宁愿躺倒在一种确定的虚无上死去，也不愿躺倒在某种不确定的东西上死去。但是，这是虚无主义，是绝望的征兆，是极其萎靡的灵魂——而这样一种道德的姿态可能会显得非常英勇无畏。

然而，似乎更渴望生命的人并不是更坚强而且更有活力的思想家。当他们更加傲慢自大地反对表象并谈论"前景"的时候，当他们把自己身体的确实性列于和看得见的迹象的确实性同样低的级别上，并因此——显然心情好的时候——放弃自己最保险的所有物即身体（现在，除了自己的身体，人们还会更坚定地相信别的东西吗？）的时候，谁知道他们是不是根本就不想努力去赢回某种以往更加保险的所有物，赢回某种过去时代所信仰的古老的所有物，也许是"不朽的灵魂"，也许是"古老的上帝"，简言之，赢回一个人能由此而生活得更好的观念，也就是比"现代观念"能使人更有活力、更快乐地生活的观念呢？在这种看法中，有对这些现代观念的不信任，有对某种昨天和今天建立起来的一切东西的怀疑；也许还有一些轻微的厌腻

哲人咖啡厅

和鄙视，这种鄙视不能再忍受有着各种各样来源的概念古董——它是今天所谓的实证主义把自己供应在市场上的形式；有对所有这些现实的肤浅哲学家倍加挑剔贸易市场的混杂和斑驳的厌恶，而这些肤浅哲学家，其自身除了这一混杂之外就没有新的和真正的东西。在这里，我认为，今天，我们应该赞成这些善于怀疑的反现实主义者和在知识上使用显微镜进行观察的人：他们抗拒当代现实的本能是无可辩驳的——他们退却的途径和我们有什么关系！关于他们的主要问题不是他们想退却，而是他们想逃掉。他们有着更多的力量、飞行、勇气和艺术家的天赋，他们本想升上去，而不是退回去！

11

在我看来，人们到处都试图把注意力从康德施加在德国哲学上的实际影响那里转移开，而且特别是要明智地忽略他设置在自身之上的价值。康德是最初因他的范畴表感到骄傲的人，他手握范畴表说："这是有史以来为了形而上学能够被做的最难的事情。"

让我们只理解这个"能够被"！他因发现了人身上的一种新能力即先天综合判断的能力而感到骄傲。假设他在这个问题上欺骗了自己，德国哲学的发展和迅速繁荣不过是依赖于他的骄傲，依赖于想要发现——如果可能的话——某些更值得骄傲的东西（反正是"新的能力"）的年轻一代的热切对抗！

但是，让我们思考一下，是该这样做的时候了。"先天综合判断是如何可能的？"康德问自己——而实际上他是如何回答的？凭一种能力。但是很不幸，不是五个字，而是如此根据情况地、庄严地并且带着这样一种对德国的深刻和晦涩的展示，以至于人们简直没有注意包含在这样一个问题中的滑稽的、愚笨的阿勒曼德舞曲。人们实际上由于这一新的能力而忘乎所以，当康德进一步发现了人身上的某种道德能力时，人们的欢腾达到了高潮——因为，在那个时候，德国人依然是道德的，而没有痴迷于"现实政治"。

德国哲学的蜜月来到了。所有图宾根神学院的年轻神学家都走入"灌木丛"中——都去寻找"能力"。而他们没有发现什么吗——在德国精神的那个单纯的、丰富的，而且依旧年轻的时期，浪漫主义和恶毒的小精灵吹着笛子唱着歌进入这个时期，这时，人们还不能区分"发现"和"发明"！首先，一种"超感觉"的能力：谢林将其命名为理智直观，因此而使实质上虔诚渴望的德国人最衷心的渴望得到了满足。这一兴高采烈、满腔热情的整个运动实际上朝气蓬勃，然而大胆地说，它把自己伪装在陈旧而衰败的概念中，和严肃地或更严重地考虑它、以道德上的愤慨对待它相比，人们不可能更多地冤枉它。够了，人们变得更老，而梦却消失了。当人们抓着脑袋的时候，一个时代来临了，而今天他们还在抓着脑袋。人们一直在梦想着，最初是——老康德。"凭一种能力"——他说，或者至少是这样的意思。但是，这就是回答吗？这就是解释吗？或者倒不如说，这只是对问题的重复？鸦片是如何引起睡眠

哲人咖啡厅

的？"凭一种能力"，也就是嗜睡的特性，医生莫里哀回答。

因为存在于嗜睡的特性中，

所以自然感官便睡去。

但是这样的回答应该归于喜剧，而且是该用另一个问题"为什么对这样的判断的信仰是必要的？"取代康德的问题"先天综合判断是如何可能的？"的时候了——而且，为了保存像我们这样的人，是该把这样的判断理解为必须信以为真的时候了，当然，虽然它们可能完全是虚假的判断！或者更清楚、更粗略地说，先天综合判断完全不应该"是可能的"，对于它们，我们没有权利，用我们的话说，它们只是虚假的判断。当然，只有对它们的真实性的信仰是必要的，正如一个前景的信仰和看得见的迹象属于生活的透视光学。

最后，要回想"德国哲学"——我希望你们正确理解其引号的作用——在整个欧洲使用所造成的巨大影响，毫无疑问，某种嗜睡的特性参与了这一影响，它是那些高贵的无所事事的人、有道德的人、神秘主义者、艺术家、四分之三的基督徒，以及一切国家政治上的反启蒙主义者的乐趣，由于德国哲学，要找到一种对于仍然占主导地位的从上个世纪一直泛滥到本世纪的感觉论——简言之，"睡去的感官"——的解药。

12

至于形而上学的原子主义，它是现存的遭到最多驳斥

哲
人
咖
啡
厅

的理论之一，现在，欧洲有学问的人群之中，也许没有人会如此没有学识，以至于为了方便日常使用（即作为一种表达方式的缩写）而赋予原子主义重大意义，这主要是由于达尔马提亚人博斯克维奇和波兰人哥白尼是迄今为止针对看得见的表象的最伟大和最成功的反对者。有一段时间，哥白尼说服我们相信，和所有的感觉相反，地球并不是保持不动，博斯克维奇教我们正式放弃过去的地球"保持不动"的信仰——对"实体"的信仰，对"物质"的信仰，对地球剩余物和微粒的信仰，这是迄今为止世界上所获得的战胜感觉的最大胜利。

然而，人们必须走得更远一点，而且必须宣战，宣布引起死亡的残酷战争，以反对仍然在无人怀疑的地方过着一种危险的来世生活的"原子论的需要"，正像反对更加有名的"形而上学的需要"一样，人们也必须首先对基督教讲授得最好而且最长久的、另外的更加多灾多难的原子论，即灵魂原子论给予一击。

用灵魂原子论可以获准去表明一种信仰，即把灵魂看作是某种不可毁灭的、永恒的、不可分割的东西，看作一种单子，看作一种原子的信仰，这一信仰应该从科学中排除出去！在我们之间，根本没必要排除"灵魂"。同时，也没必要因此而宣布放弃一个最古老最神圣的假说，这一点经常发生在那些只有立刻失去"灵魂"才会谈及"灵魂"的笨拙的自然主义者身上。但是，这条道路对灵魂假说的新的说法和改进是开放着的，而像"有死的灵魂""作为主观多样性的灵魂""作为欲望和冲动的社会结构的灵魂"

这样的概念，从此以后都想在科学中拥有公民权。当新的心理学家结束了迄今为止以围绕着灵魂观念的几乎白热化的繁茂而兴盛的迷信时，他实际上把自己放逐到一种新的荒漠和怀疑中——有可能更老的心理学家对此有某个更快乐更满足的时刻，最终，然而，他发现他的确也因此把自己和发明，或许是发现联系起来——但是——谁知道？

13

在把自我保存的本能看作有机体的最主要的本能之前，生理学家们应该思考。一个有生命的东西首先会设法释放它的力量——生命本身就是强力意志，自我保存只不过是间接的、最常见的结果之一。

简言之，在这里就像在任何别的地方一样，让我们对多余的目的论原则——它是自我保存的本能之一（我们把它归结为斯宾诺莎的自相矛盾）——多加小心。因此，我们需要一种方法，即必须在根本上使原则简明化的方法。

14

也许刚刚开始出现五六种思想，物理学作为其中之一，只不过是对世界的一种说明和注释（以使我们满意，如果我可以这样说！），而不是对世界的唯一解释，但是，就它被基于对感觉的信仰而言，它最多被看作是，而且将来很长时间也最多被看作是———一种解释。眼睛和手指都发言以支持它，视觉现象和可触知的东西也是这样，这一点基本上以像引人入胜、有说服力、令人信服这样的平民大

众口味影响了一个时代——它终究是本能地追随着永远受
大众欢迎的感觉论的真理准则。什么是清楚的东西，什么
又是"得到解释"的东西？仅仅是那些能够被看到和触摸
到的东西，每一个问题都不得不被追溯到这一点。相反，
柏拉图思维方式的魅力——它是一种高贵的思维方式——
恰好在于对显而易见的感觉表象的反抗——也许，在那些
喜欢更强烈、更苛刻的感觉胜过我们当代人的人之中，还
有那些知道如何在对其感觉保持精通中找到更大胜利的
人之中——而这一点是借助于他们投射到混杂的感觉漩涡
（正如柏拉图所说，感觉的乌合之众）之上的苍白、冷酷、
灰暗的概念之网而达到的。在这一以柏拉图的方式对世界
的克服和解释中，存在着一种不同于今天的物理学家提供
给我们的快乐，也不同于那些生理学方面的工作者之中的
达尔文主义者和反目的论者用自己的"最小可能的力量"
和"最大可能的愚蠢"提供给我们的快乐。"在找不到任
何看得见或抓得住的东西的地方，人们就没有进一步的事
情可寻求了。"——这当然是一个不同于柏拉图之命令的
命令，但是，对于某种严格的、勤奋的机械操作人员和未
来的桥梁建筑人员（他们所做的只是粗糙的工作）来说，
它可能是一种适当的命令。

15

　　要以清醒的意识来研究生理学，人们必须坚持，感觉
器官不是唯心主义哲学的感觉之中的现象，同样，它们也
不可能是原因！因此，感觉论至少是一种调节性的假说，

如果它不是一种启发式的原则的话。

什么？有人甚至说，外部世界是我们感官的产物吗？那么，接下来，我们的身体作为外部世界的一部分就应该是我们感官的产物！那么，接下来，我们的感官本身就应该是我们感官的产物！在我看来，这是一种彻头彻尾的荒谬的儿戏——假设原因概念根本上就是某种荒谬的东西。所以，外部世界就不是我们感官的产物——是这样吗？

16

仍然有一些没有恶意的自我观察者，他们相信存在着"直接的确定性"，比如说，"我认为"，或者正如叔本华的迷信所表达的，"我希望"；仿佛这里的认识把它的对象纯粹地、赤裸裸地掌握为"物本身"，而没有任何主体或客体所做出的歪曲。但是，那个"直接的确定性"，还有"绝对知识"及"物本身"，都包含着某种自相矛盾。我将上百次地重复，我们确实应该从词语的诱导中解脱出来！

假设人们认为知识意味着对事物完全了解，那么，哲学家必须对自己说：当我分析句子"我认为"中所表达的过程的时候，我发现一系列本来很难（也许不可能）证明的大胆断言，比如说，是我在思想，必定存在某种进行思想的东西，思想就是被认为是原因的生物的某一部分的一种活动和操作，存在着一个"自我"，最后，什么会由思想加以表明是已经确定了的——我知道思想是什么。因为，如果我还没有在我自身范围内断定它是什么，我能根据什么标准去确定正在发生的事情可能是"意愿"还是"感

哲
人
咖
啡
厅

情"？简言之，这一断言"我认为"假设，为了确定它是什么，我将我目前这一刻的状态与我所知道的我自己的其他状态相比较，由于和进一步的知识的这一具有追溯效力的联系，对我而言，它无论如何都没有任何直接的确定性。

代替了眼前这种情况下人们可能相信的"直接确定性"，哲学家因此而发现了一系列的呈现在他面前的形而上学问题，真正寻找关于理智的问题，这些问题是："我是从哪里得到关于事物的概念的？我为什么相信原因和结果？什么给了我谈论关于自我，甚至作为原因的自我，最后是作为思想的原因的自我的权利？"凡是冒险通过诉诸一种直觉认识而立刻回答这些形而上学问题的人，就像说"我认为，而且我知道这至少是真实的、实际的和确定的"这样的话的人一样，将会碰到来自当今哲学家的一个微笑和两个问号。"先生，"哲学家可能会使他理解，"你不遭到误解是不可能的，但是为什么要坚持真理呢？"

17

关于逻辑学家的迷信，我将不厌其烦地强调一个小小的简明事实，那些迷信的头脑不愿意承认这一事实——也就是，一个思想来了，当"思想"本身想要来的时候，而不是当"我"想要它来的时候，因此，说主语"我"是谓语"思想"的前提条件这一情况，是歪曲事实。它思想，而这个"它"恰好是那个著名的古老的"自我"，说得好听一点，只是一种假设，一种断言，但确实不是一种"直接的确定性"。毕竟，人们已经和这个"它思想"走了太远——甚至这个"它"包含着一种对过程的说明，而不属于过程本身。人们在这里根据语法习惯推断："思想是一种活动，每一种活动都需要一个作用者，因此……"

在相当大的程度上是根据同样的模式，更古老的原子主义除了寻找作用的"力量"之外，还寻找它驻留于其中并由此而起作用的一团物质——原子。然而，更严格的思想者至少了解到没有这个"地球残余"也过得去，也许有一天，我们将使自己（包括逻辑学家）习惯于没有这个小小的"它"也过得去（一切都只是那个诚实的、小小的、古老的自我留下的）。

18

一个能够被驳倒的理论当然不是最缺乏吸引力的，而是恰好因此而吸引了头脑更加敏锐的人们。好像上百次遭到反驳的"自由意志"的理论仅仅将它的持久性归功于这一吸引力，感觉到自己强大到足以反驳这一理论的人也一再出现。

19

哲学家们习惯于把意志当作世界上最著名的事物来加以谈论，的确，叔本华已经使得我们认识到，只有意志才是我们真正知道的东西，是绝对而且完全知道的东西，是不折不扣知道的东西。但是，我一再认为，在这件事上，叔本华也只是做了哲学家们习惯于做的事情——他采用了一个流行的偏见并且把它加以夸大。在我看来，意志首先

哲
人
咖
啡
厅

是某种复杂的东西，某种仅仅作为名称这样的统一体的东西——恰恰是在这一名称之中，潜藏着公众的偏见，这一点使得哲学家们一直不够充分地谨慎受挫。因此，假设我们那时更谨慎一些，假设我们是"非哲学的"，假设我们说，在一切意志中，首先存在着众多的感觉，即状态感，"离开"状态感，"朝向"状态感，"离开和朝向"状态感，接着还有一种伴随着的肌肉感，一旦我们"想要"做任何事情，这种肌肉感就通过习惯的力量开始行动，而无需我们活动"胳膊和腿"。

因此，正如感觉（的确有许多种感觉）会被看作意志的要素，因此，其次，意志中也有思想：在意志的一切行为中，都有一个起支配作用的思想——我们不要认为把思想从意志中隔离出来是可能的，就好像那时意志保持着优势！

再次，意志不但是感觉和思想的混合物，而且它首先是一种激情，特别是掌握的激情。那个被称作"意志自由"的东西本质上是优越性的激情，这一激情和那些必须服从"我是自由的，他必须服从"这一命令的人相关——这一意识内在于一切意志之中，注意力的集中、专门盯着一个目标直直地看、"现在只有这个是必要的"这样的绝对评价，使得服从的内在确定性同样内在于一切意志之中——也和别的一切具有命令者身份的东西相关。总是有那么一个人，他想把某物控制在自身之内，他自己使得某物服从，或者他相信自己使得某物服从。

但是现在，假设我们注意到关于意志的最奇怪的东西——对于这个具有多个方面的东西，人们只有一个名称：由于在给定的情况下，我们既是命令的团体，同时又是服从的团体，而作为服从的团体，我们知道限制、冲动、压力、抵制和运动的感觉，这些感觉通常在意志的行为之后立刻开始，因为，在另一方面，我们习惯于忽视这种二元性，习惯于在这一点上通过借助于综合概念"我"而欺骗自己，一系列错误的结论并因而也是一系列关于意志本身的错误评价变得隶属于意志的行为——在那些真诚地相信意志能够满足行动的需要的人的范围内。由于在大多数情况下，只有当命令的结果——也就是服从，进一步说就是行动——被期待的时候，才会有意志的运用，外观已经把自己转化成感觉，就好像有一种结果的必然性。简言之，那些相当肯定地认为意志和行动以某种方式同一的人，把成功（即意志的实现）归因于意志本身，并因此而享受到一种伴随着一切成功的力量感的增加。

"意志自由"——这是对运用意志的人的复杂的快乐状态的表达，这些人下命令，同时又把自己等同于命令的执行者——同样，这些人也享受着克服障碍的胜利，但是在他们自己的内心中，认为实际上是他的意志本身克服了障碍。以这一方式，那些运用意志的人把自己对成功的执行工具（"下等的意志"或"下等的灵魂"——的确，我们的身体只是一个由许多灵魂组成的社会结构）的快乐感加到他作为"效果是我"的命令者的快乐感上。发生在这里的事情就是发生在一切结构合理而且幸福的共同体中的事情，也就是说，统治阶级把它自身等同于共同体的成

哲人咖啡厅

功。在一切意志中，这完全是一个命令和服从的问题，正如人们所说的，根据由许多"灵魂"组成的社会结构。因此，哲学家应该主张把意志本身包括在道德（道德被理解为统治关系的学说，在这一统治下，"生命"现象逐渐形成）的范围内的权利。

20

个别哲学概念不是任何变幻莫测的或者自行展开的东西，而是在相互的联系和关系中产生的；不管它们看起来是多么突然和任意地出现在思想史之中，然而，就像陆地上动物界的一切成员一样，它们只属于某个系统这一点，通过各种各样的哲学家一直在为可能的哲学提供某个确定的基本的体系，最终得以表现出来。在一种无形的魔力的控制下，他们总是重复地在同样的轨道中运转，不管彼此之间多么独立，他们都以它们批判而系统的意志感受自身，他们的某些内在的东西引导着他们，某些东西把他们相继推进到确定的轨道中，也就是说，推进到他们的概念所固有的系统结构和关系中。实际上，和认识、记忆、恢复并返回到某种遥远的、原始的、包括一切的、那些概念最初从其中产生出来的灵魂的家比起来，他们的思想远远不是一种发现：在这一范围内，哲学思维是一种最高级的返祖现象。

一切印度的、希腊的和德国的哲学思维的家族相似十分容易地得到了解释。在语言方面存在相似的地方，有一点不能忽视，即由于语法方面共同的思想体系，我指的是，由于受到相似的语法功能的无意识的控制和指导，在开端，就为哲学体系的某种相似的发展和顺序做好了一切准备，正如诠释世界的某些别的可能性似乎已经被堵塞一样。很有可能，在乌拉尔—阿尔泰语系（在这里，主体概念被发展得最少）领域内的哲学家们完全不同地观察世界，他们将被发现是在不同于印度—日耳曼人和穆斯林的路径上：某些语法功能的拼写从根本上来说也就是生理的评价和种族的状况。

说这么多，目的是驳斥洛克关于观念的来源的肤浅性。

21

自因是迄今所设想出来的最好的自我矛盾，它是一种对逻辑的强奸和歪曲；但是，人的这种过度的骄傲已经使得自己深深地而且可怕地陷入这种鬼话。对最高的形而上学意义（不幸的是，它仍然在那些只受过半瓶醋教育的头脑中占统治地位）上的"意志自由"的渴望，对为了自己的所作所为而承担全部和最终责任的渴望，对免除对于上帝、世界、祖先、可能性和社会的义务的渴望，关系到的完全就是对这个自因的渴望，以比缪喜豪森这个夸大其词者更甚的鲁莽妄为，也关系到对拽着头发把自己从虚无的泥沼中拔出来从而进入存在的渴望。假设有人因此会看透这个著名的"自由意志"概念的粗鄙的简单性，把它完全从自己的头脑中驱逐出去，我恳请他进一步推动他的"启蒙"，也同样把这个可恶的"自由意志"的概念的反面（我指的是"非自由意志"，它意味着对原因和结果的滥用）

从他的头脑中驱逐出去。人们不应该根据流行的使得原因挤压和推动直到产生其结果的机械力学的愚笨，把"原因"和"结果"错误地实物化为自然科学家们所做的那样（像他们一样的任何人都移植在他的思想中）；人们应该把"原因"和"结果"用作纯粹的概念，也就是说，用作习惯性虚构，目的是为了称呼和交流，而不是为了解释。在这个"其本身"中，毫无"因果关系的联结""必然性"或者"心理学的非自由"，在那里，结果不跟着原因，没有"规律"的支配。只是我们发明了原因、先后次序、互为条件、相对性、限制、数量、规律、自由、动机和目的，当我们把这个象征的世界投射并混合在事物之中，就像它存在于"其本身"之中那样，就像我们一直做的那样——即虚构地，我们又一次这样做了。"非自由意志"是虚构，在现实生活中，只存在关于强的意志和弱的意志的问题。

一个思想者在每个"因果关系的联结"和"心理的必然性"中都感觉到某些限制、需要、强迫服从、压力和非自由的东西，这几乎一直是缺乏他本身的征兆，有"人们背叛自己"这样的感觉是可疑的。一般而言，如果我正确地观察，"意志的非自由"就被看作是这样一个问题，它来自两个完全相反的观点，但却一直以某种深刻的个人的方式存在：一些人无论如何都不会放弃他们的"责任"、他们内心的信仰、对于他们功劳的个人权利（自负的人属于这一类）。相反，其他人不希望对任何事情负责，也不愿意因为任何事情而受到指责，而是由于某种内在的自我鄙视，试图将自己的责任归于某个别的地方。当后者写书的时候，他们今天习惯于站在罪犯的一边，一种社会主义者的同情是他们最有吸引力的伪装。事实上，当意志薄弱者的宿命论能够伪装成"人类痛苦的宗教"时，它实在惊人地美化着它本身，这就是它"高尚的鉴赏力"。

22

作为一个老语言学者，我不能停止实施糟糕的解释模式这样的恶意，原谅我。但是，"自然之符合于规律"，你们物理学家如此骄傲地谈论它，仿佛——嗨，它只是由于你们的解释和糟糕的"语言学"才存在。它不是事实，不是"原本"，相反，只是对于意义进行天真的人道主义的修正和歪曲，用这一意义，你们对现代精神的民主本能做出了许多让步！"在规律面前，任何地方都是平等的，在这方面，自然没有不同于我们，也没有优于我们。"——有一个关于隐秘的动机的很好的例子，在这一动机中，一切享有特权的和独裁的东西的具有平民特征的对抗，连同处于第二位的更精良的无神论，都再次被伪装。"既非上帝，也非主人"——这是你们想要的，因此，"为自然规律欢呼！"——不是这样吗？但是，正如上述所说，这是解释，不是原本；一些有着相反的意图和解释方式的人，出于同样的"自然"和就同样的现象，他们能够解读出有点专横的不为别人考虑而且残酷的对权利要求的实施——一个解释者将会如此生动地描绘整个"强力意志"的平常的和无条件的方面，以至于几乎每一个词语，甚至词语"专制"本身，最终都听起来是不适当的，或者是一个

哲人咖啡厅

弱化的、衰减的比喻——成为太人性的——但是，他仍然可以通过对这个世界坚持和你们相同的观点而结束，就是说，这个世界有一个"必然的"和"可预测的"过程，不是因为规律是在它之中获得的，而是因为规律是绝对不存在的，每一种力量在任何时刻都得出它的最终结果。假设这也只是解释——而你们热切地渴望反对这一点？——那么，就更好了。

23

迄今为止，整个心理学都已经陷入道德的偏见和恐惧之中，它不敢沉入深处。在允许从迄今所写的东西中识别出迄今一直保持沉默的东西的某种征兆的范围内要把它理解为形态学和强力意志发展的学说，就像我做的那样——即使是在思想中，也还没有人趋于这样做。道德偏见的力量已经深深地渗透进最富于精神的世界，这个世界看起来将是最客观的和最缺乏预设的，而且很明显是以一种不公正的、约束的、盲目的和扭曲的方式运作的。一种严格意义上的生理—心理学不得不和研究者心中的无意识的反抗做斗争，它有反对自身的"精神"：甚至一种关于"善"的和"恶"的动机相互依赖的学说，会在一种仍然强健的、热诚的道德心中引起（就像经过改良的非道德）痛苦和厌恶——关于从恶的冲动中产生的善的冲动的学说更是如此。然而，如果一个人甚至把仇恨、嫉妒、贪婪和统治欲看作是生活的条件，看作是在生活的一般节约中从根本上和本质上必须存在的因素（在那里，如果生活被进一步

哲人咖啡厅

加强，它就必须被进一步加强）——他将像遭受晕船之苦一样，遭受这样一种关于事物的观点的痛苦。而在这个巨大的、几乎全新的危险见解的领域中，甚至这个假设还远远不是最奇怪的和最痛苦的，事实上，大家有许多尽可能避开它的好的理由。

另一方面，如果人们曾经大喊着"好啦！""一点不错！""让我们咬紧牙齿！""让我们睁开眼睛，紧握船舵！"漂流到那里，我们完全航行在道德之上，我们撞毁，我们可能由于敢航行到那里而毁灭我们自己的道德残骸——但是，我们是什么东西！一个更加深刻的认识世界决不会把它自己显示给勇敢的旅行者和冒险者，这样"做牺牲"的心理学家——这不是理智的牺牲，而是相反！——将至少被授权要求心理学重新被看作科学的女王以作为回报，因为别的科学是为了服务和准备心理学而存在的，因为心理学现在又成为通向根本问题的途径。

（二）强力意志

我们的物理学家的那个处处都行得通的用来创造上帝与世界的"力"的概念，还应该加以丰富。因为，应该赋予这一概念一种深刻的意义，我把它叫作"强力意志"，也就是永不满足地要求展现强力，或者要求作为原创性的本能运用和实施强力，等等。按照物理学家的规律，他们不能免除"远距效应"的束缚，同样，也很难免除斥力（或引力）的限制。这些东西一点用处也没有，因为人们

哲人咖啡厅

必须将所有的运动、所有的"现象"、所有的"规律"都看作内在现象的表现。要达到这一最终结果，应该用人做类比。可以说，动物所具有的所有欲望，都是从"强力意志"中派生而来的；有机体的所有机能也源于这一源泉。

按照惯例，我们认为，许多形态的发展都和统一体的历史相适应。

我的观点是——强力意志是最原始的激情形态，其他激情不过是强力意志的发展；

我认为，有一个影响重大的新的导向，即，为了取代个别的"快乐"，就要设定强力，（一切生物都追求强力）："生物想追求强力，追求更多的强力"；快乐象征着获得了强力感，是一种独特的感觉（生物不刻意追求快乐；只要它得到了所追求的强力快乐就尾随而至，因为快乐是生命的朋友，不会对生命造成妨碍）；

我相信，所有原初的动力都是强力意志，除此之外，根本没有其他肉体的力量。也不存在力量的源泉和精神力量。

我们科学中的原因和结果概念降为同等作用的东西这种关系，这表明，其中的任何一个方面都有相等的力量，而没有原初的动力。因为我们看到的只有结果，如果从力的含量来看，我们假设它们是相同的……

变化不息仅仅是根据纯粹经验得出的言论。从根本上来说，我们认为一个变化一定会产生另一个变化，这是没有任何理由的。已经达到的某种状态，如果它想保存自己，那么，好像它就一定会保存自己……斯宾诺莎关于"保存自己"的理论应该早就使变化的理论完蛋了。因为,这个理论是错误的,相反的理论才是正确的。然而,所有的生物都非常清楚地表明,它们做的一切都不是为了自我保存,而是为了增强……

"强力意志"是意志吗,或者说,"强力意志"和"意志"概念相同吗?也就是说,"强力意志"等同于渴望和命令吗?叔本华所说的"意志"——意志是"自在之物"——就是渴望和命令吗?

我的观点是,到今天为止,心理学的意志是一种片面的概括。我认为,根本就没有这种意志;我认为,人们没有消除某种意志的多样性发展,而是消除了意志的特征,因为人们消除了内容,即消除了"目的"。叔本华对这种现象的表现最明显,因为他所谓的"意志"是一句空话。在这里,意志更不是指生命意志,因为,生命不过是强力意志的个别形态。——坚持认为一切事物都企图转向强力意志的形式,这根本就是胡说。

我们的思想和评价所表达的仅仅是在其背后起决定作用的一种欲念。

这些欲念日益变得特殊,其统一体就是强力意志——表达的是要达到一切欲望中最大的欲望,后者一直引领着所有有机体的进化。

把所有有机体的基本功能还原为强力意志。

有一个问题,强力意志是否同样也是无机界的动力?因为,在对机械论世界的解释中,总还需要某种动力。

"自然规律"就是无条件地确立强力联系和强力等级

的公式。

机械运动仅仅是内在事件的一种表现手段。

强力意志仅仅表现在对抗之中；强力意志寻找对抗自己的东西，——当细胞原生质伸出自己的触角到处搜寻时，这就是强力意志的最初趋势。占有和同化首先是一种征服的意志，是一种塑造、重组和改造，直到最终使被征服者在攻击者的强力支配下发生彻底转变，同时使攻击者得到增强。——反之，假使没有成功地实现同化，那么，其结果就可能会退化瓦解；而且，强力意志的产物就表现为这种双重性，也就是说，要达到不放弃被占有者的目的，强力意志会分离成两种意志（也许不会彻底抛开两者之间的相互联系），因为追求强力的首要天性已经获得了更理智的形式，所以，"渴望"仅仅是一种勉强的适应。

在各种被压迫者和奴隶身上，强力意志表现为要"自由"的意志，原因在于，只有获得自由才是目的（就道德与宗教方面而言，就是"对自己的良心负责""宗教自由"等）；

在比较强大的和即将掌握强力的人身上，强力意志表现为求强权的意志；假使最初没有任何效果，那么，就转变为要"正义"的意志，即要求和别的统治者享有相同的权利（争取权利……）；

在最强大、最富有、最英勇的人身上，强力意志表现为"对人类的爱"，对"大众"、福音、真理和上帝的爱；表现为同情；表现为"牺牲自己"等等，表现为战胜、责任感、义务感；表现为一种本能的信任，相信一些强者能够给予自己某种指导，如英雄、预言家、凯撒、救世主、牧人（——在性爱中也是如此，因为性爱想要征服和占有，同时表现为委身于人，性爱归根结底仅仅是爱自己的"工具"、爱自己的"马"，性爱的信念是，某个东西属于自己，自己就是有能力运用这个东西的人）。

这就是所谓的"自由""正义"和"爱情"！！！

强力意志表现为对强力的无能，实际上，这是一种虚伪而狡猾的无能：它表现为服从（顺从、对义务感到自豪、美德……）；表现为屈从、牺牲、爱（这是对统治者的理想化和神化，是对自己进行弥补性的、迂回的美化）；表现为一种宿命论，听天由命；表现为"真实性"；表现为克制自己（斯多亚主义、禁欲苦行、"否定自我"、"神圣化"）；经常表现为某种需求，即希望以某种方式实施某种强力，或者，有时希望为自己虚构一种强力的假象进行自我陶醉；表现为批评、悲观主义、生气、争吵；表现为"美好的精神""美德""深化自己""超越""世界的完美"等等（实际上，这是由于洞察到不能获取强力，从而对仇恨进行伪装）。

一些人想要获得强力，是因为期望享有强力带来的幸福这种优越性（政治党派就是如此）；一些人想要获得那种本身就具有幸福和快乐因素的看得见的劣势和牺牲，阴险的野心家就是如此；还有一些人也想获得强力，仅仅是因为如果不这样，他们就会陷入自己不想依靠的别人手中。

有一个难题，即"强力意志"中的强力是否仅仅是一种手段。细胞原生质吞噬某种东西，把这种东西无机化，

哲人咖啡厅

目的是使自己得到增强，运用强力使自己得到增强。细胞原生质在什么意义上吞噬并进行无机化这种行为，是认识那些物质相互之间的化学行为的关键（它们要争取和抓住强力）。

个人主义是最初级的，还没有被意识到的一种"强力意志"；在这一点上，个人感觉到自己已经足以摆脱一种占优势的社会力量（不管是国家，还是教会……）。个人只是个别的人，和作为有个性的自身并不相对立；他代表一切个人，和集体相对立。也就是说，他天生就把自己和一切个别的人等同起来；他不是作为有个性的人，而是作为和集体相对立的个别人去争取自己想获得的东西。

集体主义仅仅是个人主义进行宣传的一种手段，因为，它知道，为了得到某种东西，人们就必须组织起来，建立一种集体行动，建立一种"强力"。但是，它所希望的不是把个别人作为目标的集体，而是使许多个别人可能成为其工具的集体：这就是集体主义者的本性，集体主义者经常自欺欺人（——撇开他们要达到实现自我的目的而经常需要自我欺骗不说）。利他主义的道德说教服务于个人的利己主义，它是十九世纪最常见的一种虚伪。

无政府主义仅仅是集体主义进行宣传的一种手段；集体主义借助于无政府主义激起人们的恐惧感，通过这种恐惧感发动法西斯的恐怖统治，集体主义首先把胆大妄为的人和亡命之徒（即使是在思想方面而不是行动方面）争取到自己一边。

虽然这样，个人主义依旧是强力意志最初级的阶段。

哲
人
咖
啡
厅

　　假使人们在一定范围内得到了某种独立性，那么，他们就会有更多的欲望，这时，那种按照力量所作的分类就明显表现出来，个人不会再直接把自己看做和别人一样，而是寻找和自己相似的人，他把别人和自己区别开来。伴随着个人主义的是分支和团体的形成，也就是说，具有相似倾向的人聚在一起，并作为一种政权进行活动，这些政权核心之间有冲突和战争，力量双方进行认识、权衡、接近，确定能力的替代。最后，形成一种等级秩序。

　　请注意！ 1）个人要使自己获得自由；2）他们发生争执，一致同意"权利平等"（"正义"），把它作为目标；3）假使这个目标得到实现，那么，现实存在的不对等的力量就产生一种强大的影响（因为，总的来说，和平占据优势，而且非常微小的力量形成各种差异，在过去，这些差异几乎等于零）。现在，个人把自己组成集体，这些集体企图获得特权，占据上风。于是，斗争以一种比较温和的方式重新打响。

　　请注意！只要人们还没有拥有强力，他们就希望获得自由。假如人们拥有强力，那么，他们就希望占上风；假如人们不能占上风（假如人们太虚弱而不能占上风），他们就希望获得"正义"，即平等权。

　　给变化刻上生存的特征——这是最高级的强力意志。

　　从感觉和思想出发进行双重的编造，目的都在于使存在者的世界继续存在，也就是使一成不变的、稳定的世界继续存在。

　　一切都在轮回这一认识使得变化的世界和不变的存在

哲
人
咖
啡
厅

世界非常相似——这是最高的观察认识。

由于附加于存在者身上的那些价值，由于虚构了如此存在的世界的原因，所以，出现了对变化多端的事物的指责和厌恶之感。

存在物的变种（包括肉体、上帝、观念、自然法则、公式等）。

把"存在物"看作虚幻的现象；这是一种颠倒了的价值观，因为，在过去，现象也是可以赋予价值的东西。

本来，处于变化中的认识是不可能存在的；那么，什么样的认识才可能存在呢？认识是对自我的错误思想，是强力意志，是欺骗的愿望。

人们认为，变化是一种错觉、愿望，是对自我的否定和克服，因为，变化没有主体，变化是一种活动、指向，是创造性的，没有"因果必然性"。

艺术想要克服变化不定，是一种"永恒化"，但其维持的时间并不长，按自己各自的景物看待，因为，好像微小的部分重演着整体的趋势。

人们认为，生命所表现的所有东西都是整个趋势的缩影。因此，重新创建关于"生命"的看法也是一种强力意志。

变化不定的事物之间的相互冲突取代了"因果必然性"，冲突中经常伴随着啃噬对手的声音；在变化中，不存在永恒的常数。

由于人们已经认清，以往的理想起源于动物，具有功利性，所以，这些理想就不再适用于解释所有现象；此外，

哲人咖啡厅

一切都是和生命相冲突的。

机械论的理论也不再适用——因为，这种理论给人们留下的一种印象是：毫无意义。

迄今为止的人类整个理想主义都应该转化为一种虚幻的观念，转化为虚无主义——即转化为对完全没有价值即没有意义的东西的信仰。

根除理想会产生一种新的荒漠感；为了使得理想持续下去，就要创造新的艺术，我们是两栖动物。

其前提条件是，要勇敢、坚忍、不畏缩、不冒险。（由于非常充实，查拉图斯特拉对所有过去的价值持一种嘲笑的态度。）

人们对强力意志有着深刻的误解，主要表现为三个重大的论点："社会地位低下的人"抗议道，不崇高的人是更高级的人；"不享有特权的人"提出异议，反对天性的人是更高级的人；奴隶和平庸者提出异议，平庸的人是更高级的人。

在道德史上，曾经出现过一种强力意志，它被奴隶和被压迫者、失败者和自认为不幸的人、平庸者利用，这些人试图借助它进行最有利于自己的价值判断。

就这一意义而言，如果按照生物学的看法，那么，道德就是一个非常令人头疼的现象。到目前为止，道德是通过牺牲以下人的利益为代价而发展的：统治者和他们的独特本能，胜利者和美好的天性，在一定意义上不受约束的人和享有特权的人。

所以，道德是一种阻碍，它反对天性，企图达到更高

哲人咖啡厅

级的种类。因为，它怀疑整个生命（认为生命的趋势是不道德的）——从而仇恨感性（认为最高级的价值是和最高的本能相敌对的）——由于他们认识到了矛盾，于是，"高贵的天性"退化了，并自我毁灭。

不管是上帝的强力概念，还是人的强力概念，总是既包含有益的能力，也包含有害的能力。这一点对阿拉伯人来说是这样，对希伯来人来说是这样，对所有强大的种族也是这样。

当人们把强力的一个方面和另一个方面分割为二重性时，那么，这就成为一个命运攸关的步骤——这样，道德就成为生命的毒害者。

直到今天，人类还一直在焦虑地保护着自己，其手段是居心叵测地对待、中伤对他而言最危险的欲望，同时，在那些对自己起保护作用的奴性面前则尽可能地阿谀奉承。

人类想获取新的强力和领域：a. 求虚假的意志；b. 求暴虐的意志；c. 求快感的意志；d. 求强力的意志。

于是，强力意志就具有了如下隐蔽形态：

1）要求自由、独立，还要求平等，要求和平、和谐。隐士和"自由之士"也是这样。生存的欲望、"保存自我的欲望"都是最低级的形态。

2）适应，其目的在于使强力意志在更大的整体方面得到满足；屈服，是要让自己在统治者那里变成必不可少的、有用的东西；爱，是通往强者内心的隐蔽的途径——也就是说，其目的在于成为强者的主人。

哲人咖啡厅

3）责任感、良心、理想，这些是高于现实统治者的阶层的抚慰物；承认等级制，承认一个获准实施裁断权的凌驾于强者之上的阶层；自责；编造新的价值（如犹太人，他们是典型的例子）。

根据我们的每一种基本欲望，都可以对一切事件和经验做出一种不同的、预期的评价。每一种欲望都觉得自己受到别的一切欲望的阻碍，或者得到别的欲望的促进和喜爱，每一种欲望都有自己的演变法则（如，欲望的增强和减弱，欲望的速度，等等，此外还有别的法则，例如，当这种欲望增强时，那种欲望就减弱）。

人就是诸多的"强力意志"，因此，每个人都有许多表现手段和方式。所谓个人的"激情"（如，某个人很野蛮）仅仅是捏造的部分，因为，人们所感觉到的来自不同基本欲望的东西，被作为同一种东西，一起被设想并合成一种"性情"或"潜质"，即所谓的"激情"。也就是说，这种情况就好像"心灵"本身只是所有意识现象的一种表现，但是，我们却把"心灵"解释为意识现象的原因。（"自我意识"是捏造出来的！）

实际上，生物机能仅仅是意志的一种根本形式，即强力意志。——然后，强力意志又从生物机能中分离出来。强力意志专门化为求生存、保存自己，专门化为谋求财富、有利条件和奴仆（服从命令的人），专门化为当统治者，比如说，人这个东西就是一个例子。——强有力的意志支配衰弱的意志。除了由于意志的意志外，根本没有其他起因。不能用机械论进行解释。所有的生物都有理性、情感和欲望。和次等的事物不同的欲望在于，它们通过某种障碍去激发强力感（和有规律的控制和反控制相比，它更强烈）——这样，就引起不稳定的活动。如此看来，不难理解，所有的快乐都含有痛苦——可以说，如果快乐非常多，那么，这种快乐之前的痛苦一定相当长，整个生命的弓弦绷得一定非常紧，强力意志的精神功能在于塑造意志、同化意志等。

"痛苦"和"快乐"是想象得到的、最愚蠢的判断心情的形式。当然，这并不是说，根据痛苦和快乐这种躁动的状况所做的判断都一定是愚蠢的。把所有的证明和逻辑性排除在外，把乐观和悲观简化为渴望拥有或拒绝，这是对行为的描述，不过，不能否认这些行为的功利性，即快乐和痛苦。它们从最核心的智慧中产生，其前提条件是被无止境地促进的理解力、计划、配合、补充、证明。快乐和痛苦永远都是一种结果，而不是"原因"。

据说，造成痛苦和快乐心情的是专注于某种东西，这是由强力的程度决定的。也就是说，当危险降临时，人们需要少量的强力以进行紧急防卫，当人们意识到有比这种强力更大的强力可以充分利用时，他们就能够拥有作为这种结果而出现快感的刺激，这就是快乐感。

所有的快乐感和痛苦感都在总体上以权衡功利性和有害性为前提，在这一范围内，就出现了希望达到的某种目标以及对相应手段的选择。快乐和痛苦不可能是"最初的原因"。

快乐感和痛苦感是意志的反应（欲望），通过这种反应，最核心的智慧把已经出现的各种价值规定为一般性价值，并把它作为反应的先导。

一个力寻找对抗的力量，目的在于征服对抗力量，这种状况可以导致失败和不幸，这种失败和不幸的程度一定会加强。而且，如果一个力只能通过对抗的力量获得自由，那么，一切活动中都必定包含着痛苦的成分。然而，痛苦仅仅起刺激生命的作用，同时使强力意志得到加强！

快乐的原因不在于意志得到满足（我要格外谴责这种极度浅薄的观念，因为这种观念以心理学的方式虚构随后发生的事情），而在于意志要发展，而且一直支配着阻碍自己发展的障碍物。快乐感在于意志的不满足，即如果意志没有遇到对手和抵抗，就不能获得相应的满足感。——奴隶的理想是做一个"幸福的人"。

我们在欲望方面的不满足是正常的。比如说，不满足于饥饿、性欲、活动欲，其本身根本不存在某种粗俗卑劣的东西；倒不如说，不满足可以激发生命感，正如轻微的痛苦刺激所造成的任何节律都可以加强生命感，即使是悲观主义也想向我们宣扬这些东西。这种不满足是具有独特效果的生命的兴奋剂，对生命不会造成损害。

（人们可能会把所有的快乐感都叫作轻微的痛苦刺激所产生的韵律。）

如果生存最核心的本质是强力意志，如果快乐在于强力的增加，痛苦在于所有无法反抗的情感以及无法成为主人的情感，那么，难道我们就不能将快乐和痛苦设定为最重要的情况了吗？没有肯定和否定这两种波动的意志是可

哲人咖啡厅

能的吗？——然而，谁感受到快乐了呢？又是谁想拥有强力呢？……如果人自己就是强力意志，从而人本身就是痛苦感、快乐感，那么，这些问题就很可笑！即使是这样，人们还是需要冲突，需要反抗，也就是说，相对而言，人们需要进攻的统一性……

在有强力感的地方，快乐就会出现。

幸福就是，高兴地感觉到强力和成功。

进步就是，人种得到加强，强大意愿方面的能力得到加强；而其他的一切都是错误的理解，都是危险。

极度兴奋感和现实中力量的过剩相适应，在两性的发情期，这一点表现得更强烈。新的功能、技巧、特色、形态——对这些东西的"美化"是力量增强的结果。美化是胜利意志的表现，表明协调性得到加强，表明一切强烈渴望相互和谐，表明一种恰当的吸引力。逻辑和几何学这种简化是力量感增强的结果，对这种简化的理解又反过来增强了力量感……其发展的顶峰就形成一种伟大的模式。

不快意味着某一人种的堕落、抵触，意味着他们不渴望和谐——这就意味着由于缺乏组织能力（按照心理学的表达方式，就是"意志"）而导致的缺陷。

人们所说的极度兴奋的快乐状态恰恰是高度的强力感……这时，人们的时空感发生了变化，能够看到无限远的地方，好像能够对此加以认识；视野打开了，穿越更多的时间和空间；感官敏锐了，能够觉察到非常微小的、转瞬即逝的现象；预测，领悟最微小的恩惠与所有的暗示，这是一种敏锐的洞察力；强力是对身体的统治欲，是对柔

哲人咖啡厅

韧和运动的渴望，是跳跃，是轻盈和敏捷；强力是证明自
身存在的欲望，是勇敢行为，是冒险，是对生死无所畏
惧……生命的一切优秀成分相互促进；每一个成分的体现
和现实世界都足以激发其他的成分。于是，各种形态最终
混合、聚集在一起，它们原本可能有理由保持各自的独立
存在。比如说，宗教的狂热和性的兴奋感（——这两种强
烈的感情最终被不可思议地协调起来。所有虔诚的女人
感到满意的是什么呢？年老的女人呢？年轻的女人呢：答
案是，有着两条美丽大腿的圣徒，年轻的傻瓜）。再比如
说，悲剧中的冷酷和同情（——同样让人感觉协调而正
常……）、春天、舞蹈、音乐（这些都是性的角逐），其中
都包含着浮士德式的"无限心胸"。

　　如果艺术家们适于干某件事，那么，他们就会有强
烈的、旺盛的、有力的、丰富的兴趣（包括对肉体的兴
趣）；如果没有对性这一生理系统的某种过分热衷，那么，
就无法想象拉斐尔（文艺复兴时期的艺术家）的由来……
音乐创作就如同生孩子，也就是说，贞洁不过是艺术家
的节俭——在这种情况下，艺术家就失去了高产的生育能
力……艺术家们不应该按照事物的本来面目去看待事物，
而应该关注其更丰富、更简洁、更有力的一面，为了达到
这一点，他们应该具有青春感，具有生命中习以为常的极
度兴奋感。

　　痛苦是和快乐不同的一种东西，——但是，我要解释
一下，痛苦不是和快乐相对立的东西。假如把快乐的本质
恰当地描述为强力的一种过剩感（从而也是通过对比而得

出的一种独特的感觉），那么，由此还不能确定痛苦的本
质。大众（也包括演说者）所信仰的那些和谬误相对立的
东西始终是限制真理发挥作用的危险镣铐。甚至还有这样
的情况，在其中，一种快乐由一系列有节奏的微小的痛苦
刺激所决定，通过这一点，一种强力感、快乐感得到快速
的增强。比如说，痒就是如此，性交时生殖器发痒也是这
样，所以，我们看到，痛苦是作为快乐的因素起作用的。
似乎战胜一个小障碍，马上又会出现另一个小障碍，然后
再战胜它——这样一种阻力和战胜的把戏，最强烈地激发
起对于构成快乐本质的过剩强力的一般性感觉。——相反
的情况并不存在，也就是说，插入小小的快乐的刺激可以
引起痛苦的增加这种情况并不存在，因此，快乐和痛苦
根本不是相反的东西。——痛苦是一个理智的过程，其中
必然表现出一种判断——即关于"危害性"的判断，这种
判断中积累了长期的经验。实际上根本就没有痛苦。让人
感到痛苦的不是伤害；恰恰是经验告诉我们，一种伤害可
能对整个有机体造成什么恶果，哪一种后果会以被称为痛
苦的强烈烦恼这种形态起作用（即使是当产生人类过去从
来没有听说过的有害影响时，也没有证明产生了痛苦，比
如说，新配制的有毒化学制剂所产生的有害影响就是如
此——而且，我们已经迷失了……）。在痛苦中，真正特
有的东西一定是持久的震惊，即在晕厥造成恐惧后所产生
的神经系统大脑中枢的颤栗——因此，人们真正遭受的不
是引起痛苦的东西（如任何一种伤害），而是晕厥后所产
生的那种持久的平衡障碍。痛苦是大脑神经中枢的一种疾

病，而快乐则根本不是某种疾病……痛苦是引起快乐的原因这一说法虽然肤浅，甚至带有哲学家的偏见，然而，如果我们仔细观察，就会明显看到，在突然发生的事件中，快乐比痛苦出现得要更早。

"人们不追求快乐，也不逃避痛苦"，大家应该知道，在这里，我反对的是某种著名的偏见。快乐和痛苦只是某种事件所产生的结果，是一种伴生现象，实际上，人们所希望的东西，一个生命有机体的一切微小部分所希望的东西，是强力的增长。在对强力的追求中，既有快乐又有痛苦；从这种愿望出发，人需要一种障碍，需要一种和自己相对抗的东西。因此，痛苦作为对强力意志的阻碍，是一种正常的行为，是一切生物体的正常组成部分，人无法逃避痛苦，更准确地说，人不断地需要痛苦，因为，每一次成功，每一种快乐感，每一件事情，都把一种被加以克服的阻力作为前提。

让我们举个最简单的例子，即原始的营养情况的例子。细胞原生质伸出自己的触角，目的在于寻找和自己相对抗的东西（这种行为的原因不是由于饥饿，而是由于强力意志）。更进一步，它要战胜这种东西，占有并同化这种东西。所以，我们所说的"营养"不过是上述行为的一个结果，不过是那个力求变得更强大的原始意志的实施行为。

饥饿不可能成为最初的推动力，从而也同样不是对自我的保存，因此，把饥饿看作营养不足的结果就意味着，饥饿是强力意志不能再成为主宰力量的一种结果。双重性是某个统一体由于太虚弱所产生的结果。

哲人咖啡厅

关键根本不在于对损失进行某种补偿，只有经过随后的不断分工，强力意志学会在完全不同的道路上获得自身的满足之后，生物体的占有需求才被归结为饥饿，被归结为对损失的补偿需求。

因此，痛苦不一定会造成对我们强力感的某种削弱，倒不如说，在一般情况下，痛苦恰恰作为对这种强力感的激发而起作用，所以，阻碍是这种强力意志的兴奋剂。

人们将痛苦本身和精疲力尽这种痛苦相混淆，事实上，后者是对强力意志的一种严重削弱和贬低，是力量的一种明显的损耗。所以说，痛苦是促进强力增加的一种方式，也是强力被消耗后的一种结果；在前一种情况下，痛苦是一种兴奋剂，而在后一种情况下，痛苦则是过度刺激所产生的一种结果……没有能力进行反抗是后一种痛苦的特点，而对阻碍进行挑战则是前一种痛苦的特征……睡觉是只有在精疲力尽的情况下才能感受到的快乐，而胜利则是另一种情况下的快乐……

心理学家们的一个重大混淆就是，他们没有将这两种快乐，即睡觉和胜利区别开来。

精疲力尽的人想要安宁、伸开四肢、和平、平静——这是虚无主义的宗教及哲学的快乐；

丰富而精力充沛的人想要的是胜利、战胜对手，使强力感充满空前的广阔领域之中：生物体的一切健康的功能都有这种需要，而且，所有的生物体（直到青春期为止）就是一个为增加强力感而斗争的含有丰富内容的系统。

强力意志在什么意义上作为唯一的、绝对的非道德

哲人咖啡厅

之物得以保留下来，请参看斯图亚特·穆勒的话（关于孔
德）：

"我们认为，生命并不是具有非常丰富的满足感，因
此，它不可能照顾到一切具有利己倾向的人。正相反，我
们相信，对利己倾向的那种不能充分满足（不是过分满足，
而是可能到让人彻底得到享受的那种程度）几乎总是对好
的欲望产生有利的影响。按照我们的观点，把个体快乐道
德化的重要内容并不在于人们把个人的快乐限制在尽可能
小的范围内，而是在于鼓励那种和其他人（甚至是和所有
的其他人）分享个人快乐的愿望，在于人们蔑视一切不能
按这种方式和其他人分享的快乐。只有一种趋向或嗜好经
常和这种情况不相容，这就是统治欲——这种追求相应地
包含着对别人的蔑视，而且把这作为其前提条件。"

（三）酒神精神

"我认为你居心叵测"，有一次，我对狄奥尼索斯神说，
"为的是把人毁灭掉吗？"这个神回答："也许吧，我不过
是希望能够摆脱掉某种东西"。"摆脱什么？"我奇怪地问。
"你应该问：想摆脱谁？"狄奥尼索斯这样说，接着就沉
默了，以他特有的诱导性的方式。也许，你们应该由此而
观察他！其时正值春天，万物充满了生机。

在一个有机体之中，会产生无穷无尽的现象，我们认
识到的那部分仅仅是有机体的手段。别的部分都以一种极
端的方式证明，关于"道德""无私"及类似的虚构是骗

人的。根据彻底非道德的观点研究我们的有机体是有好处
的……

归根结底地说，和所有美好的身心状况及认识相比，
动物的功能要高千百倍。因为，如果前者不能成为动物功
能的手段，那么就会变得多余。包含了灵魂、心灵、善、
道德这些精神性东西的一切有意识的生命究竟服务于什么
呢？——它们是为尽可能完善的动物基本功能这样的手段
（营养手段、生殖手段）服务的，其中主要是为提高生命
的手段服务的。

更确切地说，目标首先在被叫作"身体"和"肉体"
的东西之上，因为其他的东西都是微不足道的附属物。人
们的任务是不断联结生命的整个链条，使得这根链条越来
越牢固有力。

然而，看哪！心灵、精神、道德、灵魂却秘密策划违
背这一根本任务，就好像它们自己才是人们的目标！……
生命的退化基本上是由意识的独特伪造能力造成的。由于
生命应该是由本能决定的，因此，生命受到的伤害时间最
长，后果最严重。

根据意识快乐与否这种感觉衡量生命是否有价值。你
们能够想象出比这更严重的对自负的误用吗？它确实仅仅
是一个手段——同样，是否舒服也仅仅是手段！

那么，根据什么准则衡量价值本身呢？只能根据得到
提升的、被很好地组织起来的强力的数量多少。

人们害怕感性，害怕欲望，害怕激情，如果他们达到
反对这些东西的程度，那么，这就标志着一种软弱，因为，

极端的方式表明的始终是一种反常状态。在这里，缺乏一种阻止冲动力量的东西（这种东西在过去已经被毁灭了）。因为，如果人们具有必然屈服的天性，即具有必须做出回应的天性，那么，避免冒险（"诱惑"）是恰当的。

只有这种人才会受到"感官刺激"的诱惑，因为他们的生理系统非常灵活，配合一致。反之，在生理系统呆板、僵化的情况下，如果要发挥其作用，就必须加强刺激。

我们认为，只有那些没有权利挥霍无度的人进行挥霍无度时才应该受到指责；所以，几乎所有的激情（这种激情还不够强烈，不能用于任意发挥）都变得声名狼藉——

人们必须认识到，一切阻碍激情的人，也一定会抵制疾病，虽然这样——但是，我们不可能不得病，更不可能缺乏激情，我们需要独特的东西，要把巨大的疾病导致的休克给予生命。

应该一步步区分以下情况：

1. 占据优势地位的激情，其本身恰恰会产生一种最高的健康，因为，在激情中，内在生理系统的配合与作用都处于最佳状态——而且，健康的定义就是由此构成的！

2. 激情之间是相互冲突的，"同一体内精神"的二重性、三重性与多重性是非常不健康的，是内心的崩溃、瓦解，表现出一种内心的矛盾和无政府主义，而且越来越严重！除非某种激情最终占据支配地位！这是健康的削弱。

3. 配合不等于对照，也不等于相互照应。因为，配合常常会发生周期性的变化，如果它找到了一种秩序，健康就得到了恢复。最有趣的东西——变色龙就是如此；它不和自身发生冲突，它运气很好，它充满自信，然而，它不会进化——它的状态是和谐的，虽然它身体的颜色有红、橙、黄、绿、青、蓝、紫七种变化。它所变化的仅仅是颜色，而不是其本身。

那些有过极其狂喜时刻的人，还有一些人，在一般情况下，由于自己的神经能量的明显差异和过度消耗，他们经常感到悲惨不幸而又孤独凄凉，结果把这样一种时刻看作他们真实的自己的真正表现，他们的"自我"的真正表现；另一方面，把他们的痛苦和颓丧看作"非我"（即外物）的"结果"。这就是他们之所以仇视自己的环境、仇视自己生活的时代、仇视自己生存的整个世界的原因。这种迷醉被他们看作真正的生活、实在的自我，而任何别的方面，不管是精神的、道德的、宗教的，还是艺术的，他们看到的只是设法反对和阻碍这种迷醉的东西。

人类把他的绝大部分罪恶归咎于这些异乎寻常的狂热者，因为他们是贪得无厌的杂草播种者：对自己和邻居不满的杂草，对世界和时代蔑视的杂草，尤其是厌世的杂草。也许，整个地狱的罪犯也不可能带来这样的不幸和影响深远的后果，以及如此沉重而令人不安的败坏了大地和天空的结果，而那些在完全失去自己之前不能控制自己，或者不能体验到任何内在的快乐的、放纵的、狂想的、半疯的人们，也包括天才的人们的"高贵的"小团体却带来了这样的结果；而另一方面，罪犯经常会证明自己令人钦佩的自制力、自我牺牲和智慧，并且使这些品质保持在那些害怕他的人身上。因为他，生活的天空有时看起来是阴暗而

哲
人
咖
啡
厅

险恶的，但空气却一直保持着清新和活力。——而且，这些狂热者把他们的全部力量用于在向人类灌输对迷醉的信仰方面产生影响，就像对生命本身的信仰一样，一种可怕的信仰！就像野蛮人会很快被烈酒败坏和毁灭一样，那么同样，人类通常也会被这些令人陶醉的情感的精神"烈酒"、被那些一直活跃着的、渴望这种情感的人慢慢地，然而却彻底地败坏。人类甚至还可能因此而被毁灭。

如果要让艺术存在，如果要让任何美的行为和景象存在，那么，一种心理状态是必不可少的，即激动。激动必须首先促进整个机体的兴奋性，否则就没有艺术。处于完全不同条件下的各种激动都具有实现兴奋性的力量：首先是性兴奋这种激动，它是激动最古老、最原始的形式。还有一切强烈的渴望和感动引起的激动；盛宴、竞赛、英勇事迹、胜利、一切极端运动引起的激动；残忍引起的激动；对破坏而感到激动；在某种天气影响下产生的激动，比如由春天引起的激动；或者在麻醉剂影响下产生的激动；最后还有意志引起的激动，即一种超负荷的、高涨的意志引起的激动。这种激动的本质是增强了的力量感和充实感。由于这种感情，人们参与到事物之中，迫使事物接受我们身上的东西，蹂躏事物——这个过程被叫作理想化。在这里，我们要排除一种偏见，即理想化并不像通常认为的那样，在于排除或降低次要的、无关紧要的东西。倒不如说，关键问题在于一种巨大的推动力，使主要特征表现出来，而别的特征则在这一过程中消失。

在这种状态中，人用其自身的充实去丰富一切事物，

哲人咖啡厅

在人眼中，他所看到的一切和希望的一切都由于力量而膨胀、紧张、强大、超负荷。处于这种状态中的人改造着事物，直到它们反映他的强力为止——即直到它们反映他的尽善尽美为止。这种改造到尽善尽美的需要就是——艺术。甚至那些不同于他自身的一切事物，对于他来说，都变成了他自我愉悦的诱因，在艺术中，人把自己当作完美的东西来享受。允许想象一种相反的状态，想象一种本能地抗拒艺术的特殊的东西——也就是使得一切事物枯竭、使它们贫乏而毁灭的一种东西。而实际上，这种抗拒艺术的人、这种渴求生命、有必要抓住事物、吃掉它们、使它们更贫乏的人，在历史上非常之多。比如说，真正的基督徒就是这样，如帕斯卡尔：既是一个基督徒，同时又是一个艺术家，这样的人根本不存在。人们不应该幼稚地通过指出拉斐尔或十九世纪的一些以毒攻毒疗法的基督徒来反对我：拉斐尔说的都是对的，拉斐尔做的都是对的，因此，拉斐尔不是基督徒。

我们为什么对回到野蛮状态这种可能性感到害怕和恐惧？是因为这种状态给人们带来的幸福比现在少吗？当然不是，一切时代的野蛮状态都比我现在所拥有的幸福要多，因此，在这一点上，我们不要欺骗自己！——但是，我们对知识的促进得到了如此广泛的发展，以至于我们认为，没有知识的幸福，或者没有强烈的、专注的想象的幸福是没有价值的。即使是想象一下这种事态也让我们充满痛苦。对我们来说，我们对发现和揭示永不停歇的追求，已经变得像对恋人无助的爱一样具有吸引力，而且不可或缺，他决不希望这种爱换来的是冷漠——决不，或许，我们也是无助的恋人。我们身上的知识已经发展成一种激情，它不会逃避献身，实际上，它所害怕的只是自身的灭绝。我们真诚地相信，所有的人（由于背负着激情的重担而闷闷不乐）都将感到比过去的人得到了更大的提升和舒适，尽管他们还禁不住渴望野蛮人具有的那种更简单的满足。

由于对知识的这种激情，人类可能最终会被毁灭，但是，即使这样也不会吓住我们。基督徒曾经逃避过类似的思想吗？难道爱和死亡不正是兄弟姐妹吗？是的，我们痛恨野蛮状态——我们都宁愿让人类灭亡，也不愿让知识进入衰退阶段。最后，如果人类没有由于某种激情而死亡，那么，它就会由于某种软弱而死亡，我们更喜欢哪一个呢？这是最重要的问题。我们希望人类在火和光中死亡呢，还是希望在沙滩中死亡呢？

我们的卓越和伟大不是突然崩溃的，而是逐渐崩溃的；生长在一切事物之中以及和紧贴着一切事物的杂草毁掉了我们身上所有伟大的东西——我们总是企图对之视而不见的、每时每刻都在我们眼前的环境的恶劣，我们所认可的卑鄙而狭隘的感情的无数微小的根源，在我们自己周围、在我们的办公室中，在我们的伙伴之中、或者我们的日常劳动中生长起来。如果我们允许这些小小的杂草被忽略，那么，我们就会由此而无声无息地死去。——如果你必须死去，那么，你就会马上、意想不到地死去，因为，在这种情况下，你也许会在自己身后留下一些壮丽的废墟，而不是像现在所害怕的那样只是覆盖着青草和杂草的小丘，

哲
人
咖
啡
厅

这些狭隘的、可悲的征服者，和以往一样谦卑，可怜得甚至不能取得胜利。

为我们打开通向最遥远和最陌生的那种生活和文明的大门的不是"同情"，而是我们的亲切和不抱偏见，而后者恰恰不是"同情"，正相反，它把人们以往感到痛苦的无数事物（生气或者伤害，或者不友善的待遇）看作令人愉快的东西。现在，对我们而言，各种各样的痛苦是令人快乐的，因此，虽然痛苦的情景使我们感到非常震惊，使我们满脸是泪，但是，我们的确不是更富于同情心的人——我们绝对不会因此而更希望帮助别人。

在这样一种心甘情愿面对各种艰难和衰落的愿望中，我们变得比十八世纪的人更强大，也更有力量；这一点证明，我们的力量在增强（也就是说，我们已经接近于十七世纪和十六世纪的人了……）。但是，认为我们的"浪漫精神"证明我们"心灵变美"了，这是一种深刻的误解……

我们渴望强大的感觉，正如一切比较野蛮的时代和平民所渴望的一样……人们可能有必要将这种渴望和神经衰弱者以及颓废者的渴望区别开来：后者需要胡椒粉，甚至需要暴行……

我们所有人都在寻找某种状况，在这种状况中，平民道德不再有发言权，更不用说教士道德了（因为，读每一本散发着某种牧师和神学家气息的书，我们都会产生一种值得同情的愚蠢和低劣的印象……）。从根本上来说，"善的社会"是一个人们在其中对在平民阶层中禁止的和可耻

哲人咖啡厅

的东西感兴趣的社会，对书籍、音乐、政治、女人进行评价的情况同样如此。

就人类有渴望而言，没有什么比人类更违背哲学家的审美趣味了。当他看到人在行动，甚至当他看到这种最勇敢、最狡诈、最坚忍的动物迷失在迷宫般的痛苦之中时，他认为人是多么令人钦佩啊！他更喜欢这样的人。但是，哲学家蔑视正怀有渴望的人，也蔑视"能够怀有渴望的"人——总之，蔑视人的一切需求、一切理想。如果哲学家可能成为虚无主义者，那么，他就会成为虚无主义者，因为他会在人的一切理想背后发现虚无，或者甚至连虚无也没有——而只有悲惨的、荒唐的、病态的、懦弱的、疲倦的东西，只有从他倒空的人生之杯流出的各种糟粕。人类在其现实中如此令人敬仰，为什么谈到他在渴望时就不应该受到尊敬了呢？他必须为自己在现实中如此有才能而赎罪吗？他必须通过在想象、荒唐的王国中舒展肢体而平衡自己的活动，平衡自己的一切活动中大脑和意志的紧张吗？到目前为止，人类的需求史一直都是人类的耻辱，人们应该警惕，不要太长久地叙述它。为人辩护的是他的现实——现实将永远为他辩护。和任何仅仅被渴望的、构想的、龌龊地捏造出来的人相比，现实的人不是具有更大的价值吗？和理想的人相比不也是如此吗？违背哲学家审美趣味的恰恰不过是那些理想的人。

病人是社会的寄生虫。在某种特定的状态下，活得更长久是不体面的。在已经失去生命的意义、生命的权利之后，仍然懦弱地依赖医生和医术，继续过着呆板单调的生活，这应该激起社会的强烈鄙视。接着，医生们就一定是这种鄙视的调停者——不是给他们的病人开处方，而是让病人每天服一剂新的厌恶。要创造一种新的责任，即在生命的最高利益而且是上升生命的最高利益要求对退化的生命进行最无情的镇压和排斥的一切情况下，医生都要负责任——比如说，要对生育的权利、出生的权利、活着的权利负责任。

当骄傲地活着不再可能时，就要骄傲地死去。自由地选择死亡，在恰当的时间死去，在孩子们和见证者们中间愉快而兴奋地完成死亡，然后在还可能进行一个真正的告别时死去，在正在进行告别的人还在场时死去，在对自己已经取得的成就和希望的东西进行真正的评价时死去，在对自己的生命进行总结后死去——这一切都和基督徒死去时上演的令人不快、令人厌恶的喜剧相反。人们决不应该忘记，为了践踏良知，基督徒一直在利用垂死者的软弱，同时，为了对人和过去进行评价，基督徒一直在利用对死亡本身的态度。

在这里，要蔑视对偏见的懦弱，同时首先确立对所谓自然死亡的真正肯定，即生理上的肯定，这一点非常重要——实际上，所谓的自然死亡归根结底也是"非自然的"，是一种自杀。一个人决不会被任何人毁灭，而是被自己毁灭的。但是，这种毁灭通常是在最令人鄙视的情况下的死，是一种不自由的死，不是在恰当时间的死，是一种懦夫的死。由于对生命的爱，人们应该渴望一种独特的死亡，这种死亡是自由的，清醒的，没有偶然，没有意外。

哲人咖啡厅

　　最后，要给我们亲爱的悲观主义者和颓废者一些建议。想避免我们的出生，这不是我们控制得了的，但是，我们可以纠正这个错误——因为，在某些情况下，这就是一个错误。当人们除掉自己时，他就做了可能存在的最值得尊重的事情，从而也就差不多赢得了生存的权利。社会（我在说什么？）、生命本身由此而获得的好处比从自制、贫血以及别的美德之类的任何生命那里获得的好处要更多，因为，人们使别人从自己的看法中解脱出来，使生命从某种反对中解脱出来。十足的、真正的悲观主义只有通过我们亲爱的悲观主义者的自我驳斥才能加以证明：人们必须将他的逻辑进一步发展，不是像叔本华所做的那样只用"意志和表象"否定生命，而是，他必须首先否定叔本华。顺便说一句，无论悲观主义多么具有感染力，它决不会增加一个时代、作为整体的一代人的疾病，因为，它是这种疾病的一个表现。一个人成为悲观主义的牺牲品，这正如他成为霍乱的牺牲品一样，因为，在自己的整个倾向性上，他一定会非常病态。悲观主义本身不会多产生一个颓废者；我回想起一个统计结果，这个统计结果表明，在霍乱猖獗的年代，死亡的总数和其他年代没有区别。

　　谈到著名的"生存竞争"，在我看来，到目前为止，与其说已经得到证明，不如说是被武断地坚持。"生存斗争"出现过，但只是一个特例，生命的总体表现不是困境，不是饥饿，而是富有、挥霍，甚至荒谬的浪费——在有斗争的地方，生命就是一种求得强力的斗争。人们不应该把马尔萨斯误认为是自然。然而，假设有这样一种生存斗争

（它的确出现过），那么，令人遗憾的是，其结果却和达尔
文学派所希望的相反，和人们可能和达尔文学派同样希望
的相反——也就是说，不利于强者、特权者、幸运的例外
者。物种不会在完美中生长，由于弱者是大多数，而且也
更精明，所以他们一次又一次地战胜强者。达尔文忘记了
那种精神（这是英国式的！），弱者拥有更多的精神。人
们必须需要精神，以获取精神，当人们不再需要精神时，
就会失去它。凡是有力量的人都不需要精神。（"让精神滚
蛋吧！"在今天的德国，人们这样想，"帝国一定仍然保
留在我们这里。"）应该注意，我所指的"精神"是关心、
耐心、狡猾、伪装、巨大的自我控制以及一切属于模仿的
东西（后者包括大量所谓的美德）。

　　一个种族或家庭的美，即他们一切姿态的高雅和亲
切，都是通过学习获得的（就像天才一样），是世世代代
把成果积累起来的最终结果。人们一定已经为优良的审美
力做出了巨大牺牲，为了这一目的，人们一定已经做了许
多，同时忽略了许多（在这两方面，十七世纪的法国令人
佩服），良好的审美力一定已经为选择朋友、场所、服装、
性的满足提供了一个原则，人们一定爱美胜过爱利益、习
惯、思想和惰性。行为至高无上的准则是，即使是独处时
也千万不要"放任自己"。好东西的价值是无法度量的，
而法则总是坚持认为，那些拥有好东西的人和那些获得好
东西的人是有区别的。一切好的东西都会被继承下来，一
切没有被继承下来的东西都是不完美的，不过是个开端而
已。

　　在雅典西塞罗的时代（西塞罗表现出对这一点的惊奇），男人和青少年远比女人美丽。但是，几个世纪以来，当时的男性为美付出了多么大的辛劳和努力啊！在这件事上，人们不应该搞错方法，也就是说，只培养感情和思想几乎不起任何作用（这就是德国基础教育的巨大误解，德国教育完全是幻想），人们必须首先相信肉体。严格地固守某些有意义的、优美的姿态，同时固守只和那些不"放任自己"的人一起生活的义务——这对一个人来说，足以变得有意义和优美了，而且，在两三代中，所有这些都成为人们内在的东西。对于许多民族和人类来说，关键在于，文化应该开始于恰当的地方——不是始于"灵魂"（这是牧师和半牧师的重大迷信），恰当的地方就是肉体、姿态、饮食、生理，其余的都是由此产生的。因此，希腊人依然是历史上第一件文化大事，因为，他们知道，他们所做的事情正是需要做的，而蔑视肉体的基督徒是迄今为止人类的最大的悲哀。

　　战胜的和放纵的东西，它们对欲望的价值产生了消极的影响。是习俗，特别是中世纪习俗可怕的野蛮，还有对构成人的价值的东西的同样可怕的夸张，这两者迫使一种名副其实的"美德同盟"得以产生。努力"教化"（驯服）需要各种镣铐和折磨，以便使自己继续反对恐惧和食肉野兽的本性。

　　在这里，混淆是很自然的，虽然它的影响一直都是致命的：拥有强力和意志的人能够要求他们自己也提供一种他们允许自己拥有的手段。这种本性的人就是放纵和残酷的对立，虽然他们可能偶然会做一些某种邪恶的、不节制的小人认为有罪的事。

在这里，"在上帝面前人具有平等的价值"这种观念是特别有害的，人们禁止那些本身属于有力建立起来的特权的行动和态度——就好像它们本身是人不配拥有的。当人们把对最软弱的人（那些面对自己时也最软弱的人）的保护性措施树立为一种价值标准时，他们就把强者的整个倾向性变成不体面的。

混淆的程度如此之大，以至于人们把生命中非常精湛的东西（它的自立表现出和残酷的、放肆的生命最尖锐的对立）烙上了最耻辱的名称。即使是现在，人们也相信，应该反对吉萨·博基亚，那是非常可笑的。由于德国皇帝的邪恶，教堂已经把他们逐出教会，就像修道士或牧师有权参与一场弗里德里希二世要求自己参加的讨论。把一个绅士 Don Juan 送进地狱，这是非常幼稚的。人们注意到了吗，一切有意思的人都不在天堂？——这恰恰向姑娘们暗示出，她们最有可能在什么地方找到自己的拯救者。如果人们以某种一致性，而且以某种对"伟人"是什么的深刻见解进行思考，那么，教堂把一切"伟人"送进地狱就是毫无疑问的——它反对一切"人之伟大"。

革命使得拿破仑成为可能，这就是革命的公正。为了某种同样极珍贵的东西，人们就不得不渴望我们整个文明的无政府状态的崩溃。拿破仑使得国家主义成为可能，这就是它的托辞。

人的价值（当然，除了他的道德或不道德，因为人的价值甚至还没有触及这些概念）不在于他的有用，因为，即使没有任何他能够利用的人，生存也还是会继续。有一种人产生了最重大的影响，这种影响如此高尚，如此优越，以至于一切都会由于对他的嫉妒而灭亡，为什么恰恰是这种人不能成为整个人种的顶峰呢？

对平庸的厌恶和哲学家不相称，这几乎是一个标志着他的"哲学权利"的问题。恰巧因为他是一个特例，所以，他不得不在他的防护物下采取规则，他不得不在善良中保持平庸。

我们的心理学家（他们的目光不情愿地逗留于颓废的症状）一次又一次地引诱我们去怀疑精神。人们总是只看到那些使得人们虚弱、脆弱、病态的精神的影响，而现在，新的野蛮人（愤世嫉俗者、尝试者、征服者，他们是精神上的优势和幸福及力量的过剩的统一体）即将到来。

我指的是某些新的东西，当然是指这样一种存在着野蛮人危险的民主的人，但是，人们只是在深处寻找它。也存在着另一种野蛮人，他来自高处，征服并统治那些寻找模具以塑造千篇一律之物的人。

自我形成的典型模式，或者说，八个主要问题是：

1. 人们是想更具有多面性，还是更简单一些？

2. 人们是想变得更幸福，还是对幸福和不幸更冷漠？

3. 人们是想变得对自己更知足，还是更苛求、更无情？

4. 人们是想变得更软弱、更顺从、更有人性，还是更"残忍"？

哲
人
咖
啡
厅

5. 人们是想变得更谨慎，还是更冷酷？

6. 人们是想达到一个目标，还是逃避一切目标（比如说，就像哲学家逃避自己在每个目标中都感觉到存在着界限、阴暗处、牢笼和愚蠢一样）？

7. 人们是想变得更受尊重、更被畏惧，还是更受轻视？

8. 人们是想变成暴君、诱惑者、牧人，还是奴隶？

我的训练方式：

对于那些和我有任何关系的人来说，我希望他们痛苦、孤独、得病、待遇糟糕、受侮辱——我希望他们谙熟深刻的妄自菲薄、自我怀疑的折磨、被征服的不幸，我对他们没有丝毫同情，因为，我希望他们是目前唯一能够证明人是否有价值的东西，希望他们是唯一有忍耐力的人。（在尼采著作的注释中写道："我还从来不知道任何理想主义者，但却知道许多撒谎者——"）

由于教会的滥用而毁灭的东西：

1. 禁欲主义：人们几乎没有如此强烈的勇气去展示自己天赋的功能和不可或缺的对欲望的培养。我们荒谬的教育界（有用的公务人员作为一种模式徘徊在它面前）认为它能够通过"教育"、通过脑力训练而继续存在；它对首先需要别的某种东西即对强力意志的培养没有丝毫观念；除了人们是否能够有欲望，是否可以希望这些主要的东西之外，人们发明了对一切事物的训练；年轻人对这个关系到自己本性的最高价值的问题没有一个疑问，甚至没有任何好奇心就完成了学业。

2. 斋戒：在每一种感官上都要斋戒——斋戒甚至是保护人们能够享有一切美好事物的敏感性的一种手段（例如，偶然停止阅读、听音乐、娱乐；为了自己的美德，人们也必须有斋戒日）。

3. 修道院：是暂时的隔绝，伴随着严格的拒绝，比如说，对信件的拒绝；是对渴望逃避"责任"而不是"诱惑"的一种最深刻的自我反思和自我恢复，是对日常的一系列活动的逃避；是和刺激和影响这种专制的分离，这种专制指责我们把自己的力量全部花在反抗上，不允许积聚自发活动的意义（人们应该从特写镜头去观察我们的学者，他们只是反应性地思考，即，他们不得不在能够思考之前先阅读）。

4. 节日：为了不把基督徒和基督徒的价值看作一种压迫，在这种压迫之下，一切真正的节日感情都趋于毁灭，人们不得不非常迟钝。节日包括：自豪、兴高采烈、嬉戏，对一切严肃的、俗气的东西的嘲弄，出于肉体的丰富和完美而对自己进行神圣的肯定——基督徒不能坦诚地接受的一种和全部状态。节日是杰出的异教徒。

5. 面对自己本性的勇气：用"道德服装"进行装饰。——为了欣然接受一种感情，人们不需要道德准则；标准在于，我们能够在多大程度上肯定我们身上的本性——在多么多或多么少的程度上，我们需要依赖道德。

6. 死亡。人们必须把愚蠢的生理行为转化为一种道德的必然。因此，这样生活着，以至于人们也会希望在恰当的时间死去！

如果人们问一个健康的小男孩："你想变得品德高尚吗？"那么，人们会被这个小男孩凝视着。但是，如果被问道："你想变得比你的朋友们更强吗？"那么，他会吃惊地睁大自己的眼睛。

（四）自由创造

有时候，一件事物的价值并不在于人们通过它得到了某种东西，而是在于人们为它付出了什么代价，即它让我们牺牲了什么。我来举个例子。一旦达到了自由主义的制度，那么，它们就不再是自由的了，此后，就没有比自由主义制度更严重、更彻底地对自由的损害了。大家对它们的影响了解得非常充分：它们削弱了强力意志，它们夷平了高山和峡谷，并把这称作道德，它们使人变得渺小、懦弱而享乐——每一次都只有奴隶动物才对它们感到得意。换句话说，自由主义就是使人奴隶动物化。

当这些相同的制度仍然在为某种东西而斗争时，它们就会产生非常不同的结果，那时，它们才真正以一种强有力的方式促进了自由。通过仔细观察，产生这些结果的是斗争，是为了自由主义制度而进行的斗争，自由主义制度作为一种斗争，允许自由主义的本性继续存在。而斗争则导向自由。那么，自由是什么？即人们独自承担责任的意志；保持把我们分开的距离；对困难、艰苦、匮乏，甚至生命本身更加漠视；准备为了自己的事业而牺牲人类，同时也牺牲自己。自由意味着喜欢斗争和胜利的男子气概的天性支配着其他天性，比如说，支配着"快乐"的天性。已经变得自由的人类（而且有着更多的自由精神）唾弃小店主、基督徒、母牛、女人、英国人和其他民主主义者梦想的令人轻视的那种幸福。这种自由的人是勇士。

在个体和民众那里，自由是如何被衡量的呢？根据必须加以克服的阻力，根据保持在最高位置所需要的努力。最高级的那种自由人应该在不断克服最强阻力的地方去寻找：他离专制仅几步之遥，和被奴役危险的门槛紧挨着。从心理学上来看，这一点就是正确的，因为"暴君"所指的是无情而可怕的天性，这种天性相对暴君而言的最大限度的权威性和约束力（尤利乌斯·凯撒就是最好的典范）。从政治上来看，这一点也是正确的，人们仅仅需要回顾一下历史就会知道。有某些价值的、获得了某些价值的民族决不是在自由主义制度的条件下取得价值的，正是巨大的危险似的某些民族应该受到尊重。危险只会使我们认识到我们自身解决问题的能力，认识到我们的美德、我们的盔甲和武器、我们的精神，并迫使我们变得坚强。首要的原则是，一个人一定有必要坚强，否则他将决不会变得坚强。

那些为强者（迄今为止所知道的最坚强的人）准备的巨大温室，罗马或威尼斯之类的贵族社会，在我所理解的意义上恰当地把自由理解为一个拥有或不拥有的某种东西，理解为一个人想要的某种东西，理解为一个人赢得的某种东西。

当一个哲学家沉默的时候，这可能是灵魂的高尚；当他驳斥自己的时候，这可能是爱；而当他是有知识的人时，可能会非常有教养地撒谎。人们会不无微妙地说，伟大的心灵倾诉他们所感受到的不安是可耻的。但是，人们必须补充一句，不害怕最可耻的东西可能也是灵魂的伟大之处。一个爱着的女人会牺牲自己的荣誉，一个"爱"着的有知识的人也许会牺牲他的善良，一个爱着的上帝会变成犹太人。

把一种"风格""给予"一个人的个性——这是一件多么伟大而罕见的艺术啊！这件事是由这样的人实施的，他们仔细考察了自己本性中的所有强项和弱点，然后使它们适应于一种具有艺术性的规划，直到它们中的每一个都表现得像艺术和理性一样，即使是弱点也会使人的鉴赏力感到愉悦。这里增加了大量附加本性，那里就有一种原初本性被消除——这两种情况都要通过长期的实施和每天的运作。不能消除的丑陋在这里被隐藏起来，而在那里则重新得到表现，显得很崇高。许多不明确的、不愿意成形的东西被保留下来，被用于远距离的观看，也就是说，它对于那些遥远的无法度量的东西来说是有意义的。最后，当这件事完成时，唯一的一种审美力的约束如何支配并构成一切大大小小的东西就变得很明显了，也就是说，不管这种审美力是好还是坏，都没有人们认为的那样重要——只要它是一种唯一的审美力就好了！

那些在自己准则的这种约束和改善中享有自己最美好的快乐的人，将是强大的、具有统治欲望的人；面对一切被按照某种固定的传统风格处理过的人，面对一切被征服了的、侍奉别人的人，他们巨大的激情将会变得怜悯起来；

哲人咖啡厅

甚至当他们不得不建造宫殿和设计花园时，他们也会对天性获得自由而感到拘谨不安。

相反，那些厌恶被风格约束的人，是没有控制自己的力量的、不够标准的人。他们认为，如果这种痛苦的、有害的约束被强加在自己身上，那么，他们的身份就会降低——也就是说，一旦他们侍奉别人，就会变成奴隶；他们厌恶侍奉别人。这样的人（他们也许是一流的人）总是表现得想把自己周围的人塑造为并看作具有自由本性的人——野蛮、专断、难以置信、没有秩序、令人惊讶。他们受到良好的忠告，因为只有这样，他们才能给予别人快乐！

只有一件事是必要的：人类应该对自己感到满意——不管是通过这种还是那种富有诗意的事物和艺术，只有到那时，人类才能从根本上可以被注意到！凡是对自己满意的人，都始终准备复仇，而如果我们其他人只是不得不忍受他的丑恶样子，就将成为他的牺牲品。因为，丑恶东西的样子会使人变得糟糕、沮丧。

把上等人和下等人区别开来的是前者看到和听到的东西要多得多，而且是留心地看和听——确切地说，这一点就把人和动物区别开来，把高等动物和低等动物区别开来。

对于任何发展到人性高度的人来说，世界变得更丰富了，更多的诱饵朝着他的方向投过来，想引起他的兴趣，刺激他的东西的数量不断增加，不同种类的快乐和痛苦也在不断增加。上等人总是在变得快乐的同时，也变得痛苦。但是，他却从来没有摆脱一种错觉，他以为自己是一个被

哲人咖啡厅

置于生活这场看得见、听得到的伟大戏剧的观众和听众，他认为自己的天性是爱沉思的，而没有注意到他自己实际上是继续创造这种生活的创作者。当然，他和这场戏剧的演员即积极参与的一类人不同，而且，他更不像台前的一个纯粹的观众和庆祝的嘉宾。作为一个创作者，他具有沉思的天性，具有反思自己作品的能力，但同时而且首先也具有进行表演的人们所缺乏的创造力，凡是整个世界的看得见的现象和信仰都可以这样表现。

我们这些思考着、同时也感受着的人，真正地不断创造着某种过去一直没有的东西，即创造着永远都在发展的世界，这个世界包括价值、色彩、重点、看法、尺度、肯定、否定。我们创造的这个作品不断由所谓进行实践的人们（我们的演员）研究着，他们了解自己的角色，把一切转化到活生生的血肉和现实中，转化到日常生活中。凡是在我们的世界中具有价值的东西，按照它的本性来说，其本身都没有价值，因为本性永远都是没有价值的，但是在某个时刻已经被赋予了价值，这种价值是作为一件礼物而出现的，而且是我们给予和赠与的。只有我们才创造了这个和我们相关的世界！

但是，这种认识恰恰是我们所缺乏的，而当我们偶然在非常短暂的时刻理解这种认识时，我们总是马上又把它遗忘；我们不能认识到自己至善的力量，而且有点低估自己这个沉思者。我们既不像应该的那样骄傲，也不像应该的那样快乐。

我不属于那种仅仅通过书本、由书本刺激才能产生思想的人。我们的习惯是在户外思考——在散步、跳跃、爬山、跳舞时思考，最好是在人迹罕至的山上，或者海边思考，在这里，甚至小路也变得若有所思。我们对一本书、一个人，或者一个音乐作品的首要问题是：它们会走路吗？更重要的是，它们会跳舞吗？

我很少读书，但在读书这件事上，我不比别人差。我们是多么迅速地猜中某个人如何获得自己的思想的啊！——他坐在墨水池前面，饿着肚子，头伏在纸上。我们也同样迅速地读完了他的书！肚子的绞痛出卖了他们——你可以就此打赌——不亚于房间的空气、天花板、狭小对他的出卖。——这就是当我合上一本非常不错的、渊博的书时所感觉到的东西——感激、非常感激，但也有一种解脱感。学者们的书几乎总是有点压抑，受到压制；"专家"表现在某个方面——对自己所坐和转弯的偏僻角落、对自己弯着的腰，他表现出热情、严肃、大怒、高估；每个专家都弯着腰。每一本渊博的书都会映照出一个病态的灵魂；每一件工艺品都是病态的。

在你青年时代的朋友拥有了自己的专长后，你又重新看到了他们——而所发生的总是和我们希望的相反！现在，他们自身总是受到专长的支配，痴迷于专长。被迫进入自己偏僻的角落，被扭曲得面目全非，没有自由，被剥夺了自己的平静，憔悴得瘦骨嶙峋，没有一个地方明显是圆的——当人们这样再看到他们时，被震撼了、陷入了沉默。

每一个行业，即使有着金色的底面，上面还是有个灰

哲
人
咖
啡
厅

色的顶棚，日益把灵魂压下去，直到它变得古怪而病态。对此，我们无能为力。没有人认为有人能够通过某种教育技巧避免这样的严重损害。在这个世界上，人们会为每一种高超技巧付出高昂的代价。或许人们也会为一切事物付出高昂的代价。为了具备某种专长，人们又由于成为这种专长的牺牲品而付出了代价。但是，你们想以别的方式（更低廉、更顺利，首先是更安逸）具备某种专长——难道不对吗，我亲爱的同代人？那么，在那种情况下，你们也会马上达到某种别的东西，不是工匠和能手，而是"作家"，有心机的、"八面玲珑的"文学家，当然，作家不会弯着腰——除了作为精神的兜售者和文化的"传播者"在你们面前装出的那副姿态之外——作家实际上什么也不是，却"代表着"几乎一切事物，扮演着专家，而且"取代"了专家，同时又让自己表现得极其谦虚，目的是使自己以专家的地位得到报酬、受到尊重和称赞。

不，我博学的朋友们，我恰恰为你们弯着的腰而祝福！为你们像我一样蔑视"作家"和文化寄生虫而祝福！为不知道如何以精神为业而祝福！为不扮演你们所不是的东西而祝福！因为你们唯一的目标就是成为你们那个行业的专家，赞成对每一种优势和技能的尊敬，坚定地反对一切伪装、半真半假、粉饰、赝品、煽动、以卓越的演艺形式出现的做作——即反对一切不能向你们证明在训练和优先教育中它们自身绝对真实的东西。

即使是天才也不能弥补这样的不足，不管它可能在多大程度上蒙蔽了人们。对于任何曾经观看过我们身边最有才华的画家和音乐家的人来说，这一点是很清楚的。几乎没有例外，他们中所有的人都知道如何狡猾地捏造风格、替代品，甚至原理，为的是在这种活动之后，使自己产生一种模仿这种真实、这种教育和文化的可靠性的虚假之物——当然，并不是设法欺骗自己，不会让良知意识到自身的邪恶而沉默。因为，你们一定知道，一切伟大的现代艺术家都会因为罪恶感而痛苦。

大家都知道，当前，接受批评和驳斥的能力是高度文明的标志。一些人真正认识到，高等的人渴望并激起驳斥，以便得到一些他们还没有注意到的不公正的有益的劝告。

但是，当人们强烈反对那些习惯了的、传统的、被视为神圣的东西时，驳斥的能力、良知的获得才会更显著，它构成了我们的文明中真正伟大的、崭新的、令人惊喜的东西，构成了思想解放的最大步伐。谁明白这一点呢？

你过去热爱的作为一种真理或可能性的东西，现在却作为一种谬误侵袭着你，你摆脱它，认为这代表一种由于自己的原因而取得的胜利。但是，也许这种谬误在那时对你来说就像你现在所有的"真理"（它应该是一个外壳，隐藏和遮盖了大量不允许你看到的东西）一样是必要的，这时，你仍然是一个与众不同的人——你永远都是一个与众不同的人。对于你来说，破坏这种观念的东西是你的新生命，而不是你的理性，你不再需要它，现在，它崩溃了，就像一只虫子没有理性地从它那里爬出来，进入光亮中。当我们批判某种东西时，完全不是随心所欲的，而是客观的事件——它至少经常表明我们身上生气勃勃的活力，这种活力正在增强，并蜕去一层皮。我们否定着，而且必须否定，因为我们身上的某种东西想继续存在，想得到确认，这种东西是我们或许到目前为止还没有认识到，也没有看到的东西！据说，这是为了支持批评。

我们的制度不再有任何用处，人们普遍同意这一点。然而，这不是制度的过错，而是我们的过错。一旦我们失去了产生那些制度的所有天性，我们同时也就失去了那些制度，因为我们对它们来说不再适合。民主主义一直都是组织力量衰退的形式，在《人性的、太人性的》中（第一卷第四百七十二节），我已经把现代民主连同如"德意志帝国"一样的民主混合物刻画为国家衰退的形式。为了有制度，就必须有一种意志、本能或命令，这些东西对自由主义的反对到了居心叵测的程度，必须有传统意志、权威意志、对将要到来的几个世纪负责的意志、前前后后无限延续的几代人团结的意志。当这种意志出现的时候，像罗马帝国或俄国一样的东西就建立起来，今天具有持久性、可以期待、依旧能够保证某种东西的唯一力量，即俄国，这个表明和欧洲可怜的神经过敏及小小的国家体制相对立的概念，已经随着德意志帝国的建立进入到一个批判的阶段。

整个西方不再具有产生制度、产生未来的天性，或许任何东西都不会如此反对它的"现代精神"。人们一天天地活着，过得非常快，非常没有责任感地活着，却严格地称其为"自由"。人们鄙视、仇恨、唾弃那种使制度成其为制度的东西，甚至一旦"权威"这个词被大声说出，人们就害怕新的奴役这样的危险。这就说明，在我们的政治家、我们的政党的价值本性中，颓废发展得多么深远，他们本能地偏好崩溃的东西，偏好加速死亡的东西。

现代婚姻证明了这一点。很清楚，整个理性都已经从现代婚姻中绝迹，不过，这不是要反对婚姻，而是反对现代性。婚姻的理性在于丈夫专有的法律责任，这种责任给予婚姻一个重心，而今天，婚姻的两条腿一瘸一拐地走着。婚姻的理性在于其原则的稳定性，这种原则给予一个重音，使得人们能够听到意想不到的感情、激情，能够听到只不过是瞬间的东西。婚姻的理性还在于对选中的配偶所承担的家庭责任。由于对爱情对象的沉迷增加了，这恰恰使得产生婚姻制度的婚姻基础被消除了。一种制度决不会、根本不会以某种特征为基础，正如我所说的，人们不会把婚姻建立在"爱"的基础上——人们会把婚姻建立在性欲、财产欲（把妻子和孩子作为财产）、支配欲的基础之上，这些欲望不断地为自己组织最小的统治机构，即家庭，同时，这些欲望需要孩子和继承人，以便紧紧抓住（在心理上也是如此）对于强力、影响、财富的一种可取的手段，以便为长远的任务、为几个世纪之间本性的一致做准备。作为制度的婚姻包含着对最伟大、最持久的组织形式的肯定，当社会不能作为一个整体让自己向最遥远的后代做出保证时，婚姻就完全没有意义了。现代婚姻已经失去了自身的意义——因而人们要废除它。

愚蠢（归根结底说，在今天，本能的退化是一切愚蠢的原因）在于竟然还有个工人问题。人们不会怀疑确定的事物，这是本能的首要命令。我完全不明白，既然人们已经怀疑欧洲工人，那么，他们打算怎么处置这些工人。他们太富有了，不会越来越多地要求，不会更放肆地索取。最后，他有许多支持者。在这里，一种朴素的、自足的人即中国人这个人种可能会发展为一个阶级，可能这是有道理的，这几乎就应该是一种必然。然而，人们做了什么？做一切事情，以便恰好把这方面的先决条件扼杀在萌芽状态，工人们借以可能在自己看来成为一个阶级的这一本能已经被最不负责任的疏忽大意彻底毁掉了。工人具有军队服役的资格，有组织和投票的权利，今天的工人认为他自己的生存令人痛苦的，从道德上来说，是不公正的，这有什么奇怪吗？但是，人们需要什么呢？我再次问道。如果一个人需要一个目标，那么，他就一定也需要手段，如果他需要奴隶，却又教育奴隶成为主人，那么，他就是一个傻瓜。

来自一场博士考试。——"一切高等教育的任务是什么？"将人转变为机器。"其手段是什么？"人们必须学会感到厌倦。"这一点如何得到实现？"借助于责任观念。"谁充当这种榜样？"语言学家，他教人刻苦学习。"谁是尽善尽美的人？"公务员。"哪一种哲学为公务员提供了最高公式？"康德的哲学，因为，作为物自体的公务员上升为审判作为现象的公务员的法官。

在像这样的时代中，抛弃自己的天性就更是一种灾难了。我们的天性相互冲突、干扰、破坏，我准备把现代的东西规定为生理上的自相矛盾。教育方面的理性要求，在

哲人咖啡厅

强硬的压力下，在这些天性体系中，至少会有一种天性会瘫痪，以便使得另一种天性获得力量、变得强大，起统治作用。今天，个人仍然不得不通过修剪才会令人满意，在这里，令人满意指的是健康。而事实却相反，对独立、自由发展、任其自然的要求，恰恰是由那些受到的控制并不严厉的人提出的。在政治领域和艺术领域都是如此。但是，这是颓废的一个迹象，我们现代的"自由"观念是天性退化的更好证明。

（五）狄奥尼索斯

这本书是献给那些已经得到很好培养的人，献给那些对我的心灵有好处的人，献给那些从坚硬的、轻柔的、芳香的木材雕刻出来的人（甚至鼻子也会以这些人为荣）。

他欣赏那些有益于自己健康的东西；

当他跨越利于健康的东西的界限时，他对任何事物的快乐也就结束了；

他预测着对部分损伤的补救措施；他把疾病看作对自己生命的强烈的兴奋剂；

他知道如何发挥不利的时机；

他通过威胁要毁灭他的事件变得更强；

他本能地从一切他看到、听到、经验到的东西那里获取，从引起他最重要的关注的东西那里获取——他遵循精选原则——他接受许多失败的东西；

他缓慢地做出反应，这种缓慢是通过长期的谨慎和深思熟虑的骄傲培养出来的——他对刺激其由来和意图的东西进行考察，他不屈服；

他总是处于自己的团队中，不管是和书籍、人打交道，还是和风景打交道；

他通过选择、承认、信任而给予荣誉。

对价值进行重新评价——这意味着什么？一切自发的（全新的、未来的、更强的）行动都必须进行重新评价；但是，它们仍然在错误的名称和评价之下出现，还没有意识到自己。

这是对已经实现的东西的勇敢的认识和肯定——摆脱草率的常规，这种常规是陈旧的评价，它使我们在已经取得的最好最强的东西中蒙羞。

代替了卢梭的"自然的人"，十九世纪已经发现了"人"的一种更真实的形象——这种形象有勇气这样做。总的来说，"人"这个基督教概念因此而恢复了原状。人们还没有勇气的原因就在于，认为这个"人本身"是好的，在他身上看到了未来的保证。人们也不敢想，人之恐惧方面的增加就是文化方面的每次增加的附属物；在这一点上，人们仍然服从基督教的理想，站在基督教一边反对异教，反对文艺复兴的美德观念。但是，文明的钥匙不是以这种方式发现的，在常规中，人们为了支持"善人"而保持对历史的歪曲（似乎只有"善人"才构成了人的进步）和社会的理想（即，基督教残余和非基督教化世界中卢梭的残余）。

对十八世纪的斗争：通过歌德和拿破仑获得了至高无

上的征服。叔本华也和十八世纪进行斗争，但是，他又不知不觉地退回到了十七世纪——他是现代的帕斯卡尔，有着非基督教的帕斯卡尔式的价值判断。叔本华还没有强大到做出一种崭新的肯定。

拿破仑：高等的和可怕的人必然共同属于这种洞察力。在拿破仑那里，"人"恢复原状了，女人重新和对自己应有的轻蔑和恐惧的赞美相一致。拿破仑是作为健康的、最高级的行动的"总体"；是被重新发现的行为的直道和宏伟模式；是最强大的本能，生命本身的本能，是统治的欲望，是得到肯定。

快乐出现在有强力感的地方。

幸福在于，欢欣鼓舞地认识到强力和胜利。

进步在于，人种的强化，对强烈愿望的能力，其他的一切都是误解和危险。

可怕是伟大的一部分，让我们不要欺骗自己。

罪犯这种人是在不适当的情况下产生的某种强者，是一种患了病的强者。他缺乏更广阔的天地，缺乏某种更自由、更危险的环境和生存方式，在那里，成为强者天性中攻击和防卫的一切都有其合理的地位。他的优点受到社会的排斥；他身上所具有的最强烈的欲望很快就和令人沮丧的感情，和怀疑、恐惧、耻辱一起增长起来。不过，这几乎会引起生理上的退化。凡是必须私下地、长期不安地、谨慎地、狡猾地做自己擅长的、最喜欢做的事情的人，都会变得贫血；而因为他总是由于自己的天性而仅仅遭到危险、迫害和灾难，所以，他对这些天性也就持反对态度，并逐渐宿命论地体验它们。这就是社会，这就是我们温顺的、平庸的、被阉割了的社会，在其中，一种来自大山或来自海洋冒险的不做作的人，必然堕落为罪犯，或者几乎必然会这样，因为有一些例子，证明这样的人比社会更强大，科西嘉人拿破仑就是最著名的例子。

陀思妥耶夫斯基的证明和这个问题相贴切——顺便说一句，陀思妥耶夫斯基是我曾经从他身上学到过一些东西的唯一的心理学家，他是我生命中最美好的一笔财富，甚至超过我对司汤达的发现。这个深刻的人，他有十倍的权利去鄙视那些肤浅的德国人，他长期生活在西伯利亚的犯人（没有办法回到社会的严重犯人）之中，发现这些犯人和他所预料的非常不同，他们是用生长在俄国土壤中某个地方的最好、最硬、最珍贵的木材雕刻而成的。

让我们来概括一下罪犯的情况，让我们把人看作具有这样的性情，由于这种或那种原因，他们缺乏大众的赞成，明白人们觉得他们不仁慈，也没用——也就是说，他们卑贱地感觉到，自己不是被看作平等的人，而是被遗弃的、没有价值的、玷污社会的人。一切具有这种性情的人，他们的思想和行动都具有某种阴暗的色彩，他们周围的一切都变得比那些生活受到阳光爱抚的人要苍白。不过，几乎一切我们今天认为卓越的生存者，都曾经生活在这种有点像坟墓一样的气氛中，例如，科学家、艺术家、天才、自由的人、演员、商人、伟大的发现者，都是如此。只要牧师被看作最高级的人，那么，任何一种有价值的人就都会被贬低。我保证，这样的时代即将来到，那时，牧师将会被看作最低级的人，看作我们的贱民，看作最虚伪的人，看作最下流的一种人。

我要求大家注意这样一个事实，即使是现在，处于曾经在地球上统治过，或者至少在欧洲统治过的最温和的道德制度下，每一次违背，每一种长久的、太长久的低下的生活，每一种特别的、晦暗的生存方式，都会使人和那种违法犯罪的人更接近。在一段时期内，一切思想创新者的额头上都一定带有贱民的病态的、致命的标记——并不是因为他们被别人那样看待，而是因为他们自己感觉到了那条可怕的鸿沟，这条鸿沟把他们和一切习以为常的或规范的事物分离开来。几乎每个天才都知道，作为自己发展的一个阶段，"卡提利纳式的生存"——一种仇恨、报复、反叛一切既成的、不再变化的事物的感情——是凯撒式的前生存方式。

我也谈到某种"回归自然"，尽管这实际上不是一种倒退而是一种上升——上升到高尚、自由，甚至可怕的本能和本性（在这里，伟大的使命成为人们玩弄的东西，或者成为人们可能会玩弄的东西）。打个比方说，拿破仑就是我理解的"回归自然"的一个例子（比如说，在迷阵战术中，更进一步说，就像军人们所知道的那样，在策略问题上，就表现出"回归自然"）。

但是，卢梭——他真正想回到哪里？卢梭，是一个集第一个现代人、理想主义者和下等人于一身的人——是一个需要道德"尊严"，以便能够使自己的观点继续存在的人，他由于不可遏制的虚荣心和自轻自贱而令人感到厌

哲人咖啡厅

恶。这个躺在现代门槛上的流产儿也想"回归自然"，再问一次，卢梭想回归到哪里？我憎恨卢梭还在于法国革命，它是理想主义者和下等人这种二重性在世界历史上的表现。我并不关心这场和革命的某个方面及革命的"不道德"相适宜的血淋淋的闹剧，我所憎恨的是它的卢梭式的道德——即所谓的革命"真理"，通过这场革命，卢梭式的道德依旧起作用，并且吸引着一切浅薄而平庸的东西。平等学说！在任何地方都不会有比这更毒的毒药了，因为，这个学说看起来是由正义本身倡导的，但实际上却是正义的结束。"对平等者平等，对不平等者不平等"——这应该是正义的真正口号，也是正义推出的结果，即"决不要使那些不平等的获得平等。"平等学说被这种令人震惊的、血淋淋的事件包围着，把一种荣耀和炽热的气息给予这个同样卓越的"现代理念"，因此，革命就像一个壮丽的场面一样，甚至一直吸引着那些最高贵的灵魂。结果，再也没有理由尊重它了。我只看见一个人，这个人对它感到厌恶，正如一定会感受到的那样——这个人就是歌德。

过去没有被认识到的、今天被认识到或可能被认识到的东西是，任何意义上或任何程度上的某种倒退、逆转都是完全不可能的。我们生理学家知道这一点。不过，一切牧师和道德家都相信与之相反的东西——他们想把人类带回到、骗回到过去的道德尺度上。道德永远都是一张普罗克路斯特斯的床（希腊神话中的一个强盗，在他开的旅店中，有一张铁床，旅客投宿时，他把身材高的截短，把矮的拉长，使他们和床一样长）。在这一点上，甚至政治家都模仿具有美德的牧师们，因为，今天还有一些党派，他们梦想着一切东西都可以像螃蟹一样倒着走。然而，没有一个东西能够随意成为螃蟹。一点用都没有，人们必须向前走——一步一步地进入颓废（这就是我给现代"进步"下的定义）。人们能够控制这一发展，并因此而控制退化，增强退化，并使得退化更强烈、更突然，人们只能做这些。

（六）永恒轮回

两种最极端的思维模式——机械论的和柏拉图式的——在永恒轮回中取得了一致，因为两者都是理想。

如果世界有某种目标，这种目标想必已经达到了。如果对世界来说，存在着某种非预期的终极状态，这也想必已经达到了。如果世界能够以某种方式暂停并变成固定的东西，能够"存在"，那么，一切变化早已应该结束，和它一起结束的还有一切思想和"精神"。"精神"的情况作为一种生成形式证明，世界没有目标，没有终极状态，也不能存在。

然而，旧习惯把目标和每件事及某种导向联系起来，把具有创造性的上帝和世界联系起来，这种习惯如此强大，以致它要求思想者努力不要陷入把世界的毫无目的性看作是预期的这一认识中。所有那些想把创造永远新奇的事物的能力强加于世界之上，即强加于某种具有持久规模

哲人咖啡厅

的、有限的、确定的、不可改变的力量之上的人，所有那些把创造形势和状态上无限新奇的事物的力量强给予世界之上的人，都一定会想到这样一种观念——这个世界有意避开目标，这个世界甚至还知道为了使自己免于进入某种循环过程的巧妙办法。即使世界不再是上帝，它也仍然被设想为能够具有神圣的创造力量和无限的转化力量；被设想为有意识地防止自己返回到自己的任何旧形式；被设想为在任何时候都具有其一切运动的目的和手段，以便逃避目标、终极状态和循环往复，以及由这样一种不可原谅的愚蠢的思想和欲求方式可能产生的别的一切。这仍然是陈旧的宗教的思想和欲求方式，是一种相信在某种意义上，世界归根结底就像敬爱的、无限的、具有无穷创造力的上帝——在某种意义上，"旧的上帝依然活着"——的向往，是斯宾诺莎对在"上帝即自然"（上帝或自然。他甚至感受到"自然即神"）的话语中所表达的东西的向往。

那么，决定性的变化，即目前已经达到的居于宗教的、上帝发明的精神之上的科学精神的优势借以得到最清晰表达的规律和信念是什么？难道不是这样：作为力量的世界不可以被看作是无限的，因为它不能被这样看；我们不许自己把无限力量的概念看作是和概念"力量"不相容的。因此，世界也缺乏创造永恒的新鲜事物的能力。

新的世界观——世界存在着，世界不是在生成的东西，也不是在消逝的东西。更确切地说，世界在生成，世界在消逝，但是世界从来没有开始生成，也从来没有停止消逝——世界把自己保持在生成和消逝中。——世界靠自

哲人咖啡厅

己为生：它的排泄物就是它的食物。

我们片刻都不必为某个被创造的世界这一假设感到担忧。今天，概念"创造"是非常难下定义的（这一词语是很模糊的），也是不可实现的，它只是一个词语，是从迷信时代遗留下来的低级东西，仅仅用一个词语解释不了任何东西。近来，借助于逻辑程序，构想一个有开端的世界这一终极尝试已经被做了好几次———一般而言，就像人们可能猜测的那样，世界有着某种秘而不宣的神学目的。

近来，人们已经多次试图在概念"过去世界在时间上的无限性"（无限中的倒退）中找到某种矛盾，人们已经完全找到了，虽然付出了头尾混淆的代价。没有什么能阻碍我从此刻起向后进行设想，也没有什么能阻碍我说"我绝达不到终点"；正如我能够从同样的时刻起向前设想到无限之中。只有当我犯了错误———我会避免这一点———把这个无限中倒退的正确概念等同于迄今为止关于有限进步的完全不可能实现的概念的时候，只有当我认为方向（向前或向后）在逻辑上无关紧要的时候，我才会把头当作尾，我会把这留给你，我亲爱的迪林先生！

我曾经在早期的思想家们那里遇到过这种思想，无论何时，这种思想都是由其他秘而不宣的思想（主要是神学的，赞成作为创造者的精神）所决定的。如果世界能够以任何方式变得僵化、枯燥、死气沉沉，变成虚无，或者如果世界能够达到某种均衡状态，或者如果世界有某种包含着持续性、不变性、一劳永逸（总之，从形而上学上来说，如果生成能够把自己归结为存在或虚无），那么，这种状

哲
人
咖
啡
厅

态就应该已经达到了，世界就是由此得出的……

我们自己手中握有某种充当纠正许多其本身具有可能性的世界假说这种错误看法的东西，这是唯一可以肯定的事。比如说，如果机械论不能避免这一导向某种终极状态的结果，——这是由采用了开氏温标或绝对温度的英国物理学家和数学家威廉·汤姆森（即开尔文，1824—1907）得出的——那么，机械论就会被驳倒。

如果世界可以被看作力量的某种毫无疑问的确切的大小，看作力量的中心的某种毫无疑问的确切的数目——任何别的描述都是不确定的，因而毫无用处——由此得出结论，在生存的伟大博弈中，力量必须经历并完成许多数得清的组合。在无限的时间中，一切可能的组合都会在某个时刻或别的时刻得到实现，而且，它会被无数次地实现。而且，由于在任何组合及其接下来的轮回之间，所有其他可能的组合都必将发生，而每一个组合都是同一系列中的整个一连串组合的条件，绝对同一系列的循环运动因此而得到说明：世界就是某种早已经常在无限地重复自己的循环运动，在无限性中玩着自己的游戏。

这个概念不仅仅是一种机械的概念，因为如果是这样的话，那么，这个概念就不一定是同一事件的无限循环的条件，而是终极状态的条件。因为世界没有达到这一点，机械论就必须被看作是某种不完美的、仅仅是暂时的假设。

你们知道世界对我而言是什么样的吗？要不要我按照自己的反映将它展示给你们？这个世界是一个能量的怪物，没有开端，也没有结束；这个世界是在大小上严格的

永恒不变的力量，这种力量不会变得更大或更小，它不会
耗尽自身，而只是改变自身的形态；作为一个整体，具有
不可改变的规模，是没有消耗和亏损，也没有增加和收益
的一个家庭；它被"虚无"包围着，就像被一个分界线包
围着一样；它不是某种污迹斑斑的被废弃的东西，不是某
种无休止地延伸的东西，而是作为一种确定的力量被固定
在一个确定的空间，它不是一个有可能在这里或那里存在
的"空虚"的空间，倒不如说，它是一种遍及各处的力
量，是力量的作用和波动，它同时既是一又是多，在此处
增加的同时又在彼处减少；它是一汪奔流和涌动到一起的
海洋，永恒都在变化着，也永远都在回流着，有着几千年
的轮回，又潮涨潮落的形态；源于最简单的形式的东西努
力追求最复杂的东西，源于最静止、最严格、最冷酷的形
式的东西转向最热情、最动荡、最自相矛盾的东西，然后
又重新从丰富性回归到简单性，从矛盾的运作返回到和谐
的欢乐，证实自己处于进程和岁月的统一之中，祝福自己
能成为必须永恒地回归的东西，成为一种不知道厌烦、不
知道憎恶，也不知道疲倦的生成：这就是我永远都在自我
创造、自我毁灭的狄奥尼索斯的世界，这个充满了双重的
感性快乐的神秘世界；这是我"超越善恶"的世界，这个
世界没有目标，除非循环的快乐本身就是目标；这个世界
没有意志，除非循环感觉到善的意志接近自己——你们想
为这个世界命名吗？你们想为这个世界的所有难解之谜寻
找谜底吗？你们想为你们这些最隐秘、最坚强、最勇敢、
最暗沉的人找一盏灯吗？——这个世界就是强力意志，此

外无他！你们自己也是强力意志，此外无他！

两种伟大的哲学观点（是由德国人想出来的）：

a. 生成的观点，发展的观点。

b. 依照生存价值而定的观点。（但是，必须首先克服这一德国悲观主义的可怜形式！）

——两者由我以一种决定性的方式结合在一起。

一切都在永恒地生成和重现——要逃脱这一点是不可能的！——假设我们能够判断价值，接下来会怎么样呢？轮回观念作为一种选择性的原则，是为力量（以及野蛮行为！！）服务的。

人类的成熟已经达到了接受这一思想的程度。

能量守恒的规律要求永恒轮回。

从来就没有达到过均衡状态，这一点证明，均衡状态是不可能的。但是，在无限的空间中，均衡状态想必已经达到了。在球形的空间中也一样。空间的特点是永恒运动的原因，从根本上也是所有"不完美"的原因。

"力量"和"静止状态""保持同一"相互矛盾。力量的量度（即大小）是固定的，而其本质却处于不断的变化中。

要拒绝"永恒"。在力量达到的任何精确时刻，就产生了重新分配一切力量的绝对条件，因为力量不能保持静止。"变化"属于本质的因素，因此，暂时性也属于本质的因素。然而，与此同时，仅仅是在概念上又一次假设了变化的必然性。

永恒轮回的思想：如果这种思想是真实的，那么这种

哲人咖啡厅

假定就一定是真实的，其结果是由真实的前提产生的。

这是最难懂的思想：如果这种思想没有受到阻碍，即如果一切价值没有被重新评价，那么，其结果就只具有可能性。

坚持这一思想的方法在于：对一切价值进行重新评价。不再喜欢确定性，而是喜欢不确定性；不再喜欢"因果规律"，而是喜欢持续地具有创造力的东西；不再喜欢保存意志，而是喜欢强力意志；不再喜欢谦卑的表达，即"一切都仅仅是别人主观努力的结果"，而是喜欢"这也是我的工作成果！——让我们为此而骄傲吧！"

永恒轮回。这是一种预言。

1. 是对学说和它理论上的前提及结果的表现。

2. 是对学说的证明。

3. 它得到信仰（学说使得一切都打开）的可能结果。

a. 坚持它的手段。

b. 驳倒它的手段。

4. 它在历史中的位置是作为中点而存在。

是最危险的时期。

是居于人民及其利益之上的由寡头统治的政府的基础，是对全体人类政治的教育。

是和耶稣会教义相对立的领域。

要让轮回思想持续下去，人们需要从道德中摆脱出来，这是对抗痛苦这一实际情况的全新途径（痛苦被设想为一种工具，设想为快乐的产生者，不存在对痛苦的不断增加的认识）；把对各种易变性和经验主义的享受看作和这种极端的宿命论相抗衡的东西，即革除必然性的观念，革除"意志"，革除"绝对知识"。

最大限度地提升人身上的力量意识，这样就可以创造超人。

要经受轮回思想，人们需要的是：从道德中解脱出来，以新的手段对付痛苦的现实（把痛苦看作工具，看作快乐的源泉；没有累积的不快意识），把对各种不确定的事物即经验主义的乐趣看作这种极端宿命论的砝码，取消必然性概念，取消"意志"，取消"知识本身"。

把人类的力量意识进行最伟大的提升，这样就创造了超人。

我想让人们了解一种思想，这种思想提供了许多抹煞自我的权利——这就是强大的驯化思想。

我的哲学产生了一种成功的思想，在其中，一切其他思想模式最终都会消亡，这就是伟大的驯化思想，不能接受这种观念的人种要忍受责难，而发现这种思想具有最大益处的人则被选择来进行统治。

一种悲观的学说和思维方式，即一种狂热的虚无主义，在一定条件下，对于哲学家来说恰恰是必不可少的——这是一种强有力的压力和锤子，借此，哲学家打碎并消除了颓废而衰弱的人种，目的在于为一种崭新的生命等级开拓道路，或者在那些衰退和渴望死亡的人心中灌输一种对终结的期待。

有一位皇帝，一直都在心里牢记着一切事物的稍纵即逝，为的是不要太过严肃地看待事物，为的是在这些事物

哲人咖啡厅

中平静地生活。而对于我来说则相反，一切都似乎极其有价值，不会如此转瞬即逝，因而，我为一切事物谋求永恒，那么，人们是否应该把最宝贵的膏脂和酒倒入海洋？——使我感到安慰的是，已经存在的一切都是永恒的，因为大海会把它们重新冲回到岸上。

哲
人
咖
啡
厅

图书在版编目（CIP）数据

尼采超人哲学 ／ （德）尼采著 ； 王颖斌编译. -- 北京 ：九州出版社，2018.11
　　ISBN 978-7-5108-7673-8

Ⅰ. ①尼… Ⅱ. ①尼… ②王… Ⅲ. ①尼采 (Nietzsche, Friedrich Wilhelm 1844-1900)－哲学思想 Ⅳ. ①B516.47

中国版本图书馆CIP数据核字(2018)第282817号

尼采超人哲学

作　　者	（德）尼采　著　王颖斌　编译
出版发行	九州出版社
地　　址	北京市西城区阜外大街甲 35 号（100037）
发行电话	(010) 68992190/3/5/6
网　　址	www.jiuzhoupress.com
电子信箱	jiuzhou@jiuzhoupress.com
印　　刷	三河市九洲财鑫印刷有限公司
开　　本	720 毫米 ×1020 毫米　16 开
印　　张	11.75
字　　数	235 千字
版　　次	2019 年 3 月第 1 版
印　　次	2019 年 3 月第 1 次印刷
书　　号	ISBN 978-7-5108-7673-8
定　　价	32.00 元